ケーススタディ
税理士実務 質疑応答集

個人税務編 令和6年改訂版

● 右山研究グループ

監修 右山昌一郎
編集 税理士 寺島敬臣 ／ 税理士 宮森俊樹

ぎょうせい

は　し　が　き

　右山研究グループは，平成7年（1995年）4月に本書の基となる月刊誌『税理』の20年間にわたる連載「実務の焦点」（1頁のコラム）をまとめた第一集「税理士実務質疑応答集」を出版したなつかしい思い出がある。

　その後「実務の焦点」は「税務キャッチ・アップ」と名称変更されその内容は，「実務の焦点」が「実例」及び「実例の検討」と区分されていたのに対して「税務キャッチ・アップ」では，「CASE」「検討」及び「対応」と区分され読者のために配慮したものであり，その内容はほとんど同様のものである。

　すなわち，その内容の特色は，事例については，実務家としての税理士が日常業務のなかで，税務，会計等に関して問題のある事項や，注意が必要な事項を，そのつど書いたものであり，執筆者が税理士・弁護士であることから，その記述は税を徴する側ではなく，税を納める側に立って検討されたものである。また，取り上げた事例は，実務上税務当局との間にトラブルが発生しやすい事例及びすべての税目にわたっての事例が掲載されてきたことから，同時調査としての税務調査には大変役に立つ内容ではなかったかと思っている。

　そこで第二集は，このコラムを整理・編集し「新税理士実務質疑応答集」とし，かつ，納税者別の法人税務編・個人税務編として平成22年（2010年）8月に出版したものである。

　納税の義務は「憲法第30条・国民は，法律の定めるところにより，納税の義務を負ふ。」にその根拠を求めることができる。第三集以降の税法改正は，平成31年3月の改正法に至るまで幾多の国民主権に近づく法律改正が行われた。

　そこで年度版として「ケーススタディ税理士実務質疑応答集」を出版することとした。

　すなわち税法に対し常に批判の目で記述したものが，43年を超えた右山研究グループのコラムであり，そのまとめがこの年度版である。

　現在「官尊民卑の税制」是正のために「納税者権利憲章」の創設が叫ばれているが，本書がその一端にでも役に立てばと思う。

　この「官尊民卑」は，政治家の族議員化による丸投げに基因する官僚支配に

あったと指摘することができる。政治主導の理念は正しい。

　選挙で落とせない官僚が支配する国家を改革することは急務だ。

　特に税制は，国民全体に影響する。国民主権とは，国民の権利の主張とともに国家の債務の全部を国民が負担することを意味する。

　したがって、国民が国民主権の税制を目指すのは，当然の主張である。

　こうした意味合いからも税制の正当化は特に必要で，緊急の問題である。

　右山研究グループは，税理士・弁護士を合計して約100名が，毎月研修会を開催し，納税者の目線で税務の検討を行っている。

　私は高齢のため平成27年（2015年）に税理士を引退しているが，毎月研修会には必ず出席し，研さんに努めている。

　この研修会が本書の源であり，グループ全員が国民主権の税制実現を目指す仲間である。

　この仲間達と今後も国民主権の税制を目指した年度版を出版し続けたいと考えている。

右山研究グループ　監修者　右　山　昌一郎

編集にあたって

　平成22年（2010年）8月に，右山研究グループに所属する税理士・弁護士60名余により『新税理士実務質疑応答集』を出版した。このたび，そこに掲載された項目のうち重要なものを厳選し再編集した上，その後月刊『税理』のコラム「税務キャッチ・アップ」に掲載されたものを編集し追加した上，年度版を出版することになった。

　執筆者についても新たに右山研究グループの研修会に参加した者を追加し実務を経験しているできるだけ多くの税理士・弁護士の目線で税務上の問題を検討している。

　「税務キャッチ・アップ」の特色は，実務家としての税理士・弁護士が日常業務のなかで，税務，会計等に関して問題のある事項や，注意を要する事項を，そのつど書いてきたものであり，著者が税理士・弁護士であることから，税を徴する側ではなく，納める側に立って検討されている点にある。また，実務上税務当局とのトラブルが生じやすい事項を多数取り上げているので，税務調査においても大変役に立つことと思われる。

　本書の構成は，「CASE」については分かりやすく，質問形式をとり，「検討」では法律上・実務上の検討を加え，「対応」では，結論あるいは質問への回答，さらには著者の意見を述べている。

　編集にあたっての本書の特徴は，次のとおりである。
　①　税目区分
　「個人税務編」では「所得税」「譲渡所得」「相続税・贈与税」に関する項目を収録しているが，CASEの内容によっては，他の税目にまたがる場合もある。
　②　最新の内容
　「税務キャッチ・アップ」は，月刊「税理」に長年にわたって連載されているものであるが，令和6年度税制改正の内容まで織り込み，最新の内容に改めている。

③　内容の研究・検討

　本書は，主として税理士及び納税者が実務のなかから生じた税務の問題を毎月の研修会において討議し，納税者の側に立って検討を加えた実務的回答である。したがって，実務家にとって，カユイところに手が届く内容であると自負している。

　本書が，税理士・経理担当者等の日常の業務に，あるいは税務調査時にお役に立てれば，執筆者一同の幸いである。

　税制は年とともに複雑になってきている。そして，税理士は単に税法に基づき業務を行うことだけでなく，一般の方々にこれを分かりやすく解説することも税務の専門家としての務めであると考える。

　このような考え方に基づき，皆様方のために「税務キャッチ・アップ」を続けていきたい。今後とも右山研究グループのために，ご指導をお願いし，編集のことばとさせていただきたい。

　　令和6年9月

　　　　　　　　　　　　　　　　右山研究グループ
　　　　　　　　　　　　　　　　編集委員・税理士　　寺島　敬臣
　　　　　　　　　　　　　　　　　　　　　　　　　　宮森　俊樹

〈右山研究グループ〉

監　　修　　右山　昌一郎

編集委員　　税理士　寺島　敬臣
編集委員　　税理士　宮森　俊樹

〔執筆者〕（五十音順）

税理士	在原　一憲	税理士	佐野　豊子	税理士	中田　博
税理士	出岡　伸和	税理士	塩島　好文	税理士	廣瀬　尚子
税理士	板橋　敏夫	税理士	菅井　泰辰	税理士	星山　光雄
税理士	岡﨑　和雄	税理士	杉山　一紀	税理士	松浪　昭二
税理士	小川　泰幸	税理士	田久保知子	税理士	三浦　裕義
税理士	奥田よし子	税理士	田中　宏志	税理士	宮家　一浩
税理士	鹿志村　裕	税理士	田中　由美	税理士	毛利　修平
税理士	苅米　裕	税理士	玉ノ井孝一	税理士	守屋みゆき
税理士	川島　雅	税理士	土屋　栄悦	税理士	矢野　重明
税理士	菊入　俊江	税理士	寺内　正夫	税理士	山下　晃央
税理士	北川　裕之	税理士	德丸　親一	税理士	山邉　洋
税理士	熊谷　安弘	税理士	冨永　典寿	税理士	山本　晋也
税理士	熊谷　洋平	税理士	中川　祐一	税理士	山本　裕子
税理士	佐近　裕太	税理士	中田　俊行		

凡　例

〔関係条文〕に引用する法令等については，次の略称を使用しています。

通則法	国税通則法
徴収法	国税徴収法
所法	所得税法
法法	法人税法
相法	相続税法
措法	租税特別措置法
消法	消費税法
地法	地方税法
～令	～施行令
～規	～施行規則
条	1，2，3
項	①，②，③
号	一，二，三
所基通	所得税基本通達
法基通	法人税基本通達
相基通	相続税法基本通達
財基通	財産評価基本通達
耐通	耐用年数等の適用等に関する取扱通達

〔表記例〕
　　法法22③一……法人税法第22条第3項第1号

CONTENTS

I-1 所得税
〔各種所得の計算〕

〔各種所得の計算〕

〈所得の区分〉
1 贈収賄の課税関係 ……………………………………… 2
2 譲渡担保の税務と留意点 ……………………………… 4

〈収入金額〉
3 太陽光発電による売電収入と所得税 ………………… 6
4 リビング・ニーズ特約による生前給付金を受けた場合 ‥ 8
5 プロスポーツ選手の税金について
　〜所得税を中心に〜 …………………………………… 10
6 競走馬の保有に係る事業所得 ………………………… 12

〈必要経費〉
7 従業員慰安旅行に関する取扱い ……………………… 14
8 年の途中で譲渡した建物の償却費の計算 …………… 16
9 家事関連費等の必要経費不算入等 …………………… 18

〈その他〉
10 妻のパート収入と税金等の関係 ……………………… 20
11 異なった年度において2度の退職金の支給を
　受けた場合の退職所得の計算方法 …………………… 22
12 和解金等の税務上の取扱い …………………………… 24

13	暗号資産（仮想通貨）の税務 …………………… 26
14	未払残業代請求に基づく支払いをした場合 ……… 28
15	財産債務調書制度等の見直し ……………………… 30
16	事業所得と雑所得の判断基準 ……………………… 32
17	確定拠出年金の改正と税務 ………………………… 34
18	相続等により取得した年金受給権に係る 生命保険契約等 ……………………………………… 36
19	新車購入時の補助金の課税上の取扱い …………… 38

Ⅰ-2 所得税
〔損益通算・繰越控除〕〔所得控除・税額控除〕

〔損益通算・繰越控除〕

20	一括購入の場合の借入利子の区分 ………………… 42
21	所得税における資産損失 …………………………… 44
22	国外中古建物の不動産所得に係る損益通算等の制限 … 46

〔所得控除・税額控除〕

23	医療費控除における医薬品 ………………………… 48
24	国等に寄附した場合の譲渡所得と寄附金控除 …… 50
25	政治献金と寄附金 …………………………………… 52
26	被災地に義援金等を寄附した場合の税制上の留意点 … 54
27	住宅ローン控除〜借換えの場合の注意点〜 ……… 56
28	令和6年1月以降の住宅ローン税額控除の留意点 …… 58
29	買取再販住宅の住宅ローン控除 …………………… 60

30	既存住宅の耐震改修工事又は特定の改修工事をした場合の所得の特別控除の拡充等 ……………	62
31	国外居住親族に係る扶養控除等の見直し ……………	64
32	改正後の寡婦・ひとり親控除の要件についての注意点 ……………	66
33	退職所得課税の適正化 ……………………………	68
34	所得税の定額減税 …………………………………	70
35	個人住民税の定額減税 ……………………………	72
36	定額減税調整給付金 ………………………………	74

I-3　所得税
〔申告・納付〕〔源泉徴収〕〔非居住者・その他〕

〔申告・納付〕

37	倒産会社の未払給与に係る源泉徴収税額の還付 ………	78
38	納税管理人の選任・届出の要請措置の創設 ……………	80
39	上場株式等に係る配当所得の課税方式 …………………	82
40	上場株式等の配当所得等に係る個人住民税課税の改正 ……………	84
41	国民健康保険税の負担増について ……………………	86
42	ダブルワーカーの申告・納税〈所得税・住民税関係〉 ……………	88
43	副業収入の取扱い …………………………………	90

〔源泉徴収〕

44	パートタイマー給与の源泉徴収 …………………	92
45	海外からの派遣技術者に係る源泉徴収 ……………	94

| 46 | 租税条約上の学生又は事業修習生等の源泉徴収の免除 ……………………………………………… 96 |

〔非居住者・その他〕

47	国外財産調書制度 …………………………………… 98
48	非居住者等の国内源泉所得に対する租税条約の適用 …………………………………………………… 100
49	海外勤務者の給与に対する源泉徴収の取扱い ……… 102
50	非居住者との不動産取引に係る源泉徴収 …………… 104

Ⅱ 譲渡所得

〈土地・建物〉

51	買換資産の取得前の相続と譲渡所得税 …………… 108
52	公益法人等に対する相続財産の寄附 ………………… 110
53	居住用家屋の判定基準 ………………………………… 112
54	相続による共有状態解消のための共有物分割と固定資産の交換特例 …………………… 114
55	譲渡所得の計算上控除する取得費 …………………… 116
56	収用における特例の制限 ……………………………… 118
57	確定優良住宅地等予定地を譲渡した場合の特例 …… 120
58	建物と土地を一括取得している場合の「建物の取得価額」……………………………………… 122
59	夫婦が個別に所有する居住用土地・建物の譲渡 …… 124
60	離婚に伴い自宅を財産分与する場合の課税関係 …… 126
61	居住用家屋の範囲 ……………………………………… 128

62	生計を一にする親族が所有する事業用資産の譲渡 …… 130
63	相続空き家の3,000万円特別控除の改正点 ………… 132
64	空き家譲渡の特例について ……………………………… 134
65	居住用不動産の譲渡 ……………………………………… 136
66	居住用財産の譲渡と取得に関する注意点 ……………… 138

〈有価証券〉

67	NISA制度の抜本的拡充・恒久化 ……………………… 140
68	新しいNISA制度 …………………………………………… 142
69	保有株式の売却益を再投資した場合の エンジェル税制の創設 …………………………………… 144
70	出国時の譲渡所得課税の特例制度 ……………………… 146
71	非公開会社における相続人からの自己株式の取得 …… 148
72	相続した非上場株式等を発行法人に 譲渡した場合のみなし配当課税の特例 ………………… 150
73	清算分配金に対する課税 ………………………………… 152
74	アーンアウト条項に基づく買収対価の 追加払いに係る所得区分 ………………………………… 154

〈その他の資産〉

75	取得費不明な金地金の譲渡 ……………………………… 156
76	遺留分に関する権利の行使によって 生ずる権利の金銭債権化 ………………………………… 158
77	相続分の譲渡と税務 ……………………………………… 160

Ⅲ 相続税・贈与税

〔相続税〕

78	相続開始前7年以内の贈与の節税効果 ……………… 164
79	1棟の建物の一部に居住している場合の 特定居住用宅地等に係る小規模宅地等の特例 ……… 166
80	貸付事業用宅地等に係る小規模宅地等の特例 ……… 168
81	相続人に行方不明者がいる場合の相続税の特例 …… 170
82	相続税を期限後申告した場合 ……………………… 172
83	相続税についての更正の請求に係る 除斥期間の見直し ……………………………… 174
84	包括遺贈と換価分割 ……………………………… 176
85	孫養子と相続税額の加算 ………………………… 178
86	延納条件の変更と特定物納 ……………………… 180
87	個人立幼稚園の教育用財産についての 相続税の非課税制度 …………………………… 182
88	教育資金管理契約と目的外使用 ………………… 184
89	相続税の連帯納付義務の解除 ………………… 186
90	同時死亡と再転相続の実務 …………………… 188
91	特別縁故者への財産分与に係る民法の手続きと 相続税の取扱い ………………………………… 190
92	純資産価額の計算における課税時期前 3年以内取得の注意点 ………………………… 192
93	限定承認を選択した場合の課税関係 ………… 194
94	特別縁故者に対する財産分与の課税上の留意点 …… 196
95	特定一般社団法人等に対する相続税の課税の創設 … 198

96	相続財産に純金積立がある場合の留意点 ………… 200
97	未成年者が相続人に含まれている場合の留意点 …… 202
98	法定相続情報証明制度の活用 ………………………… 204
99	代償分割が行われた場合の留意点 …………………… 206
100	預貯金債権の仮払い制度等の創設 …………………… 208
101	相続時精算課税制度の見直し ………………………… 210
102	暦年課税制度における 相続開始前贈与の加算の見直し …………………… 212
103	生前贈与と持戻しの留意点 …………………………… 214
104	不動産登記制度の見直しと 相続土地国庫帰属法の創設 ………………………… 216

〔贈与税〕

105	贈与時期の検討 ………………………………………… 218
106	債務の引受けによるみなし贈与課税 ………………… 220
107	相続時精算課税に係る贈与の合意解除 ……………… 222
108	居住用不動産の贈与と生前対策 ……………………… 224
109	包括遺贈・特定遺贈の課税関係 ……………………… 226
110	負担付贈与の税務上の留意点 ………………………… 228
111	直系尊属から教育資金の一括贈与を受けた場合の 贈与税の非課税措置の見直し ……………………… 230
112	教育資金一括贈与の贈与者死亡時の注意点 ………… 232
113	土地の使用貸借 ………………………………………… 234
114	不動産の付合に係る税務上の留意点 ………………… 236

〔評価その他〕

115	タワーマンション課税の行方	238
116	地積規模の大きな宅地の評価	240
117	貸宅地における相続税と固定資産税の評価単位の相違	242
118	私道をめぐる相続実務	244
119	配偶者居住権の民法上の取扱い	246
120	配偶者居住権の税務上の取扱い	248
121	配偶者居住権の相続税における実務	250
122	特別寄与料に係る課税	252
123	自筆証書遺言書保管制度	254
124	合意解除に基づく遺産分割やり直しに係る税務上の取扱い	256
125	未成年者の養子縁組と遺産分割協議	258
126	死因贈与の法務・税務の取扱い	260
127	相続・贈与と不動産取得税	262
128	相続に係る登録免許税の免除措置の見直し	264
129	事業承継税制の承継計画の提出期限延長	266
130	事業承継税制の見直しに関する注意点	268

I-1 所得税

〔各種所得の計算〕

1 贈収賄の課税関係

CASE

洋上風力発電汚職等で国会議員が収賄罪により，また，洋上風力発電の前社長が贈賄罪で逮捕され，かつ，各々が起訴されることがありました。これらの贈収賄の金銭に係る課税の問題についてお尋ねします。収賄により受け取った金銭は，どのように課税されるのでしょうか。また，贈賄により支払った金額は，洋上風力発電の建設会社の損金の額に算入されるでしょうか。

検 討

　まず収賄した金銭は，不法原因利得であることには疑いがない。所得税は所得に対して課税されるものであり，特にその発生原因を問わないものであるから，収賄に係る金額については，原則として所得税が課税される。この場合の所得の種類は，収賄とは，「職務に対して収受した賄賂」と解されるから，税法上は役務の対価として雑所得として課税されるものと思われる。ただ，ここで「原則としては」課税と述べた趣旨は，汚職の罪については刑法197条の5により，「収受した賄賂は，没収する。その全部又は一部を没収することができないときは，その価額を追徴する。」と規定されている。したがって，近く刑事事件で有罪の判決を受け，没収追徴を受ける見込みの場合は，せっかく課税しても，没収追徴のときに課税を取り消す必要がある関係上，例外的に判決まで課税を保留することが行われることがある。

　次に，贈賄した金額は法人税法の損金の額になるかどうかの点だが，ドイツは賄賂といえども，業務遂行上必要な費用であれば，一種の損金の額であるという考え方が税法解釈上はっきり打ち出されている。これに反して，アメリカは公共政策に反する支出という点を踏まえて損金の額にはならないと解している。

　これらの考え方は成文法か判例法かの相違であり，かつ，解釈の基礎をモラルを度外視するか，若しくは，それを基盤として解釈するかの相違にあると思われる。

　そこで，我が国の税法も成文法であり，また，税法の解釈もドイツ税法

の解釈を踏襲しているものと解される。したがって，現行法人税法で，「損金の額に算入すべき金額は別段の定めがあるものを除き……販売費，一般管理費その他の費用……の額とする」と規定し，罰金については別段の定めで必要経費に算入しないと規定している。しかし，贈賄した金額は罰金ではないので，それについては法解釈上は損金の額又は必要経費に算入されることになる。

しかし，贈賄に係る金銭の支出は，帳簿書類に記載されていない使途秘匿金の支出に該当する。使途秘匿金の支出をした場合には，「通常の法人税額に使途秘匿金の支出の額に100分の40の割合を乗じて計算した金額を加算した金額が法人税の額」となる。

対　応

法解釈上は，法人税法上の損金の額に該当すると考えられるが，贈賄としての支出は支出時に刑法上の問題から使途不明金として支出されるから，「……支出した金銭でその費途が明らかでないものは，損金の額に算入しない」との取扱いにより損金には算入されない。仮にその使途が判明したとしても，贈賄に係る支出はほとんど交際費等に該当し，租税特別措置法61条の4（交際費等の損金不算入）の適用を受けるから，大部分は損金不算入となる。

また，この場合の使途不明金は申告時における使途秘匿金の支出に該当し，通常の法人税額（形式的には23.2％）のほかに当該支出金の40％の法人税の額が加算されることになるため，地方税の額も含めてそのほとんどが課税されることになる。

すなわち，使途秘匿金の支出は公正な取引を阻害するものであり，また，この不公正な取引が税制を利用した観点から，現在この是正のために重課が行われている。

さらに所得税法においては賄賂として支出した金額は，不動産所得，事業所得，山林所得又は雑所得の金額の計算上必要経費に算入されないこととして規定されている。

(右山　昌一郎)

参考条文・判決等
刑法197の5，198，法法66①，22③，措法62，法基通9－7－20，所法45②

2 譲渡担保の税務と留意点

CASE

私の営んでいる事業が厳しい状況にあり，親しい取引先に資金の借入れをお願いしたところ，所有する土地を担保とした譲渡担保の契約をするように言われました。

このような譲渡担保は一般的に，行われていることでしょうか。

また，あくまでも形式的な譲渡ということで，今後もその土地を使用できるとのことですが，私や相手先に税務上の問題点はないのでしょうか。

検 討

1 譲渡担保の実際

本CASEにあるような，不動産を対象とした譲渡担保契約は，取引先やノンバンクの金融業者との間で交わされることが多い。

不動産を対象にした譲渡担保契約をしてしまえば，不動産の名義が債権者の名義になることから，債務者は事実上その不動産を担保とした融資を，その債権者以外からは受けられなくなる。つまり債権者としては他の債権者の差押えを排除するという意味で，非常に強力な担保権を手に入れることができる。

譲渡担保契約は，制度融資など通常の融資でも行われることが多いが，それは，不動産を対象としたものではなく，機械設備や売掛債権，棚卸資産などの動産のみを対象とするものがほとんどである。

2 譲渡がないものとして取り扱う場合

本CASEの場合，形式的とはいえ資産の譲渡が行われれば譲渡に伴う課税の問題が発生する。しかし譲渡担保は形式的には所有権の移転の形態をとるが，実質的にはあくまでも債権担保の強力なものであると考えられる。

税務上は，次に掲げる事項を契約書で明らかに，かつ，債務者及び債権者の連署による申立書を提出しておけば，その資産の譲渡がなかったものとして取り扱われる。

① その担保に係る資産を債務者が従来どおり使用収益すること

② 通常支払うと認められる，その債務に係る利子，又はこれに相当する使用料の支払に関する定めがあること

この場合，債務者が個人の場合には，その譲渡が債権担保のみを目的として形式的になされたものである旨の債務者及び債権者の連署による申立書を提出する必要がある。

債務者が法人の場合には，契約書に上記①，②に掲げる事項を明らかにし，自己の固定資産として経理していれば，その譲渡がないものとして取り扱われる。

また，担保物権の受戻しがあり，その受戻しに伴う和解費用及び弁護士費用は，その物権を処分する際の資産の取得費用には該当しない点に注意する必要がある。

3 譲渡担保と不動産取得税

不動産に係る譲渡担保における債権者側の問題としては，名義変更に伴う不動産取得税の問題が発生する。

譲渡担保財産設定の日から2年以内に，その担保される債権の消滅により，元の債務者に担保財産を移転した場合には，債権者の納税義務が免除される。また，再取得した債務者も非課税である。

この場合，債権者は原則としてまず不動産取得税を納付し，その後要件が満たされれば各都道府県に申請することで還付されることになる。

対 応

不動産取得税の問題については，その譲渡担保が上記の免除されるべき適用がある旨を申請し，真実であると認められるときは，2年間の徴収が猶予される。したがって，2年以内の借入返済期間であれば，その猶予にかかる申請書を各都道府県に申請することによって，納税の必要がなくなる。

また，譲渡がないものとして取り扱われる譲渡担保であっても，その後，要件を欠くこととなった場合や，債務不履行により弁済に充てられたときは，その事実が生じたときに譲渡があったものとされ課税の対象となる。

(松浪　昭二)

参考条文・判決等
所基通33－2，法基通2－1－18，地法73の7八，73の27の4

3 太陽光発電による売電収入と所得税

CASE

個人で太陽光発電設備（太陽光パネル）を設置し，売電収入を得た場合にも確定申告が必要と聞きました。メンテナンス等の費用はありませんが，収入の全額に税金がかかるのでしょうか。

検 討

1 自宅に設置した場合（余剰電力買取り）

余剰電力の買取りは「電気事業者による再生可能エネルギー電気の調達に関する特別措置法」に基づいて行われる。太陽光発電による全発電量のうちその設備が設置された施設等において消費された電力量を上回る量の発電をした場合にその上回る部分が一定期間買取りされるというものである。

この消費された電力量（自宅の場合には自家消費分）を上回る部分が売電収入となるが，その所得区分は大規模なもの（事業所得）を除き雑所得とされる。また，その収入を得るために必要な費用として，太陽光パネルの取得価額につき減価償却費を計算して必要経費に算入することが可能である。この減価償却費の額は，定額法等で計算された本年分の普通償却費（償却率を乗じたものに供用月数を乗じたもの）の全額ではなく，全発電量のうち売却した電力量の占める割合に対応する部分に限られることとなるので留意が必要である。これは，太陽光パネルを家事の用にも同時に供していることとなるため，事業供用割合として「電力量」を基準とするものである。

$$\text{減価償却費の必要経費算入額} = \text{本年分の普通償却費} \times \frac{\text{売電した電力量}}{\text{全発電量}}$$

2 自宅に設置した場合（全量買取り）

再生可能エネルギーの普及を更に促進するため，平成24年7月以降，一定の要件を満たす場合には，その発電量の全量を売却したうえで，自宅等で消費する電力は新規に購入することとなる制度，いわゆる全量買取り制度が導入された。

この場合には，その全量が売電対象となるため，その規模に応じて事業所得又は雑所得となり，減価償却費についても本年分の普通償却費の全額が必要経費に算入されることとなり，事業供用割合が100％であるため，按分計算は不要となる。なお，自宅において支払う電気代は家事費に該当するため，必要経費に該当しない。

3 賃貸住宅に設置した場合

太陽光パネルを賃貸住宅の屋根や外壁に設置した場合には，余剰電力の買取りではその売電収入を不動産所得の収入金額（付随収入）とすることとされる。この場合の減価償却費の必要経費算入額は，本年分の普通償却費の全額となる。これは消費された電力量についても，不動産事業の用に供されているため，按分の必要がないからである。

また，全量買取りの場合には，不動産事業の付随収入となることはなく，自宅に設置した場合と同様に事業所得又は雑所得として処理を行うこととなる。ここまでの取扱いをまとめると次の表のとおりである。

買取方式	設置場所	所得区分	減価償却費
余剰電力	賃貸物件	不動産所得	全額
	自宅	事業所得又は雑所得	売電対応分
全量	賃貸物件	事業所得又は雑所得	全額
	自宅		

対 応

自宅兼アパートの屋根等に設置した場合には，全量買取りの場合には事業所得又は雑所得とし，余剰電力の買取りの場合には不動産所得の収入金額としたうえで，本年分の普通償却費のうち，全発電量のうちの売電した電力量及び賃貸物件で消費した電力量の合計に対応する部分を必要経費に算入することとなる。裏返せば，自宅で消費した部分に対応する部分の普通償却費は必要経費に算入できない。なお，減価償却の計算に用いる耐用年数は原則として17年であるが，工場等の電力供給として使用する場合は，本業の機械装置の区分に係る耐用年数となることに留意が必要である。

（毛利　修平）

参考条文・判決等
耐通1－4－5(1)

4 リビング・ニーズ特約による生前給付金を受けた場合

CASE

リビング・ニーズ特約によって保険金を受け取ったときはどのような課税がされるのか教えてください。

検 討

1 リビング・ニーズ特約

リビング・ニーズ特約は，被保険者が余命6か月以内であると診断された場合に，被保険者の存命中に被保険者本人が請求することにより死亡保険金の全部又は一部（各保険会社により異なるが死亡保険金額内で3千万円が上限とされているケースが多いようである。）を生前給付金として支払われるものである。この場合，請求金額から6か月相当分の利息と保険料が控除されて支払われることとなる。

なお，生前給付金の受取人は被保険者とされるが，指定代理請求特約が付されている場合には，被保険者が請求することができない状況であっても被保険者本人に代わって指定代理請求人が請求することができる。

2 生前給付金受取時

生前給付金は死亡保険金を前払いしてもらうという性格を有しているが，被保険者は，実際には死亡していないため死亡を支払事由とするものではないこととなり，疾病により余命が6か月以内となったことを事由に支払われるものであると考えることができる。

したがって，生前給付金は「疾病により重度障害の状態になったことなどにより，生命保険契約又は損害保険契約に基づき支払を受けるいわゆる高度障害保険金，高度障害給付金，入院費給付金等」となり，「身体の傷害に基因して支払を受けるもの」に該当することとなり，非課税所得となるため，所得税は課されない。

3 生前給付金使用時

生前給付金は，用途に制限はなく使い道は自由である。したがって，日々の生活費や先端医療を受ける費用，あるいは娯楽などの費用に充てることができる。ここで，先端医療による治療を受け高額の医療費を支払った場

合には，所得税の確定申告で医療費控除を受けることが考えられる。

医療費控除額の計算にあたっては，医療費の金額から保険金等により補填される部分の金額は除かれることとなる。この保険金等は，損害保険契約又は生命保険契約に基づき医療費の補填を目的として支払を受ける傷害費用保険金，医療保険金又は入院費給付金等とされている。しかし，その医療費を補填する保険金等に当たらないものとして，重度障害の状態となったことなどに基因して支払を受ける保険金等が挙げられている。

生前給付金はこれに該当すると考えられることから，医療費控除額の計算にあたっては，医療費の金額から生前給付金に相当する金額を除かなくてもよいこととなる。

4　未使用の生前給付金

生前給付金の支払を受けた被保険者が，その生前給付金を使い切らずに死亡した場合には，その未使用の部分は被相続人であるその被保険者の本来の相続財産として相続税の課税対象となる。つまり，生前給付金として支払を受けた後は，その被保険者の現預金となることから，保険金として取り扱われることはない。

したがって，相続税の非課税財産（相続人が取得した死亡保険金等で被相続人が保険料を負担したものは「500万円×法定相続人の数」まで相続税が非課税となり，これを超える部分は相続税の課税対象となる。）の規定の適用はないこととなる。

対　応

生命保険に加入する動機のひとつとして，遺された家族の生活の基盤を豊かにするということが考えられる。リビング・ニーズ特約を利用せずに当初の目的を果たすこともひとつである。一方で，リビング・ニーズ特約の本来の目的である充実した最期を迎えるため，生前給付金を受けることもひとつである。その結果，余命が伸びることも考えられる。

納税額の多寡だけに注視することなく状況に応じて利用することが望ましい。

（菅井　泰辰）

参考条文・判決等

所法9，73，所令30，所基通9-21，73-8，73-9，相法3，12

5　プロスポーツ選手の税金について～所得税を中心に～

CASE
プロ野球選手の収入金額、所得税の対応について教えてください。

検　討

1　プロスポーツ選手の収入
プロスポーツ選手の収入は主に以下のものが挙げられる。
(1)　事業所得となるもの
①　入団時の契約金：ドラフトされた年の翌年1月に球団から源泉所得税が控除された金額が一括して振り込まれる。これは臨時所得として平均課税の対象になることがある。
②　年俸：球団との契約で1年間の報酬額が決まる。これを12等分し、源泉所得税が控除された金額が1月から毎月支給される。
③　賞金や賞品：勝利投手賞など、連盟やスポンサーから表彰される賞が数多くある。これらの収入に計上すべき金額は、現金や商品券などの賞金はその価額、自動車などの賞品は時価の60％相当額となる。
　トロフィーや盾などはそれ自体に価値があると思えないことから、特別に高価なものを除き収入金額に含めないで良いと考えられる。
④　グッズ、ゲームの肖像権に対する収入：プロ野球選手は各球団と肖像権に関する契約を結んでおり、年間のグッズ売上の一部が年俸とは別に球団から振り込まれる。また、野球ゲームにも選手名や画像が使われる。これらの肖像に対して支払われる使用料も事業所得となる。
(2)　雑所得となるもの
スポーツメーカーと締結したアドバイザリー契約、雑誌やテレビの取材や出演料、CM契約料などは雑所得となる。
(3)　非課税収入となるもの
スポーツ選手がオリンピック等に出場した場合、JOC（公益財団法人日本オリンピック委員会）、JPSA（公益財団法人日本障害者スポーツ協会）からメダル取得による報奨金（金500万円（JPSAは300万円）、銀300万円、銅100万円）が支給される。これらは所得税法上全額非課税となる。またJOC及びJPSAの加盟団体から支給される賞金（金500万円、銀300万円、

銅100万円まで）も非課税となる。

2 プロスポーツ選手の経費

　プロスポーツ選手の所得の金額の計算上必要経費となるものは，スタジアムまでの交通費やガソリン代，選手会費，用具代，トレーニング代，弁護士や税理士への報酬，私的なもの以外の交際費などであろう。また税込経理の場合の消費税もある。他には通勤用自動車の減価償却費や自動車税もあるが，家事費部分は必要経費とはならない。体が資本であることから食生活について一般の人より気を遣っている場合が多いが，経費性の区分けは難しい。明らかに必要であるサプリメント代は認められるだろう。

　一方，遠征のための飛行機や新幹線，宿泊費は球団が負担する。また一部の選手はスポーツメーカーから用具を支給されることも多いため，収入が多い選手ほど収入に対する経費の割合は低くなる。

　領収書の管理，事務作業などは家族を青色事業専従者とすることで，練習や試合により集中できる環境作りを整えたい。

3 所得控除の活用

(1) 小規模企業共済等掛金控除

　プロスポーツ選手は現役で活躍できる期間も一般的に短い。小規模企業共済制度などを活用し，引退時の退職金とすることが望ましい。

(2) 寄附金控除

　世話になった高校や大学へ何らかのお礼をすることもあるだろうが，野球部などに用具を贈与しても，所得税法上の寄附金控除の適用を受けることはできない。学校への寄附金として申請し（中には特定の運動部や特定の活動を指定して寄附をすることができるケースもある。），お礼と節税を兼ねることも可能である。

対　応

　若い選手の中には人生で初めて多額の現金を手にすることから不相応に散財してしまいがちな人も多いようである。我々専門家がこれらの選手の顧問をする際は，お金のトータルアドバイザーとしても応援していきたい。

（中田　俊行）

参考条文・判決等
所法2①二十四，9①十四，45①一，57，75，78，所令8，所基通205－9

6 競走馬の保有に係る事業所得

CASE

私は，毎週末，わずかな金額ですが勝馬投票券を購入し，将来馬主になることを夢見て，競馬を楽しんでいます。

そこで，もし私が馬主になった場合，競走馬の保有に係る収入金額や必要経費にはどのようなものがあり，また競走馬の保有に係る所得を事業所得とするための基準などがあれば教えてください。

検 討

1 収入金額の種類

競走馬の保有に伴い馬主には，一定条件の下，下表のような収入金額が生じる。

賞金等	見舞金・助成金等
・本賞金，副賞の賞品 ・距離別出走奨励賞 ・内国産馬所有奨励賞 ・出走奨励金・付加賞 ・特別出走手当など	・事故見舞金 ・登録抹消の抹消給付金 ・診療費補助金 ・装蹄費補助金など

なお，事故見舞金のうち，競争中，調教中，輸送中の事故又は競馬会施設内における疾病，負傷，天災等により，競走馬が死亡した場合又は死に瀕し救うことのできない状態に陥ったものと認められて安楽死の処置がなされた場合の見舞金については，所得税法上，非課税として取り扱われる。

2 必要経費の種類

競走馬の取得・保有に伴い，馬主には競走馬種付け料や購入費，輸送費，馬具購入費，厩舎への預託料，蹄鉄料，競走馬の治療費，出走のための登録料，調教師や騎手等への進上金その他事業に係る費用が生じる。

なお，前述の種付け料や購入費及び育成費など競走馬を事業の用に供するまでに要した費用は，これらの費用が発生した年分の必要経費に算入することはできず，競走馬の取得価額として，一旦資産に計上し，減価償却を通じて必要経費に算入することになる。

また，競走馬の減価償却を開始する時期は，原則として，競走馬登録が

終了した月からとなっている。ただし、個人馬主が所有する全ての競走馬について3年間継続して同一の経理をすることを条件として、馬齢2歳の4月から、馬齢2歳の5月以降に入厩した競走馬についてはその競走馬を入厩させた月から減価償却を開始することも認められている。

3　事業所得に該当するかどうかの判定基準

その年の競走馬の保有に係る所得が事業所得又は雑所得のいずれかに該当するかは、原則として、その規模、収益の状況その他の事情を総合的に勘案して判定（実質基準）することになる。

しかし、実質基準のみをもって、競走馬保有に係る所得が事業所得に該当するかどうかを判定することは困難であることから、次の①から③に掲げる形式基準のいずれかを満たせば、競走馬の保有に係る所得を事業所得とすることが認められている。

① その年において、登録期間が6か月以上となっている登録競走馬を5頭以上保有している場合
② 次の(ア)及び(イ)のいずれにも該当する場合
　(ア) その年以前3年以内の各年において登録競走馬（その年における登録期間が6か月以上であるものに限る。）を2頭以上保有していること
　(イ) その年以前3年以内の各年のうちに、競走馬保有に係る所得の金額が黒字である年が1年以上あること
③ その年以前3年間の各年において競馬賞金等の収入があり、かつ、その3年間のうちに、年間5回以上（2歳馬は年間3回以上）出走している競走馬を保有する年が1年以上ある場合

対　応

前述3の判定により、その年の競走馬の保有に係る所得が事業所得に該当した場合で、その所得を事業所得として申告する場合には、日本中央競馬会、地方競馬全国協会及び都道府県等地方競馬主催者が発行する「競走馬の登録」、「出走回数」、「競馬賞金収入等」の証明書を確定申告書に添付しなければならないので、注意が必要である。　　　　　（中田　博）

参考条文・判決等
所法9①十八、49、所令30三、120の2、126、所基通27－7、49-27、49-28、個人課税課情報第5号平28．6．1、課個5－5平15．8．19、競走馬事故見舞金支給規定

7 従業員慰安旅行に関する取扱い

CASE

当社は設立して8期になりますが，従業員の数も増えてきたため，今期から会社の負担で従業員全員の慰安旅行を行うことを計画しています。

しかし，初めての会社負担の旅行のため，費用負担のない従業員が会社から利益を受けたことになり，税金がかかってしまうのではないかと心配しています。この場合従業員の税金はどのように取り扱われるのでしょうか。

検　討

1　所得税法の基本的な考え方

所得税法における収入金額の考え方は，金銭による収入の他に，経済的利益の供与も収入であるとされている。

そこで本CASEのように，いくら慰安旅行であっても，従業員は企業から経済的利益を受けることには変わりないため，原則的には課税の対象とされることになる。

しかし，所得税基本通達（課税しない経済的利益……使用者が負担するレクリエーションの費用）では，社会通念上一般的に行われる旅行等のレクリエーション費用の経済的利益は，原則として課税しなくても差し支えないとしている。

その理由としては，従業員の慰安を図るために企業が費用を負担してレクリエーション行事（慰安旅行）を行うのは一般的であり，通常程度の行事であれば，これを課税するのは国民感情からしても妥当ではないとの観点から，課税しない取扱いになっている。

2　慰安旅行の具体的取扱い

上記1で説明した通達は，レクリエーション行事全体のことを取り扱う通達であるが，その通達の運用について個別通達が出されている。

この個別通達は，慰安旅行に参加したことにより受ける経済的利益の課税上の取扱いを示したものであり，内容を要約すると次のとおりである。

企業が慰安旅行の費用を負担することにより，旅行に参加した従業員が

受ける経済的利益については，本来その旅行の企画立案・主催者・目的・規模・行程・従業員の参加割合などを総合的に勘案して処理するのであるが，次の要件を満たしていれば課税しない。
① 旅行の期間が4泊5日（海外の場合には目的地における滞在日数による）以内であること
② 参加従業員の割合が50％以上（工場・支店などの単位で行われる場合には，それぞれの単位ごとに割合を判断する）であること

上記の通達に照らして本CASEを検討すると，慰安旅行が通常程度の日数（4泊5日）であれば，従業員に当該経済的利益について課税されることはない。

対　応

慰安旅行に関する給与課税については，本来は旅行目的などを総合的に勘案して判断すべきであるが，その判断が困難であるため画一的に設けた通達により取り扱われているのである。

しかし，実務上は，形式的にも判断できない実例が数多くあるため，給与課税されるものの本質をしっかり理解していなければならないであろう。

そこで，会社の負担額が福利厚生費か給与かを判断するためには，両方の違いを確認することが必要である。

本来，福利厚生とは，従業員が自由にその支出を求めるものではなく，企業が，従業員の労働意欲を向上させるために，企業側から与えるもので，従業員がその経済的利益を自由に処分できないものである。

それに対し，給与は，従業員の労働に対する対価であり，その対価は従業員が自由に処分できるものである。

このような違いを考えると，給与課税される福利厚生費とは，その与えられる経済的利益を，従業員が自由に処分できる，又は従業員が自らの要求どおりに与えられる利益（異常に高額な慰安旅行は，これに該当すると思われる。）であるといえる。

そこで，実務上も常にこのことを頭において，処理すべきである。

（鹿志村　裕）

参考条文・判決等
所法36，所基通36－30，昭63直所3－13

8 年の途中で譲渡した建物の償却費の計算

CASE

私は，個人で喫茶店を営んでいます。このたび折からの不景気により業績不振に陥り，2店舗のうち，1店舗を無償で借りている父所有の敷地とともに譲渡することを考えています。

この場合，事業所得の計算上，建物の業務供用期間の償却費について必要経費に算入することは可能でしょうか。

検 討

1 償却費の取扱い

(1) 原則的取扱い

事業所得の計算上，償却費として必要経費に算入できる金額は，その年の12月31日に有する減価償却資産に係る償却費に限られる。したがって，年の中途で譲渡した減価償却資産の業務供用期間に係る償却費については，必要経費に算入できないことになる。

(2) 選択的取扱い

(1)によると，年の中途で譲渡した減価償却資産の業務供用期間に係る償却費相当額は，その資産の譲渡の時の譲渡所得の金額の計算上，控除する取得費に含めることになる。ただし，納税者が譲渡所得の金額の計算上は取得費に含めないで，事業所得の金額の計算上，償却費として必要経費に算入した場合には，その処理も認められる。

2 選択上のポイント

年の途中で譲渡した減価償却資産の業務供用期間に係る償却費相当額を，譲渡所得の計算上控除する取得費に含めるか，又は事業所得の計算上償却費として必要経費に含めるかは，納税者の選択による。

したがって，下記の点を考慮し税務上有利な方を選択することになる。

(1) 税率の比較

譲渡した資産が土地等，建物等の場合で，分離短期譲渡所得に該当する場合には39.63%（所得税30%，復興特別所得税0.63%，住民税9%）の税率を，分離長期譲渡所得に該当する場合には20.315%（所得税15%，復興特別所得税0.315%，住民税5%）の税率を適用する。

一方，事業所得の金額は他の総合課税の対象となる所得と合算した総所得金額に対し，最低15.105％（所得税5％，復興特別所得税0.105％，住民税10％）から最高55.945％（所得税45％，復興特別所得税0.945％，住民税10％）の税率が適用される。

(2) 損益通算の可否

土地等，建物等の譲渡により譲渡所得の金額の計算上生じた損失の金額は、土地等，建物等の譲渡による譲渡所得以外の所得との損益通算は認められない。一方，事業所得の金額の計算上生じた損失の金額は他の所得との損益通算が認められる。ただし，この場合にも，土地等，建物等の譲渡による譲渡所得の金額との通算は認められない。

(3) 事業税との関係

所得税における事業所得の金額は，個人事業税の計算上，事業税の課税標準となる。ただし，個人が直接事業の用に供する資産を譲渡し譲渡損失が生じた場合には，その譲渡損失は事業所得の金額から控除する。この場合の直接事業の用に供する資産とは，通常機械装置，車両運搬具，工具器具備品等をいい，土地等，建物等は含まれないとされている。したがって，事業税の計算上は，土地等建物等を譲渡し譲渡損失が生じる場合は，建物の業務供用期間の償却費を事業所得の必要経費とした方が有利となる。

対 応

減価償却資産の業務供用期間に係る償却費相当額については，譲渡所得の計算上控除する取得費に含めるか，事業所得の計算上償却費として必要経費に含めるかは，ケースごとに，適用される税率の比較，損益通算の適用の可否，事業税の課税の有無を総合勘案して，有利な方を選択する。

しかし，減価償却資産の償却費について強制償却を要求している所得税において，年の途中で譲渡した減価償却資産の業務供用期間の償却費を，法律上原則として必要経費として認めないのは多少の違和感を覚える。

(寺島　敬臣)

参考条文・判決等

所法49①，所基通49－54，地法72の49の12①・⑬，地令35の3の8

9 家事関連費等の必要経費不算入等

CASE
所得金額や必要経費の損費については，原則として課税当局に立証責任があるとされ，簿外経費は納税者側に立証責任がある場合が多いと言われています。自宅で飲食業を営むクライアントの簿外経費等について家事関連費等の必要経費不算入等の規定が整備されたと聞きますが，その内容を教えてください。

検 討

　所得税において，税務調査の現場で証拠書類を提示せず，又は仮装して簿外経費を主張する納税者への対応策として課税当局の事務量負担を考慮してこれらの一定の経費について必要経費に算入されないこととなった。

1　必要経費不算入となる場合
① 　居住者（その年において不動産所得，事業所得若しくは山林所得を生ずべき業務を行う居住者又はその年において雑所得を生ずべき業務を行う居住者でその年の前々年分の当該雑所得を生ずべき業務に係る収入金額が300万円を超えるものに限る。以下同じ。）が隠蔽仮装行為に基づき確定申告書を提出していた場合
② 　居住者が確定申告書を提出していなかった場合

2　必要経費不算入の対象となる売上原価の額及び費用の額
　必要経費不算入の対象となる簿外経費の額は，上記1の確定申告書に係る年分の次に掲げる額である。
① 　その年分の不動産所得，事業所得，山林所得又は雑所得の総収入金額に係る売上原価その他当該総収入金額を得るため直接に要した費用の額以下「売上原価の額」という。
② 　その年における販売費，一般管理費その他これらの所得を生ずべき業務について生ずべき費用の額

3　必要経費不算入の対象外となる期限内申告等における売上原価の額及び費用の額
　居住者がその年分の確定申告書を提出していた場合，その確定申告書に記載したその年分の総所得金額等又はその確定申告書に係る修正申告書等

に記載した課税標準等の計算の基礎とされていた金額は、必要経費不算入の対象外とされる。

　なお、「確定申告書」からは、「その所得税について決定があるべきことを予知して提出された期限後申告書」を除くので、次に掲げる申告書に記載したその年分の総所得金額等の計算の基礎となる金額が必要経費不算入の対象外となる。

① 期限内申告書　② 期限後申告書　③ 修正申告書

4　必要経費不算入の対象外となる証拠書類等が存在する売上原価の額及び費用の額

　次に掲げる場合に該当するその売上原価の額又は費用の額については必要経費不算入の対象外となる。

　　帳簿書類等により売上原価の額又は費用の額の基因となる取引が行われたこと及びこれらの額が明らかである場合

　イ．その居住者が所得税法第148条第1項又は第232条第1項若しくは第2項の規定により保存する帳簿書類

　ロ．上記イ．の帳簿書類に掲げるもののほか、その居住者が一定の場所に保存する帳簿書類その他の物件

5　必要経費不算入の対象外となる直接原価の額

　具体的には、その資産の販売又は譲渡及び資産の引き渡しを要する役務の提供に係る上記1①の不動産所得、事業所得、山林所得の経費不算入の対象から除かれる。

① 購入した資産　　② 自己の製造等に係る資産
③ 上記①及び②の方法以外の方法により取得した資産
④ 贈与、相続又は遺贈により取得をした資産

対　応

　この規定は、推計課税を行う場合における所得の金額の計算においても適用されるので注意が必要である。

（徳丸　親一）

参考条文・判決等
所法45③、45③ただし書、所令98の2

10 妻のパート収入と税金等の関係

CASE

夫の給料は毎年昇給しているとはいえ、税金、社会保険料等の負担も上昇していることから給料の昇給が実感できない人が多いようです。そのため妻がパートをして家計の手助けをしている世帯も多いと思われます。

そこで、妻のパート収入が100万円の場合と130万円の場合とを比較した場合、税金及び社会保険料にどのように影響が出るのか教えてください。

検 討

1 妻に対する税金等関係

妻の収入に関係する税金、社会保険を整理すると次のとおりである。

妻の収入が、給与所得控除額の最低額55万円と基礎控除額48万円の合計額103万円以下の場合は所得税が課税されない。また妻の合計所得金額が45万円以下の場合には、住民税の均等割及び所得割ともに課税されない。

一方、パート収入が130万円以上（令和6年10月以降は従業員50人超の企業を除く）の場合には、夫とは別に健康保険、年金に加入しなければならない。

2 夫に対する税金等関係

(1) 所得税・住民税

夫の合計所得金額1,000万円（給与収入1,195万円）以下で妻の合計所得金額が48万円（給与収入103万円）以下の場合に配偶者控除の適用がある。

また、夫の合計所得金額が1,000万円以下で妻の合計所得金額が48万円を超え133万円以下（給与収入201.6万円未満）の場合に限り、配偶者特別控除の適用が受けられる。

(2) 健康保険・年金

夫が会社の社会保険に加入している場合には、通常妻は被扶養者（第3号被保険者）となる。しかし、妻の年収が130万円以上の場合には被扶養者からはずれ、妻自身で健康保険・年金に加入する必要がある。また、妻が被扶養者からはずれる場合にも夫が負担する社会保険料は減少しない。

3 税金等負担後の手取額

前述したように妻の年収が増加すると，妻自身で税金，社会保険料を負担する必要があり，世帯ごとの税金等控除後の手取額について影響を受けることになる。そこで家族4人（夫，妻，高校生の子供2人）の世帯で，妻のパート収入が130万円ある場合において世帯の年収別に，税金等控除後の世帯手取額の一例を示すと下の表のとおりとなる。

妻のパート収入130万円の場合（令和6年現在）　　　　　　　　　　（単位：円）

①世帯の年収	②税金等控除後の手取額	③妻の年収100万円の場合の手取額	②と③の比較
4,300,000	3,602,780	3,522,300	80,480
6,300,000	5,112,980	5,032,500	80,480
8,300,000	6,566,280	6,485,800	80,480
11,300,000	8,597,480	8,517,000	80,480
16,300,000	11,529,980	11,449,500	80,480

（注）　①は夫の年収に妻の年収130万円を加算した金額である。

対　応

　夫の年収に関係なく，妻の年収130万円と100万円の場合を比較すると世帯の手取額の差は常に8万0,480円となる。

　夫の合計所得金額900万円（給与収入1,095万円）で妻の合計所得金額48万円以下の場合には配偶者控除38万円の適用がある。

　一方，夫の合計所得金額900万円以下で，妻の合計所得金額が95万円（給与収入150万円）以下の場合にも配偶者特別控除38万円の適用が可能である。

　そのため，妻の年収130万円の場合にも配偶者特別控除38万円が適用できることから妻の年収100万円の場合と比較しても以前のように所得控除額で差が生じなくなったためと思われる。

　しかし，妻のパート収入が100万円より130万円の方が30万円増加するにもかかわらず，妻自身が社会保険に加入することになり，社会保険料の負担が約20万円生じることから，世帯の手取額がそれ程増加しなくなる。このような現実は，妻の勤労意欲をそぐ結果ともなり，世帯別に社会保険の課税単位を変更するなど，何らかの対策が必要と思われる。　　（寺島　敬臣）

参考条文・判決等
健康保険法3⑦，「収入がある者についての被扶養者の認定について」（保発9号・庁保廃9号），地法24の5③，295③，地法附則3の3

11 異なった年度において2度の退職金の支給を受けた場合の退職所得の計算方法

CASE

私は先日，取締役の退任に伴い退職金の支給を受けましたが，2年前に取締役をしていた他の会社から退職金の支給を受けております。今回の支給に対する勤続期間と前の退職金の支給に対する勤続期間とが重複していますので，今回の退職金に対する退職所得控除額の計算を教えてください。

検 討

1 設例の前提条件

(1) 令和4年4月に甲株式会社から退職金1,000万円を受け取った。就任期間は35年（昭和62年4月1日から令和4年3月31日）であり退職所得控除額は800万円＋70万円×（35年－20年）＝1,850万円のため1,850万円＞1,000万円となり退職所得の受給に関する申告書を提出して退職所得は0円となった。

(2) 令和6年5月に乙株式会社から退職金600万円を受け取った。就任期間は33年（平成3年6月1日から令和6年4月30日）である。

2 退職所得控除額の特例

前年以前4年以内に退職金の支給を受けた場合には，前の退職金の支給に係る勤続期間と今回の退職金の支給に係る勤続期間との重複部分を控除して退職所得控除額を算定するが，ここで2点注意すべきことがある。

① 重複期間の勤続期間を計算する場合には1年未満切捨てになること

② 前の退職手当等についての勤続期間計算の際に，前の退職手当等の収入金額がその退職手当等についての退職所得控除額に満たなかった場合には，その前の退職手当等の収入金額に応じて，実際の勤続期間ではなく，勤続期間初日から下記の計算式によって計算した年数（少数点以下切捨て）が経過した日までの期間を勤続期間とする特例があること

前4年内の退職手当等の収入金額が800万円以下の場合
　　→その収入金額÷40万円＝××年
前4年内の退職手当等の収入金額が800万円超の場合

→（その収入金額−800万円）÷70万円+20=××年

つまり，前の退職金について退職金よりも退職所得控除額の方が大きかった場合には，控除しきれなかった退職所得控除額が残っているので，前の退職金についての勤続期間は退職所得控除額と退職金との差額が0になるような勤続期間であるとして，控除しきれなかった退職所得控除額はなかったものと考えるのである。

対 応

この特例を本CASEに当てはめると，前の退職金1,000万円は退職所得控除額1,850万円に満たないため，特例上の勤続期間は（1,000万円−800万円）÷70万円+20=22.85……→22年となる。

よって特例上の甲株式会社の勤続期間は昭和62年4月1日から平成21年3月31日（勤続期間の初日から22年経過した日）。この結果，甲株式会社とZ株式会社の勤続期間の重複期間は平成3年6月1日から平成21年3月31日までの18年間であり，重複した勤続期間に対する退職所得控除額は40万円×18年=720万円となる。

したがって，令和6年分の退職金に対する退職所得控除額は，乙株式会社の勤続期間に対する退職所得控除額800万円+70万円×（33年−20年）=1,710万円から重複部分720万円を控除した990万円（1,710万円−720万円）となり，990万円＞600万円であるため，令和6年分の退職所得は0円となる。

参考として退職所得控除額を示せば次のとおりである。

（ 退 職 所 得 控 除 額 ）

(1) 一般の場合　勤続年数が
　① 20年までの場合は……400,000円×勤続年数（最低80万円）
　② 20年を超える場合は…700,000円×勤続年数−8,000,000円
(2) 障害者となったことにより退職した場合は…(1)で計算した金額+1,000,000円
※ 同一年中に特定役員退職手当等と一般退職手当等がある場合の退職所得控除は所令71の2参照

（宮家　一浩）

参考条文・判決等

所令70①二，70②

12 和解金等の税務上の取扱い

CASE

紛争の当事者間において、紛争を解決するため、裁判上又は裁判外の和解により和解金、解決金、損害賠償金、慰謝料等（以下「和解金等」といいます。）の支払いが行われることがありますが、個人が和解金等を取得した場合の課税関係はどのようになっているのでしょうか。

検　討

1　非課税となる和解金等

所得税法上、損害賠償金（これに類するものを含む。）で、心身に加えられた損害又は突発的な事故により資産に加えられた損害に起因して取得するものその他政令で定めるものは非課税とされている。また政令においては、①心身に加えられた損害につき支払いを受ける損害賠償金（その損害に基因する収益補償等を含む。）、②不法行為その他突発的な事故により資産に加えられた損害につき支払いを受ける損害賠償金（事業所得の収入金額とされるものを除く。）、③心身又は資産に加えられた損害につき支払を受ける相当の見舞金（事業所得その他役務の対価たる性質を有するものを除く。）で損害を受けた者の各種所得の金額の計算上必要経費に算入される金額を補填したものを除いた額は非課税の額とされている。

和解金等が課税されるか否かの判断は、その和解契約書の文言に拘束されることなく、実体上の事実に従って判断されなければならない。例えば、当事者間において和解契約上は損失を補填するための損害賠償金として金銭等を支払うという契約がなされていたとしても、金銭の取得者に客観的な損害が生じていると認められない場合には、その金銭等の取得は非課税とならない。そもそも損害賠償金が非課税とされる理由は、損害賠償金が心身の癒し又は資産に受けた損害を補填するものであって、取得者に利益をもたらすものではないからとされている。したがって、現実に損害が生じ、又は生じることが確実に見込まれ、かつ、その損害を補填するために支払われるものに限り非課税となるのである。

2　課税となる和解金等の所得区分

　課税となる和解金等については，所得区分についても検討しなければならない。例えば，労使間に不当解雇の問題で紛争があり，これを和解によって解決し，和解金等の支払いを受ける場合には，その和解金等の算出根拠等が所得区分の指針となる。和解金等の算出根拠が未払の賃金，残業代相当額であるならば給与所得とするべきであり，和解金等の算出根拠が解雇予告手当相当として計算されているならば退職所得とすべきである。また解雇による精神的苦痛に対する慰謝料が和解金等の内容ならば上記1により非課税となる。

　ただし実務上は和解金等の算出根拠が明確でなく，和解調書の内容もあいまいな表現が使われていることも多く和解金等の所得区分の判断は難しい。例えば，取得した和解金等が営利を目的とした継続行為から生じたものではなく，かつ，労務その他役務又は資産の譲渡の対価としての性質を有しない一種の紛争解決金であると考えれば一時所得の区分となるが，その和解金等については何らかの対価性があり，かつ，他の所得に分類できないと考えると雑所得の区分となる。

対　応

　個人が和解金等を取得した場合は，まずは課税されるのか，非課税とされるのかの判断をすることになる。次に，課税される場合には所得区分を判断する必要がある。これらの判断を行うためには，和解の前提となる和解調書だけでなく客観的な事実やその支払いがなされるに至った経緯，客観的に損害等が生じているか否か等を総合的に勘案し，税務上の判断を誤らないようにしなければならない。

　すなわち，原則として損害（心身の損害を含む。）の補填のための和解は非課税であり，利益の移転としての和解は課税であると認識すべきである。

（熊谷　洋平）

参考条文・判決等
所法9①十八，所令30，所基通30－5

13 暗号資産（仮想通貨）の税務

CASE

ここ数年，ビットコインをはじめとした暗号資産（資金決済法の改正で令和2年5月1日より呼称を仮想通貨から暗号資産に変更）の話題が紙上をにぎわせています。私も知人の勧めでビットコインを購入し取引を開始しようと思っています。そこで，暗号資産取引にかかわる税務の取扱いについて教えてください。

検　討

1　暗号資産の消費税の取扱い

　平成29年の税制改正において，暗号資産の譲渡を非課税とする項目が盛り込まれた。

　これは暗号資産が資金決済法の改正により，支払の手段として法的に位置づけられたこと等を踏まえた措置である。また，暗号資産の譲渡については，その性格に鑑み，法定通貨等の支払手段と同様に，課税売上割合の計算にあたり，非課税売上高に含めないこととされた。この改正は，平成29年7月1日以後に国内において事業者が行う資産の譲渡等及び課税仕入れについて適用される。

2　暗号資産の所得区分

　暗号資産取引により生じた利益は，所得税の課税対象となり，事業所得等の各種所得の基因となる行為に付随して生じる場合を除き，原則として，雑所得に区分される（暗号資産デリバティブ取引も含む。）。

　したがって，暗号資産間での損益や公的年金といった雑所得内での内部通算は可能であるが，申告分離課税となるFX（外国為替証拠金取引）や株式等との損益通算はできない。具体的な所得計算は，「売却価額－必要経費」＝所得金額となる。暗号資産の売却による所得の計算上，必要経費となるものとして例えば次の費用がある。

(1)　売却した暗号資産の取得価額
(2)　売却時に支払った手数料
(3)　インターネット等の回線使用料やパソコン購入費用（資産計上の場合はその減価償却費）で暗号資産売却のために必要な支出部分

3　暗号資産に関する取得価額の計算方法の明確化

　令和元年度税制改正で，暗号資産の評価の方法が法令上明確化された。この改正は，令和元年分以後の所得税について適用される。

(1)　期末暗号資産の評価の方法

　居住者の暗号資産につきその者の事業所得の金額又は雑所得の金額の計算上必要経費に算入する金額を算定する場合におけるその算定の基礎となるその年12月31日において有する暗号資産の価額は，その者が暗号資産について選定した以下のいずれかの評価の方法により評価した金額とすることとされた。

①　総平均法
②　移動平均法

(2)　暗号資産の評価方法の選定手続

　暗号資産の評価の方法は，その種類ごとに選定しなければならないこととされている。

　また，居住者は，暗号資産の取得をした場合には，同日の属する年分の所得税確定申告期限までに，その暗号資産と種類を同じくする暗号資産につき，そのよるべき方法を書面により納税地の所轄税務署長に届け出なければならない。なお，評価の方法を選定しなかった場合の評価方法は，総平均法（法定評価方法）によることとされた。

対　応

　国税庁は暗号資産の申告の便宜をはかるため，令和5年12月25日，「暗号資産に関する税務上の取扱いについて（情報）」を公表している。また，令和6年度の税制改正において，市場暗号資産に該当する特定譲渡制限付暗号資産（自己発行継続保有暗号資産を除く。）について，その期末時における評価額は，時価法又は原価法のうち法人が選定した評価方法により評価した金額とされた。

（田中　宏志）

参考条文・判決等

所法37，48の2，所令119の2～7，所基通48の2－2，48の2－4，消令9④，資金決済法2⑤，法法61

14 未払残業代請求に基づく支払いをした場合

CASE

当社は社員10名で，うち半分は身内という小規模事業者です。私が，父から社長を引き継いで2年ほどが経ったある休日の夜，社員の1人（以下「X」といいます。）から携帯にメールが届きました。『残りの有給を消化して，○月○日に退職します。なので，明日から出社しません』とありました。Xは，中途入社後3年が経つものの，仕事は覚えない，要領は悪い，いわゆる仕事のできない社員でした。翌日，メールどおりXは出社せず，電話にも出ません。後日，会社に未払残業代を請求する内容証明郵便が届きました。このような場合の，会社の手続について教えてください。

検 討

1 賃金単価の確認

内容証明郵便には，『基本給を最低賃金以下に下げた分の未払い，○○時間分の残業代の未払いがあったようですので，その支払いとして○○○○円を請求いたします』とあった。まずは賃金単価を確認する。最低賃金の金額は都道府県ごとに定められており，厚生労働省のHPで確認できる。毎年10月に更新されるため，その都度確認を行うのが望ましい。

Xに対する給与は，当初は支給額全額を基本給としていた。これを他の社員と同様に，基本給，職能給，住宅手当，皆勤手当，時間外手当に分けて表示するよう変更した。社長は，単に支給額の内訳を示している感覚であった。賞与について，基本給の何カ月分という基準があるわけでもない。改めて確認をすると，不本意ながら確かに未払分はあるようだ。

賃金単価＝基本給と手当の合計額(注)÷1カ月の平均所定就業時間

(注) 通勤手当，住宅手当，家族手当，残業手当など一定のものは，最低賃金の計算に含めない。

2 残業単価等の計算

続いて，賃金単価に乗じる割増率の確認をする。

(1) 平日残業単価　25％増し
(2) 深夜残業単価（原則として午後10時から午前5時まで）　25％増し

(3) 休日出勤単価　35％増し

※平日深夜残業単価は，(1)と(2)の重複適用となるため，合わせて50％増しとなる。

※休日深夜出勤の単価は，(2)と(3)の重複適用となるため，合わせて60％増しとなる。休日出勤には時間外の観念がないため，(1)の重複適用はない。

対　応

　未払残業代の請求権は3年で時効（民法改正により，令和2年4月1日以降の賃金請求権は，当分の間3年（改正前：2年）となる。）となるため，請求日から3年前までの給与が対象となる。例えば，請求日が令和6年9月21日の場合，3年前は令和3年9月22日となる。この期間の給与が変更されると，令和3年，4年，5年，6年の4年分の所得に影響する。

　令和6年に退職している場合は，上乗せ分を含めて，9月までの各月の源泉徴収税額を計算し直す。令和3年，4年，5年分は年末調整済みのため，年末調整のやり直しをすることとなろう。それぞれ上乗せ額を含めて年税額を再計算し，不足税額を給与から源泉徴収したものとしてグロスアップ計算を行う。また，会社はその不足税額を，税務署に納付する必要がある。

　今回，弁護士を通じて遣り合ったものの，最終的には請求額をそのまま全額支払うこととなった。このような請求に基づく支払いは，百万円単位のかなりまとまった金額となる。このため，中小企業にとっては，予想外の資金繰りを手当てする必要が生じ，経営に悪影響を及ぼす恐れがある。

　直接の交渉は弁護士に依頼するとしても，その打ち合わせや準備は，通常の業務の他に行わねばならず，多大な時間や手間を要する。

　Xはこの請求を視野に，事前に材料集めをしていたようだ。何かちょっとした変化など，従業員の様子にも，日頃から目を配っておきたい。

　巷間で，働き方改革が叫ばれている昨今，残業自体を減らす工夫もぜひしたいものである。

（菊入　俊江）

参考条文・判決等

労働基準法37①④⑤，115，143③

15 財産債務調書制度等の見直し

CASE

財産債務調書の提出義務者は,「所得金額2,000万円超」かつ「総資産3億円以上」又は「保有有価証券等1億円以上」とされているため,課税当局において所得金額2,000万円以下の高額の資産保有者の資産の異動状況等が十分に把握できないことが問題視されていました。

令和4年度税制改正では,高額の資産保有者の資産の保有状況等を把握するために財産債務調書の提出義務者が見直されたそうですが,その見直しの内容と実務上の留意点について教えてください。

検 討

1 改正前制度の概要

所得税の確定申告書を提出すべき者は,その年分の総所得金額及び山林所得金額の合計額が2,000万円を超え,かつ,その年の12月31日においてその価額の合計額が3億円以上の財産又は1億円以上の国外転出特例対象財産を有する場合には,その財産の種類,数量及び価額並びに債務の金額その他必要な事項を記載した調書(以下「財産債務調書」という。)を,翌年の3月15日までに,所轄税務署長に提出しなければならない。

なお,「国外転出特例対象財産」とは,「出国時の譲渡所得課税の特例」に規定する有価証券等,未決済信用取引等及び未決済デリバティブ取引に係る権利とされる。

2 令和4年度税制改正

(1) 提出義務者の見直し

提出義務者等の事務負担の軽減等の観点から,上記1に掲げる財産債務調書の提出義務者(所得基準:所得2,000万円超,かつ,財産基準:総資産3億円以上又は有価証券等1億円以上)のほか,その年の12月31日において有する財産の価額の合計額が10億円以上である居住者(所得基準なし)が提出義務者に追加された。

(2) 提出期限の見直し

財産債務調書に記載すべき保有資産の種類・数量・価額を正確に算出・

記載することが容易でないことが勘案され，その提出期限がその年の翌年の6月30日（改正前：その年の翌年の3月15日）とされた。
(3) 記載省略の範囲の拡大
　財産債務調書への記載事項を簡略化する運用上の見直しが行われた。具体的な記載事項の簡略化は，次のとおりとされる。
① 「その他の動産の区分に該当する家庭用動産（現金・美術品等を除く。）」の取得価額の基準が300万円未満（改正前：100万円未満）に引き上げられたこと。
② 預貯金のうち1口の預入高が50万円未満のものは，預入高に代えて口座番号を記載することができること。
③ 所得税の確定申告書に添付すべき収支内訳書又は所得税の青色申告書に添付すべき青色決算書の「減価償却費の計算」欄に減価償却資産として記載されているものについては，その減価償却資産の価額の総額を記載することができること。
(4) 適用関係
　上記(1)から(3)の改正は，令和5年分以後に提出すべき財産債務調書について適用され，同日前に提出すべき財産債務調書については，なお従前の例による。

対　応

　平成27年度税制改正後は，税務職員に対して財産債務調書に対する質問検査権が認められている。提出義務者においては，不提出の場合又は不十分な記載事項となっている場合には，税務調査の対象となる旨及び過少申告加算税又は無申告加算税の加重措置（5％）の規定がある旨の説明が必要となるので留意されたい。

（宮森　俊樹）

参考条文・判決等

所法60の2①，国外送金等調書法6の2③，国外送金等調通達6の2－6，令和4年改正法附則72①

16 事業所得と雑所得の判断基準

CASE
A氏は、当年において個人事業に係る受注が激減したことから、給与収入により生活を維持している状況です。A氏の当年分の給与所得以外の収入は、前年分と同様に事業所得として申告をすることができるのでしょうか、それとも雑所得に変えるべきでしょうか。それぞれの判断基準について、教えてください。

検 討

1 事業所得と雑所得の区分の法令解釈等と個人事業の実態との適合

　A氏の営む個人事業の実情について、①営利性、有償性及び反復継続性の有無、②自己の危険と計画による企画遂行性の有無、③精神的及び肉体的労力の程度、④人的設備及び物的設備の有無、⑤職業・経験、社会的地位、生活状況、⑥相当程度の期間安定した収益を得られる可能性等を総合的に検討し、事業所得に該当するかどうかを判断することになる。

　「①営利性、有償性及び反復継続性の有無」は、これまでの実績から当年以降の方向性を判断することに対して十分といえるかどうかを検討しつつ、前年以前と当年分の受注件数及び売上金額並びに翌年分以降の事業戦略等から、A氏の業務の有償性及び反復継続性を整理しておく必要があろう。仮に、前年以前及び当年分共に損失が生じている場合には、A氏の業務が経済的合理性に欠け、営利性が乏しいと考えられる余地が否定できないことから、当年以降の事業戦略等を具体化するための計画策定は必須のものとなろう。「②自己の危険と計画による企画遂行性の有無」は、A氏は、受注に繋げるための積極的な広告宣伝を行い、営業活動を行った痕跡となる記録や文書を保存しているなど、売上を増やすための営業努力を確認できる記録等を残しているのであれば、企画遂行性を表象するものといえよう。「③精神的及び肉体的労力の程度」は、A氏が当年に給与所得者として勤務先に従事していることで、個人事業に係る従事時間が限定され、精神的及び肉体的労力の大半が勤務先の労務に費やされていると認定される懸念があることから、勤務先の労務、個人事業と私生活に関する時間管理等の整理が重要な説明要素となるだろう。「④人的設備及び物的設備の有無」は、A氏の営む事業に供する設備の必要性を認識し、業務を行う場

所や固定資産の設置状況等の実態に応じて，事業所得を生じる環境を有するものであるかどうかの検証材料とする。「⑤職業・経験，社会的地位，生活状況」は，A氏が給与所得者として安定した収入を得ており，給与収入が当年分の個人事業から生じた収入金額に比して大きく上回ったとしても，給与収入がA氏の生活の資とされていたことが一時的であることについて，個人事業の開業経緯やA氏の業務経験から客観的に認識する必要があろう。「⑥相当程度の期間安定した収益を得られる可能性等」は，翌年以降相当程度の期間安定した収益を得られる可能性の有無が未知数であれば，「①営利性，有償性及び反復継続性の有無」の検討でも触れたとおり，今後の事業戦略等の蓋然性によるところが大きいと考える。

2　業務に係る雑所得の例示について

その所得に係る取引を記録した帳簿書類の保存がない場合には，収入金額が300万円を超え，かつ，事業所得と認められる事実がある場合を除き，業務に係る雑所得に該当することになる。

事業所得と業務に係る雑所得の区分は，上記1により判定することが原則であるが，その所得に係る取引を帳簿書類に記録し，かつ，記録した帳簿書類を保存している場合には，①その所得の収入金額が僅少と認められるとき，②その所得を得る活動に営利性が認められないときには個別判断を求めつつ，事業所得に区分されることが多いと考えられている。

対　応

その所得の収入金額が，例年（概ね3年程度），300万円以下で主たる収入に対する割合が10%未満の場合は，「僅少と認められる場合」に該当し，また，その所得が例年赤字で，かつ，赤字を解消するための取組を実施していない場合は，「営利性が認められない場合」に該当すると考えられる。

A氏は，当年が個人事業の収入を超える給与収入を得ている事実をもって，直ぐに所得区分を変更すべきと判断するのは時期尚早と考えるが，上記の状況を解消できないと判断したところで，業務に係る雑所得に転換させるべきか否か，検討をすべきであろう。　　　　　（苅米　裕）

参考条文・判決等
最二小判昭和56年4月24日【民集35巻3号672頁】，東京地判昭和48年7月18日【税訴70号637頁】，平成30年2月20日裁決【関裁（所）平29-35】TAINS：F0-1-900，所基通35-1, 35-2

17 確定拠出年金の改正と税務

CASE

確定拠出年金について，中小企業を含むより多くの企業や個人が活用できるよう制度改正されたことや節税効果があるなどということで勧められることがよくあります。

私自身が加入者となり自分で掛金拠出する「個人型年金」，事業所の従業員のために事業主として掛金を拠出する「企業型年金」，個人年金型の加入者である従業員の拠出掛金に上乗せして事業主掛金を拠出する「中小事業主掛金納付制度」などを検討しています。これらの改正内容や所得税における取扱いを教えてください。

検 討

確定拠出年金の加入者数は令和5年3月31日現在，企業型加入者数が約8,053千人で，個人型加入者数が2,900千人である（厚生労働省）。確定拠出年金法（平成13年法律第88号）の一部改正について令和2年6月5日に公布され，より多くの個人や事業主がこの制度を活用できるようになり今後さらに加入者数が増加することが予想される。

1 主な改正

(1) 受給開始時期の選択肢の拡大

老齢給付金の受給開始の上限年齢を70歳から75歳に引き上げた（令和4年4月1日施行）。これにより受給開始時期は60歳から75歳までになった。

(2) 加入可能年齢の拡大

企業型年金加入可能年齢を70歳未満（改正前：60歳未満）の厚生年金被保険者に引き上げた。また，個人型年金の加入対象者は60歳未満であったが，年齢制限が撤廃され国民年金被保険者であれば加入可能となった（令和4年5月1日施行）。

(3) 制度間の資産移換手続の改善

年金資産の移換手続の改善が図られ，終了した確定給付企業年金から個人型年金へ，企業型年金から通算企業年金（確定給付企業年金や企業型年金が共同で設立し会員となっている企業年金連合会が退職者向けに運用する年金）への年金資産の移換が可能となった（令和4年5月1日施行）。

(4) 企業型加入者の個人型年金加入の要件が緩和

これまで企業型加入者のうち個人型年金に加入できるのはそれを認める労使合意による規約の定めがあり，かつ，事業主掛金の上限を引き下げた従業員に限定されていたが，規約の定めや事業主掛金の引下げをしなくても個人型年金に加入することができるようになった（令和4年10月1日施行）。

(5) 拠出限度額に確定給付企業年金等の他制度ごとの掛金相当額を反映

企業型年金，個人型年金の拠出限度額について，全ての確定給付企業年金等の他制度の掛金相当額を一律月額2.75万円と評価している点について見直され，加入者がそれぞれ加入している確定給付企業年金等の他制度ごとの掛金相当額を反映させることとなる（令和6年12月1日施行）。

2 所得税法上の取扱い

(1) 掛金の取扱い

企業型年金でも個人型年金でも，事業主が加入者（従業員）のために拠出した掛金は，その支出した日の属する年分の所得の金額の計算上，必要経費に算入する。また，加入者（従業員）が拠出した掛金は，その者のその年分の小規模企業共済等掛金控除として所得控除の対象とされる。

(2) 給付金の取扱い

企業型年金でも個人型年金でも，加入者（従業員）であった者が60歳になった時点で加入者期間が10年を超えている場合にはそれ以後に老齢給付金として給付を受けることができる（受給開始年齢の上限は70歳（令和4年4月1日以後，75歳））。年金として受給した場合にはその年分の雑所得（公的年金等）として公的年金控除が適用され，一時金として受給した場合にはその年分の退職所得として退職所得控除が適用される。

対 応

確定拠出年金に係る税務上の取扱いは比較的分かりやすいが，確定拠出年金制度自体の要件や手続等は複雑である。また，今後も段階的に拠出限度額の引き上げなどが予想されることから制度の内容を周知したうえで導入を検討する必要がある。

（冨永　典寿）

参考条文・判決等

所法75①②二，所令64①四五②，法令135①三

18 相続等により取得した年金受給権に係る生命保険契約等

CASE

父の死亡により生命保険契約に基づく年金受給権を相続しました。年金の支払いを2年間受けていましたが、一時金の支払いに変更しました。保険会社から税務申告用として「年金支払証明書」と「生命保険金・共済金受取人別支払調書」が届きました。所得税の確定申告の計算はどのようにすればよろしいでしょうか。

検 討

平成22年7月6日の最高裁判決により生命保険契約に基づく年金の支払いを受けた場合の課税関係について、所得税法施行令の一部を改正する政令により、雑所得の金額の計算規定が新たに設けられた。年金のうち確定年金についての所得税の計算方法と、確定年金に替えて支払われる一時年金についての取扱いをここで確認したい。

1 確定年金の支払いを受けた場合の取扱い

生命保険契約や損害保険契約等に基づく年金受給権を相続、遺贈又は贈与により取得し、年金の支払いを受けている者は、年金支給初年は全額非課税であり、2年目以降は課税部分が階段状に増加していく簡易な振り分け方法により以下のとおり雑所得として計算する。

(1) 対 象 者

対象となる者は死亡保険金を年金形式で受給している者、学資保険の保険契約者の死亡に伴い養育年金を受給している者および個人年金保険契約に基づく年金を受給している者であり、保険契約等に係る保険料の負担者でない者である。

(2) 計算方法

① 相続税評価割合＝相続税評価額÷支払総額

　この計算から算出された割合に応じて50％超から98％超までの段階で課税割合を求める。

② 課税部分（収入金額）の合計額＝支払総額×課税割合

③ 1課税単位当たりの金額＝②÷課税単位数(注)

(注) 単位年数＝年金支払年数×（支払年数－1年）÷2

④　課税部分の年金収入額＝③×支払開始日からその支払いを受ける日までの年数
⑤　必要経費額＝④ × （保険料総額÷年金支払総額）
⑥　課税部分に係る所得金額＝④－⑤

2　年金の支払いに代えて支払われる一時金の取扱い

(1)　所得区分

相続等に係る生命保険契約，損害保険契約等に基づく年金の支払いに代えて支払われる一時金のうち，当該年金の受給開始日以前に支払われるものは一時所得の収入金額とし，同日後に支払われるものは雑所得とする。ただし，同日後に支払われる一時金であっても，将来の年金給付の総額に代えて支払われるものは一時所得として差し支えない。

(2)　一時所得の計算方法

相続等に係る生命保険契約等に基づく年金の支払いを受ける場合のその支払いを受ける年金については，所得税課税部分と非課税部分に振り分けて課税することと規定されていて，一時金に係る所得総収入金額に算入する金額についてもこれに準じて取り扱われる。

①　一時所得の総収入金額(A)＝１単位当たりの金額×将来の期間に相当する課税単位数
②　必要経費の額(B)＝(A)×年金の支払総額に占める保険料又は掛金の総額の割合
③　一時所得の金額＝(A)－(B)－減額された金額(注)－50万円
　　(注)　本来の残り年金受給期間に受ける保険金額から一括支払いを受けた金額を控除した差額の金額とされる。

対　応

相続等により取得した生命保険契約に基づく年金を受給している納税者が，保険会社から受け取る年金の支払い明細書を見て，支払総額（見込み額）と年金に係る権利について相続税法24条の規定により定期金に関する権利の評価をする場合には，その説明が明確にできるよう，保険契約の内容を十分に確認する必要がある。

（守屋　みゆき）

参考文献・判決等
所法35，所令185，186，所基通35－3，4

19 新車購入時の補助金の課税上の取扱い

CASE

　私は，個人で自家用の電気自動車を購入し，補助金85万円の交付を受けました。補助金通知書には所得税法42条「国庫補助金等の総収入金額不算入」の規定が適用できる旨の記載がありますが，自家用車を購入した場合の補助金は，所得税の確定申告において課税の対象となり申告が必要なのでしょうか。
　個人の事業用車両を購入した場合との取扱いの違いも含めて教えてください。

検　討

　日本は2020年10月に2050年カーボンニュートラルを目指すことを宣言し，自動車・蓄電池産業においても2035年までに乗用車の新車販売で電動車100％を実現する取り組みが進められている。その実現を促進する施策の1つとして，クリーンエネルギー自動車導入促進補助金（以下，「CEV補助金」という。）が設けられ，補助金額も大きくなっていることから，補助金受取時の課税上の取扱いについて確認する。

1　個人事業用車両の場合の取扱い

　個人が事業所得や不動産所得を生ずべき業務の用に供するために購入した自動車について交付を受けたCEV補助金については，所得税法42条「国庫補助金等の総収入金額不算入」の規定の適用を受けることができる。

　ゆえに，国庫補助金等をもってその交付の目的に適合した固定資産の取得や改良をした場合には，確定申告書に「国庫補助金等の総収入金額不算入に関する明細書」を添付することを条件として，国庫補助金等のうちその固定資産の取得や改良に充てた部分の金額に相当する金額は，その者の事業所得又は不動産所得の金額の計算上，総収入金額に算入しない。

　また，この規定の適用を受けた固定資産にかかる取得費の額については，実際にその固定資産の取得のために要した金額や改良費の額から総収入金額に算入されなかった国庫補助金等の額を控除した残額となる。そのため，減価償却費の計算については，補助金減額後の取得費の額を基礎として行う。

Ⅰ-1　所得税〔各種所得の計算〕

2　自家用車の場合の取扱い

　個人が自家用に購入した自動車について交付を受けたCEV補助金については，一時所得として所得税の課税の対象となる。一時所得については，所得金額の計算上50万円の特別控除が適用されることから，他に一時所得とされる金額と補助金との合計額が50万円以下の場合には課税は生じないが，本CASEのように50万円を超える場合には，一時所得として確定申告が必要となる。

　ただし，所得税法42条においては，「その国庫補助金等のうちその固定資産の取得又は改良に充てた部分の金額に相当する金額は，その者の各種所得の金額の計算上，総収入金額に算入しない」とされており，車の購入は固定資産の取得に該当すること，また，各種所得は一時所得を含むことから，自家用車の購入に対して交付される補助金についても所得税法42条の適用を受けることができる。

　ゆえに，本CASEの場合において交付を受けた補助金は，確定申告において一時所得の対象となるが，確定申告書に「国庫補助金等の総収入金額不算入に関する明細書」を添付することにより，総収入金額に算入されず，結果的に所得税は課税とならない。

対　応

　個人事業に関する補助金等については，確定申告において内容の把握ができると見込まれるが，個人が自家用車や住宅に関して交付を受けた補助金等については，納税者からの連絡がなく申告から漏れてしまうことも考えられる。

　その補助金が本CASEのように国庫補助金等に該当する場合には結果的には課税とならないが，その場合においても申告書に「国庫補助金等の総収入金額不算入に関する明細書」の添付を失念しないよう，留意が必要である。

（田中　由美）

参考文献・判決等
所法42

I-2 所得税

〔損益通算・繰越控除〕
〔所得控除・税額控除〕

20 一括購入の場合の借入利子の区分

CASE

私は自己資金と借入金でアパート1棟を土地とともに一括で購入しました。このアパートの取得価額及び支払手段は、次のとおりです。
・取得価額……土地：1億4,000万円，建物：6,000万円
・支払い手段……借入金：1億6,000万円，自己資金：4,000万円
私は以前，不動産所得の計算上生じた損失のうち，土地取得のための借入金の利子部分は，損益通算の対象にならないと聞きましたが，上記の場合にはどのような基準で借入金利子を土地購入部分と建物購入部分とに分けるのでしょうか。

検 討

不動産所得の損失のうち，土地の取得のための借入金の利子は損益通算の対象にならない。

そこで問題となるのは，本CASEのような土地と建物を一括購入した場合で，借入金利子を土地取得のための借入金利子と建物取得のための借入金利子とに区分する方法である。

原則は土地と建物の取得価額の比により按分することになる。ただし，特例として不動産所得の業務のみに使われる建物を土地とともに一括購入した場合で，借入金利子を土地と建物に区分されていない場合，又はその区分が困難な場合には，その借入金額がまず建物取得のために当てられ，次に土地取得のために充てられたものとして取り扱うことができる。

【具体的な計算】
・建物取得のための借入金額……6,000万円
・土地取得のための借入金額……1億6,000万円－6,000万円＝1億円

次にその後，借入金を一部返済した場合に，借入金額をどのように区別するかを検討する。

この場合に問題となるのは，土地に対する借入金と建物に対する借入金のどちらを返済したかということであるが，土地に対する借入金から返済したと考えれば有利になるであろう。

しかし，この場合でも最も合理的で，しかも，現在の実務でも定着している按分方法は，当初の借入金額の比によって利子を按分する方法である。

【具体的な計算】
・現在の借入金額の残高総額……1億2,000万円
・必要経費に算入した利子……480万円
・土地取得に係る借入金利子……480万円 × $\dfrac{1億円}{1億6,000万円}$ = 300万円

対　応

　上記で示した特例の取扱いが適用できる場合とは，土地と建物を一の契約により同一のものから購入する場合で，借入金額の使途の区分が困難なケースであり，建売住宅の購入やマンションの購入がその一例である。

　通常，建売住宅やマンションの購入で購入者が融資を依頼する際に，土地と建物を区分せずに合計額で融資依頼をすることになるであろう。そのため，購入者としても土地取得のための借入金がいくらかなどの認識はない。よって土地を購入するための借入金の金額が明確に区分できないものである。そのため，上記のような納税者有利の取扱いが示されているのである。

　したがって，土地と建物の売り主が違う場合，又は土地と建物の購入時期が違う場合などで，土地取得のための借入金がいくらなのか認識できる場合には，借入金利子の区分が明確にできると判断され，上記の特例は適用されないことになる。

（鹿志村　裕）

参考条文・判決等
措法41の4，措令26の6②，措通41の4－1，41の4－3

21 所得税における資産損失

CASE

所得税法で規定されている災害等があった場合の資産損失について，計算上の留意点はありますか。また，その災害等に起因して保険金を受け取った時の処理について教えてください。

検 討

1 資産損失の計算

不動産所得，事業所得又は山林所得を生ずべき事業に供される固定資産等につき，取壊し，除却，滅失等が生じた場合には，当該資産損失の金額を必要経費に算入することとされている。ここでいう損失の金額とは，次の算式のように被災直前の固定資産等の帳簿価額から，被災直後の固定資産等の価額及び損失の発生により生じた発生資材の価額を控除した金額とされ，保険金等により補塡される部分は除かれる。

```
資産損失の金額
 ＝被災直前の帳簿価額－(被災直後の価額＋発生資材の価額)－保険金等
```

2 原状回復費用の扱い

その後の原状回復費用の支出については減価した部分（被災直前の帳簿価額－被災直後の価額）に相当する金額までは資本的支出として資産計上し，残額（資材上昇による負担増等）については修繕費等として必要経費に算入することとされている。

3 保険金の取扱い

ここで損害に起因する保険金等の課税関係をまとめると次の表のとおりである。

収入金額に代わる性質を有するもの等		課税（所令94）
必要経費を補塡するためのもの		課税（所令30）
物的損害に起因するもの	商品等	課税（所令94）
	固定資産等	資産損失等から控除
人的損害に起因するもの		非課税（所法9）

対 応

　資産損失の金額の計算上,保険金等を控除するのは資産に係る損失額が上限とされ,それを上回る保険金（いわゆる保険差益）は原則どおり非課税とされる。また,法人税法上の所得金額の計算において,いわゆる災害損失等を構成することとなる跡片付け費用等の関連費用は,所得税法上の資産損失の計算上では,資産損失の金額とは無関係に計算されることとなるため,保険差益の存在に関わらず（非課税となる部分があったとしても）これらの関連費用は資産損失の金額とは別枠で必要経費となる。

　これを具体例でみると次のとおりである。

《前提条件》
・被災直前の簿価　400　・被災直後の時価　300　・発生資材の時価　10
・跡片付け費用　100　・保険金取得額　500

(1)　資 産 損 失
　① 　損失額の計算 $400-(300+10)=90$
　② 　損失の金額の計算　 $①-500=△410→0$
(2)　跡片付け費用　100
(3)　必要経費算入額　(1)+(2)=100

　なお,損失額を上回る保険金（(1)②保険差益410）は非課税となる。

　最後に関連項目として,資産損失により事業所得が赤字になった場合,青色申告書の提出の有無に関わらず被災事業用資産の損失の金額として3年間の繰越控除の対象となる。業務的規模の不動産所得又は雑所得を生ずべき業務の用に供される資産に係る損失の場合は,その年分のこれらの所得の金額を限度として必要経費に算入されることになる。また,これらの資産のうち生活に通常必要でない資産等を除く資産につき災害による損失が生じた場合には,雑損控除（3年間の繰越控除可能）と資産損失の有利選択が可能である。なお,特定非常災害として指定された非常災害に関する純損失の金額と雑損控除の金額は繰越控除の期間が5年間に延長される点にも留意が必要である。

（毛利　修平）

参考条文・判決等

所法9①十八,37,51①④,70〜72,所令30,所基通51-2,51-3,72-1

22 国外中古建物の不動産所得に係る損益通算等の制限

CASE

国外の賃貸用中古建物において，日本の税法における減価償却資産の耐用年数と実際の経済的耐用年数との差を利用して，多額の減価償却費による経費を先取りし，他の所得との損益通算を行うことによる節税手法に規制が行われたと聞きました。この損益通算等の制限について教えてください。

検 討

1 制度の概要

令和3年以後の各年において，国外中古建物から生ずる不動産所得を有する場合において，その年分の不動産所得の金額の計算上生じた損失の金額がある場合，そのうち，耐用年数を「簡便法」等により計算した国外中古建物の減価償却費に相当する部分の金額については，生じなかったものとみなされる。

これにより，その損失の金額については，国内にある不動産から生じる不動産所得との所得内通算及び不動産所得以外の所得との損益通算はできない。

2 対象となる国外中古建物

特例の対象となる国外中古建物とは，個人において使用され，又は法人において事業の用に供された国外にある建物であって，個人が取得をしてこれをその個人の不動産所得を生ずべき業務の用に供したもののうち，不動産所得の金額の計算上その建物の償却費として必要経費に算入する金額を計算する際の耐用年数を次の一定の方法により算定しているものをいう。

(1) 簡 便 法
① 法定耐用年数の全部を経過した資産：法定耐用年数×20％
② 法定耐用年数の一部を経過した資産：（法定耐用年数－経過年数）＋経過年数×20％

簡便法によれば，中古の木造住宅で法定耐用年数22年を経過した建物は，耐用年数4年で減価償却することとなる。

(2) 見 積 法

事業の用に供した時以後の使用可能期間の年数を耐用年数とする方法（その耐用年数を国外中古建物の所在地国の法令で使用可能期間の年数が適切であることを証明する書類の添付がある場合等を除く。）である。

国外の中古建物であっても法定耐用年数を適用する場合にはこの制度の対象とはされない。

3　損益通算等の制限

損益通算等が制限される国外不動産所得の損失金額は，国外中古建物の貸付けによる損失の金額のうち，その国外中古建物の償却費の額に相当する金額として一定の計算をした金額をいう。

【具体的な計算例】（単位：万円）

① 　損失額150＞減価償却額100　∴100の損失はなかったものとみなす
② 　損失額 80＜減価償却額100　∴80の損失はなかったものとみなす

なお，国外に複数の不動産を有する場合には，上記の所得計算を1棟ごとに行い，それらから生ずる所得についての所得内通算は認められる。

本制度は，令和3年よりも前に取得した国外中古建物であっても適用されることに留意が必要である。

4　国外中古建物を譲渡した場合の譲渡所得の取扱い

本制度の取扱いを受けた国外中古不動産を売却した場合，その譲渡所得の金額の計算上，建物の取得費から控除される減価償却費については，上記2で生じなかったものとみなす減価償却費に相当する金額を控除する。

令和3年分からの青色申告決算書（不動産所得用）等の「減価償却資産の計算」の摘要欄には，この損益通算ができない損失の金額の累計額を記載するため，当該資産の譲渡所得の建物の取得費を算定するにあたってはこの記載金額を調整する必要がある。

対　応

本制度による規制は，税法上の減価償却資産の耐用年数（簡便法の取扱いを含む。）を見直す方法ではなく，個人の損益通算等を制限する方法とされたため，法人所有の国外中古建物の減価償却資産については影響しない。

（北川　裕之）

参考条文・判決等
措法41の4の3①，措令26の6

23 医療費控除における医薬品

CASE

私は今回の確定申告にあたって医療費控除の適用を受けようと思っています。

医療費の領収書の中には，病院の治療費の他に，薬局等からの医薬品や自然医食品等の購入の領収証も含まれていますが，薬局での購入品全てが医療費控除の対象になるのでしょうか。

検 討

所得税法における医療費控除の規定において，医療費控除の対象となる医療費について，下記のうち通常必要であると認められる費用を医療費と規定しており，医薬品の購入費用も医療費控除の対象となる医療費に該当する。

・医師又は歯科医師による診療又は治療
・治療又は療養に必要な医薬品の購入
・医療又はこれに関連する人的役務の提供

さらに医薬品の購入費用については，通達において，次のように取り扱われている。

> （医薬品の購入の対価）
> 　医薬品とは，医薬品，医療機器等の品質，有効性及び安全性の確保等に関する法律第2条第1項《定義》に規定する医薬品をいうのであるが，同項に規定する医薬品に該当するものであっても，疾病の予防又は健康増進のために供されるものの購入の対価は，医療費に該当しないことに留意する。

対 応

上記の検討のとおり，医薬品とは医薬品，医療機器等の品質，有効性及び安全性の確保等に関する法律（以下「薬機法」という。）に定める医薬品で，疾病の予防・健康の増進のための物以外の物である。

さらに医療費控除制度の対象となる医療費は，前述のとおり「治療又は療養に必要な医薬品の購入」費用である。

　ここにいう「治療又は療養」とは，病気を治すこと又は病気を治すために体を休めることであり，現在の健康を維持・増進させることとは意味が違う。

　そこで「疾病の予防又は健康増進のため」の医薬品（健康増進薬等）の購入費用は，医療費控除の対象とはならない。

　医療費控除制度の趣旨は，多額の医療費が，その者の支払能力に相当な支障をきたすことを考慮して設けられた所得控除制度であり，通常の生活ができるように病気を治すための治療又は療養に必要な医薬品を対象とするものである。

　よって通常の生活ができる者が，余剰の資金を利用して，疾病の予防又は健康の維持増進を図る目的で購入する薬品等の費用は，医療費控除の対象とはならず，本CASEの自然医食品等の購入費用は，医療費控除の対象とはならない。

　なお薬機法においては，上記の「医薬品」の定義の他に，「医薬部外品」や「化粧品」の定義もある。

　「医薬部外品」には，口臭・体臭の防止，あせも・ただれ等の防止などの目的の薬品が含まれ，「化粧品」には，身体を清潔にし，美化し，魅力をまし，容貌を変え，又は皮膚若しくは毛髪を健やかに保つ目的の薬品が含まれている。

　これらのものは通常の薬局で購入できるが，病院からの処方箋により，薬局から購入する医薬品と一緒に購入する場合には，領収証だけでは区別がつかない場合があるため，確定申告にあたっては，購入者への確認等が必要であろう。

（鹿志村　裕）

参考条文・判決等

所法73②，所基通73－5，平成19年11月13日裁決

24 国等に寄附した場合の譲渡所得と寄附金控除

CASE

私は今年自己の所有している土地を，公園用地として市に寄附しました。
この土地は，10年前父より相続したもので，時価は5,000万円だそうです。寄附にあたり測量費が100万円かかりました。この場合，土地を市に寄附することにより譲渡所得税がかかりますか。また寄附金控除は受けることができるのでしょうか。受けられる場合には寄附金控除の額は，いくらになるのでしょうか。ちなみに私の本年中の所得（この土地の寄附は除く。）の合計金額は，1,200万円です。

検 討

　個人が，自己の所有する土地を，公園，学校又は福祉関係の施設用地として，生活環境の整備や地域の福祉に役立つよう国又は地方公共団体及び特定公益増進法人等（以下「国等」という。）に寄附することがある。

1　譲渡所得の取扱い

　所得税法上，譲渡所得の基因となる資産を法人に対し贈与した場合には，その時における時価で譲渡があったものとみなされる。

　しかし，国等に対する贈与については，国等の財政基盤の充実や民間の公益事業の保護育成に資するという政策的な理由から，その贈与をなかったものとみなすことにより，譲渡所得の金額に相当する部分については非課税としている。

2　寄附金控除の取扱い

　居住者が，国等に対して支出した寄附金（学校の入学に関してするもの，及びその寄附をした者がその寄附によって設けられた設備を専属的に利用すること，その他特別の利益がその寄附をした者に及ぶと認められるものを除く。）は，所得税法上，特定寄附金として寄附金控除の対象となる。

　寄附金控除の対象となる寄附には，金銭のほか，土地などの財産による寄附も含まれており，金銭以外の財産についての寄附金の額は，寄附した時の財産の時価によることとされている。

　しかし，国等に財産を贈与し譲渡所得の非課税の適用を受けた場合には，

寄附金控除の対象となる特定寄附金の額は，寄附した時のその財産の時価から，非課税とされた譲渡所得の金額（譲渡所得の特別控除を控除する前の金額）を控除した金額に相当する金額となる。言い換えれば，その財産の取得費及び寄附に要した費用の合計額が特定寄附金の額になるのである。

　また，譲渡所得の計算上，取得費が不明な場合には，収入金額の5％相当額をその資産の取得費とすることが認められていることから，特定寄附金の額についても，寄附した財産の時価の5％相当額とその寄附に要した費用の額の合計額が特定寄附金の額になることとされている。

　居住者が寄附した場合の寄附金控除額は，その年中に支出した特定寄附金の合計額と，その年分の総所得金額等の合計額の40％に相当する金額とのいずれか少ない金額から，2,000円を控除した金額となる。

対　応

　本 CASE の場合，市への土地の寄附に関しての譲渡所得は非課税となる。

　非課税とされる譲渡所得の金額は，土地の時価5,000万円から，取得費250万円（土地の時価の5％）と譲渡費用100万円の合計額を控除した4,650万円である。

　特定寄附金としての寄附金控除の対象額は，土地の時価5,000万円から非課税とされた譲渡所得の金額4,650万円を控除した350万円と，その年中の所得の合計金額1,200万円の40％相当額480万円とのいずれか少ない方の額であり，その対象額は350万円となる。

　したがって寄附金控除額は，対象額350万円から2,000円を控除した金額349万8,000円となる。

（佐野　豊子）

参考条文・判決等
所法78，59①，措法40

25 政治献金と寄附金

CASE

私は個人事業主です。政治献金については寄附金控除や所得税の特別控除が受けられる場合があると聞いたのですが，どのような場合でしょうか。

検討

政治献金を行った際に，寄附金控除の対象となる場合がある。ここでは特に，個人が行った政治献金について，所得税法の寄附金控除の対象となる場合と，その具体的な計算方法について述べる。なお，法人の企業献金については，純粋な政治支援とみられないことから，法人税法には政治献金に係る寄附金控除等はない。

1 寄附金控除の対象となる政治献金

個人が行う政治献金で寄附金控除の対象となるのは，以下の寄附を行った場合である。

(1) 特定の団体に対してされた寄附

「特定の団体」とは，政治資金規正法に規定する以下の5団体であり，これら特定の団体にされた寄附が控除の対象となる。

① 政党（政治団体で，国会議員が5名以上所属している，又は前回の衆議院選挙か参議院選挙，前々回の参議院選挙で全国で2％以上の得票率を得ている。本部，支部とも含む）

② 政治資金団体（政党のために資金上の援助をする目的を有する政党が指定した団体で，届出がされているもの）

③ 国会議員が主宰するもの又は主要な構成員が国会議員である団体

④ 公職に既についている人の後援会（公職とは，衆議院議員，参議院議員，都道府県議会議員，都道府県知事又は政令指定都市の議会の議員もしくは市長）

⑤ これから公職に就こうとする候補者の後援会（候補者が公職選挙法第86条，第86条の3又は第86条の4に定める届出を行う場合に限る）

(2) 特定の公職の候補者の，その公職に係る選挙運動に関してされた寄附

公職選挙法による立候補者の選挙運動に関してされたもので，政治資金

規正法により届出がなされた寄附金が控除の対象となる。

2 寄附金控除と税額控除

上記の特定の団体のうち、政党及び政治資金団体に対する寄附金は政党等寄附金特別控除（税額控除）の対象にもなるため、確定申告において寄附金控除と税額控除のどちらか有利な方を選ぶことができる。どちらが有利であるかは当該個人の所得金額・税額や政治献金の額により異なる。

対 応

1 計算方法

(1) 寄附金控除（所得控除）
① 特定寄附金（政治献金）の合計額
② その年の総所得金額の40％相当額
　（①又は②のいずれか少ない方の金額）－2,000円＝寄附金控除額

(2) 税額控除
　（その年中に支払った政党等に対する寄附金の合計額－2,000円）×30％
＝税額控除額

　（注）　税額控除額はその年分の所得税額の25％相当額が限度とされる。

2 寄附金控除又は税額控除の対象にならないもの

総務大臣又は都道府県の選挙管理委員会等の確認印のある「寄附金（税額）控除のための書類」の発行が出来ない政治献金は、寄附金控除又は税額控除の対象にならない。

また、政治資金規正法に違反する寄附や、寄附した者に特別の利益が及ぶと認められるものも対象にならない。

そのほかに対象にならないものとして①政治資金パーティーのパーティー券を購入した費用、②政党の党費や後援会の会費、③労務の無償提供や事務所の無償提供がある。①は、政治資金パーティーの対価として支払うものであるため、②は、継続的、定期的に納入する金銭で一定の規約等に基づいた債務の履行として支払うものであるため、③は、経済的利益の供与に当たるため、寄附金には該当しないのである。　　　（三浦　裕義）

参考条文・判決等
所法78、措法41の18

26 被災地に義援金等を寄附した場合の税制上の留意点

CASE

私は，豪雨災害により被害を受けたある地域の被災者への援護の一助として義援金等の寄附を考えているのですが，次の場合の税制上の取扱いについて教えてください。
(1) 都道府県や市区町村が募集している義援金等に寄附した場合
(2) 被災者等の救援を目的とする募金団体が募集している義援金等に寄附した場合

検 討

1 所得税の取扱い（寄附金控除）

個人が特定寄附金を支出した場合には，次の算式で計算した金額が，その者のその年分の所得の金額から控除される。

> 特定寄附金の額の合計額(注) － 2,000円 ＝ 寄附金控除額
> 　（注）　総所得金額等の40％が限度

この場合の特定寄附金には，次に掲げる寄附金が含まれる。
(1) 国又は地方公共団体に対する寄附金
(2) 災害救助法の適用区域の被災者のために，日本赤十字社や新聞・放送等の報道機関等の募金団体が義援金等の募集を行った場合において，その募金団体に拠出した義援金等が最終的に地方公共団体が組織する義援金配分委員会等に対して拠出されることが募金趣意書等において明らかにされているものであるときのその義援金等

2 住民税の取扱い（寄附金税額控除）

個人が次に掲げる寄附金を支出した場合には，それぞれに掲げる金額が，その者のその年分の住民税の所得割額から控除される。

控除対象寄附金	寄附金税額控除
都道府県，市区町村に対する寄附金（ふるさと寄附金制度）	基本控除額(注1) ＋ 特例控除額(注2)
住所地の都道府県共同募金会及び住所地の日本赤十字社支部に対する寄附金	基本控除額(注1)
都道府県又は市区町村が条例で指定した寄附金	基本控除額(注1)

(注1) 基本控除額

> (控除対象寄附金（※1）－2,000円）×10%（都道府県民税4%，市区町村民税6%）
> ※1　総所得金額等の30%が限度

(注2) 特例控除額

> (控除対象寄附金（※2）－2,000円）×（90%－所得税率（※3）×1.021）
> ※2　住民税所得割額の20%相当額が限度
> ※3　寄附者に適用される限界税率で，所得金額に応じて0～45%
> ※4　2／5は都道府県民税から，3／5は市町村民税から控除される。

対 応

本CASEの(1)(2)では，所得税における寄附金控除の規定の適用はある。

しかし，住民税における寄附金税額控除の規定の適用については，基本控除額に一定の特例控除額が加算される「ふるさと寄附金制度」の適用についてその取扱いが異なることになる。

なお，災害義援金に係る「ふるさと納税」の取扱い（平成28年4月20日総税市第44号）では，被災者又は被災地方団体の救援を目的とする募金団体に対する義援金等で，最終的に次の(1)又は(2)に拠出されることが新聞記事，募金要綱又は募金趣意書等で明らかにされている場合には，ふるさと寄附金制度と同様の適用があることとされている。

(1) 被災地方団体
(2) 災害対策基本法（昭和36年法律第223号）第40条又は第42条に規定する地域防災計画に基づき地方団体が関係機関と組織する義援金配分委員会等

したがって，被災者等の救援を目的とする募金団体が募集している義援金等の寄附を考えている場合には，その寄附金が「ふるさと寄附金制度」の対象になるか否かを各募金団体等にあらかじめ確認する方が良いと考える。

（矢野　重明）

参考条文・判決等
所法78，所基通78－5，地法37の2，314の7

27 住宅ローン控除～借換えの場合の注意点～

CASE

私は数年前より住宅ローン控除を適用していますが，本年中に，以前の住宅ローンの金利より低い金利の住宅ローンに借換えを行いました。

借換えをしても一定の要件を満たしていれば住宅ローン控除が適用できると聞きましたが，新しい住宅ローンの年末残高すべてが，住宅ローン控除の対象となるのでしょうか。

なお借換え時の状況や，新たな借入金の年末残高等は，次のとおりです。

・旧住宅ローンの借換え直前の残高　2,025万円
・新たな住宅ローンの借換え当初の金額　2,250万円
・新たな住宅ローンの年末残高　2,100万円

検　討

1　借換えをした場合の具体的な取扱い

現在の金利よりもより低い金利の住宅ローンがあれば，住宅ローンの借換えをする場合が考えられる。この借換え後の住宅ローンは，住宅ローン控除の適用があるのかが問題となるが，次のように取り扱われている。

住宅ローンの借換えを行った場合においても，次の2つの要件を満たしている場合には，住宅ローン控除の対象となる住宅ローンに該当するものとされる。

①　新たな住宅ローンが，当初の住宅ローンを消滅させるためのものであることが明らかであること
②　新たな住宅ローンが，償還期間が10年以上の割賦償還の方法により返済する要件を満たしていること

2　借換えた金額が当初の住宅ローン残高より多い場合

住宅ローンの借換え手続きを進めるにあたり，借換えの手数料や抵当権の設定費用などの様々な費用がかかるものである。

この費用を補うために，新たな住宅ローンについては，借換え手続き費用分を上乗せして借りる場合もある。

この場合，手続き費用相当分については，当初の住宅ローンを消滅させ

るためのローンではないため，住宅ローン控除の対象にはならないので注意が必要である。

この場合具体的な住宅ローン控除の対象となる金額の計算は，毎年の住宅ローンの年末残高を調整する計算となり，計算式は下記のとおりである。

$$\text{毎年の住宅ローンの年末残高} \times \frac{\text{借換え直前の旧住宅ローンの残高}}{\text{借換えによる新たな住宅ローンの当初金額}}$$

本CASEの例でも借換え後の住宅ローンは，借換え直前の旧住宅ローン残高よりも多く借りているため，新たな住宅ローンの年末残高全額が住宅ローン控除の対象とはならず，住宅ローン控除の対象となる金額の算定のための調整計算が必要となる。なお本CASEの例での具体的な住宅ローン控除の対象額の計算は次のとおりである。

$$2,100万円 \times \frac{2,025万円}{2,250万円} = 1,890万円$$

対　応

1　毎年の控除額計算上の注意点

住宅ローン控除は，居住した年から10年間又は13年間控除が可能な制度である。

この控除期間中に当初住宅ローン残高より多めの借換えを行った場合，上記検討で説明した調整計算が必要となるが，その調整計算を行ううえでの分母，分子は毎年同じである点に注意すべきである。

2　年末調整での注意点

住宅ローン控除は，2年目以降は年末調整で控除が可能であるが，控除額を確認する会社側では，前年の残高証明を確認しながら，金融機関が変わっていたら，借換えが行われているか，及び借換え直前の旧住宅ローン残高よりも多く借りている場合の年末残高の調整計算は行われているかの確認が必要である。

（鹿志村　裕）

参考条文・判決等
措法41，措通41-16

28 令和6年1月以降の住宅ローン税額控除の留意点

CASE

令和4年度税制改正では,「住宅ローン税額控除」について,省エネ性能等の高い認定住宅等につき,新築住宅等の借入限度額の上乗せ等の措置が講じられました。一方で,令和6年1月1日以後に新築住宅等に入居する場合の適用要件が厳格化されました。
そこで,令和4年度税制改正の内容とその実務上の留意点について教えてください。

検 討

1　令和4年度税制改正

令和4年度税制改正では,住宅ローン税額控除として環境性能等が高い良質な住宅について,カーボンニュートラルを実現する等の観点から,各種の措置が講ずることとされた。具体的には,住宅ローン税額控除の適用期限を4年延長（令和7年12月31日までに入居した者が対象）したうえで,省エネ基準適合住宅である「認定住宅等」と,省エネ基準適合住宅に適合しない住宅（以下,「その他の住宅」という。）に区分し,環境性能等が高い良質な住宅ほど借入限度額が高く設定された。

また,控除率については,会計検査院による平成30年度決算検査報告における「住宅ローン金利が1％を下回る場合,毎年の住宅ローン控除額が住宅ローン支払利息額を上回ることで住宅ローンを組む必要がないのに住宅ローンを組む動機付けになること等」の指摘に対応する観点から,0.7％（改正前1％）に見直された。

なお,住宅ローン税額控除の適用対象者の所得要件は,合計所得金額2,000万円以下（改正前3,000万円以下）とされた。

2　令和6年1月以降に入居する場合の留意点

原則として,令和6年1月1日以降に新築住宅等に入居する場合に「住宅ローン税額控除」を適用するのであれば,当該新築住宅等が省エネ基準適合住宅の適合が要件となる。当該住宅が,省エネ基準適合住宅であることの証明書として,建築士法に基づく建築士事務所に所属する建築士又は指定確認検査機関等が証明した「住宅省エネルギー性能証明書」又は「建

設住宅性能評価書の写し」が必要となる。なお，令和6年1月1日以後に「その他の住宅」を新築等で取得した場合には，原則的には「住宅ローン税額控除」の適用対象外になるが，当該住宅が令和5年12月31日までに建築確認（確認済証又は検査済証により確認）を受けたことにつき，令和6年6月30日までに竣工済であることを登記事項証明書で確認ができた場合には「住宅ローン税額控除」の適用対象となる。

ただし，この場合の借入限度額は2,000万円，控除期間は10年となる。

3 住宅ローン税額控除の適用に係る手続きの見直し

確定申告・年末調整で住宅ローン税額控除の適用を受けるためには，納税者は申告の際，金融機関等から交付された住宅取得資金に係る借入金の年末残高等証明書（以下，「残高証明書」という。）を提出又は提示しなければならないこととされていた。

また，居住年が令和5年以後である者が，令和6年1月1日以後に確定申告・年末調整で適用を受ける場合には，申告利便の向上等の観点から，金融機関等は，毎年，残高証明書を納税者に交付するのではなく，年末残高の情報等を記載した調書を税務署に提出することとされ，税務署はこの情報が記載された住宅ローン税額控除証明書を毎年納税者に交付することとなる。これに伴い，納税者による残高証明書の提出又は提示は不要となる。

4 令和6年度税制改正

夫婦のいずれかが40歳未満の世帯・19歳未満の扶養親族を有する世帯で，令和6年中に認定住宅等を自己の居住の用に供した場合で他の要件にも該当する場合には，令和6年分の借入限度額に500万円又は1,000万円上乗せする措置が講じられた。

対　応

住宅ローン税額控除は，消費税率引上げに伴う反動対策やカーボンニュートラルを実現する等の観点など，その時々の社会情勢に伴い幾度となく制度改正・税制改正が行われてきた。会計検査院からの指摘の解決策として，税額控除額を借入限度額に控除率0.7％で計算した金額と実際の住宅ローン借入利子率で計算した金額のいずれか低い金額を税額控除額とすることで，「逆ざや」問題の解決が図られると考える。

（小川　泰幸）

参考文献・判決等
措法41

29 買取再販住宅の住宅ローン控除

CASE

宅地建物取引業者が大規模なリフォーム工事を施した中古マンションを購入し，居住の用に供している場合には，買取再販住宅として新築住宅に準じて住宅ローン控除を適用することができるようです。買取再販住宅の具体的な要件を教えてください。

検 討

1 買取再販住宅の要件

買取再販住宅に該当するには，次の全ての要件を満たす必要がある。

(1) 個人は宅地建物取引業者が特定増改築等をした既存住宅を，その宅地建物取引業者の取得の日から2年以内に取得したこと。

(2) 取得時に既存住宅が新築から10年以上経過していること。

(3) 特定増改築等の工事費用が，売買価格（税込）の20％（上限300万円）以上であること。

(4) その既存住宅について，次のいずれかに該当する特定増改築等に係る工事が行われていること。

① 下記2に掲げる特定増改築等の工事の(1)～(6)に掲げる工事に要した費用の額の合計額が100万円を超えること。

② 下記2に掲げる特定増改築等の工事の(4)～(7)のいずれかに掲げる工事に要した費用の額がそれぞれ50万円を超えること。

(5) 宅地建物取引業者が既存住宅を取得し，上記(3)及び(4)の要件を満たす工事を行った後，宅地建物取引業者の取得日から2年以内に取得していること。

(6) 建築後使用された家屋で次のいずれかに該当すること。

① 昭和57年1月1日以後に建築されたものであること。

② ①以外の場合は，次のいずれかに該当すること。

イ 取得日前2年以内に耐震基準に適合していると証明されたもの。

ロ 上記①及び②イに該当しない一定の住宅（要耐震改修住宅）のうち，その取得の日までに耐震改修を行うことについて申請をし，かつ，居住の用に供した日までにその耐震改修（既存住宅の耐震改修をし

た場合の所得税額の特別控除，既存住宅に係る特定の改修工事をした場合の所得税額の特別控除の適用を受けるものなど一定のものを除く。）により家屋が耐震基準に適合することにつき証明がされたもの。

　なお，買取再販認定住宅等として住宅借入金等特別控除を受けるためには，上記①又は②イに該当することが必要である。買取再販認定住宅等とは，認定長期優良住宅，認定低炭素住宅，特定エネルギー消費性能向上住宅，エネルギー消費性能向上住宅の証明のされたものをいう。上記②ロのみに該当する場合は，一般の買取再販住宅として住宅借入金等特別控除の対象となる。

2　特定増改築等の工事

(1) 増築，改築，建築基準法上の大規模の修繕又は大規模の模様替えの工事
(2) マンションの場合で，床又は階段，間仕切り壁，主要構造部である壁のいずれかのものの過半について行う修繕又は模様替えの工事
(3) 家屋のうち居室，調理室，浴室，便所，洗面所，納戸，玄関又は廊下の一室の床又は壁の全部について行う修繕又は模様替えの工事
(4) 地震に対する一定の安全基準に適合させるための修繕又は模様替えの工事（耐震改修工事）
(5) 一定のバリアフリー改修工事
(6) 一定の省エネ改修工事
(7) 給水管，排水管又は雨水の浸入を防止する部分に係る修繕又は模様替えの工事（既存住宅売買瑕疵担保責任保険契約が締結されているものに限る。）

対　応

　買取再販住宅に該当するか否かは，上記1(1)(5)(6)①の期間は登記簿謄本で確認を行い，それ以外の工事の内容やその費用の額については，増改築等工事証明書で確認を行うことになる。売主である宅地建物取引業者から買取再販住宅に該当するとの説明があっても，所有期間や工事費用の額の要件を充足しない場合もあるため，実務上注意したい。　　　　（土屋　栄悦）

30 既存住宅の耐震改修工事又は特定の改修工事をした場合の所得の特別控除の拡充等

CASE

令和5年の出生数は約72万人と過去最低と少子化が危機的状況となっており，子育てに対する不安や負担がその要因の一つであると考えられています。

令和6年度税制改正では，子育てに対応した住宅へのリフォームを支援し，子育て世帯の居住環境を改善する観点から，既存住宅に係る特定の改修工事をした場合の所得税額の特別控除（既存住宅リフォーム税制）が拡充等されました。

そこで，拡充等された既存住宅リフォーム税制の改正前及び改正後の概要と実務上の留意点について教えてください。

検 討

1 改正前制度の概要

(1) 必須工事に係る対象控除限度額

耐震改修工事又は特定の改修工事の対象工事（以下「必須工事」という。）について標準的な工事費用の額の10％相当額が所得税額から控除できる。

(2) その他工事に係る対象控除限度額

上記(1)に掲げる必須工事の対象工事限度額を超過する部分及びその他のリフォームについても，「その他工事」として必須工事全体に係る標準的な費用相当額と同額（最大対象工事限度額は必須工事と併せて合計1,000万円が限度）まで5％相当額が所得税額から控除できる。

2 令和6年度税制改正

(1) 子育て世帯等に対する住宅リフォーム税制の拡充

個人で，①年齢40歳未満であって配偶者を有する者，②年齢40歳以上であって年齢40歳未満の配偶者を有する者，③年齢19歳未満の扶養親族を有する者のいずれかに該当する者（以下「特例対象個人」という。）が，その者の所有する居住用の家屋について子育てに係る特例対象個人の負担を軽減するための子育て対応改修工事等をして，その居住用の家屋を令和6年4月1日から令和6年12月31日までの間にその者の居住の用に供した場合（その居住用の家屋を対象子育て対応改修工事等の日から6月以内にその者の居住の用に供した場合に限る。）には，特例対象個人の令和6年分の所得

税の額から，上記1(1)に掲げる「必須工事に係る対象控除限度額」として，その子育て対応改修工事に係る標準的な工事費用相当額（250万円が限度）の10％相当額が所得税額から控除できる。

また，上記1(2)に掲げる「その他工事に係る対象控除限度額」の適用対象にも追加された。

(2) 子育て対応改修工事等の範囲

転落防止の手すりの設置，可動式間仕切り壁の設置，対面式キッチンへの交換及び防音性の高い床への交換などのリフォーム工事であって，その工事に係る標準的な工事費用相当額（補助金等の交付がある場合には，補助金等の額を控除した後の金額）が50万円を超えること等一定の要件を満たすものとされる。

(3) 適用期限の延長

上記1(1)及び(2)における既存住宅に係る耐震改修工事又は特定の改修工事をした場合の所得税額について，適用期限が令和7年12月31日（改正前：令和5年12月31日）まで2年延長された。

(4) 所得要件の見直し

適用対象者の合計所得金額が2,000万円以下（改正前：3,000万円以下）に引き下げられた。

3 適用関係

上記2の改正は，令和6年1月1日以後に自己の居住の用に供する場合について適用される。

対 応

既存住宅リフォーム税制の適用を受ける場合には，建築士等が発行する『増改築等工事証明書』（住宅耐震改修や省エネ改修工事等と併せて行う耐久性向上改修工事等であることを証明するもの）の「原本」の提出が必要とされている。また，対象物件が共有である場合には，適用を受ける個人の共有持分に対応する金額が税額控除の対象とされるため留意が必要である。

（宮森　俊樹）

参考条文・判決等
措法41の19の2，41の19の3①〜⑨⑲，41の3⑭，措令26の28の5⑭⑮⑯，令和6年改正法附則35

31 国外居住親族に係る扶養控除等の見直し

CASE

国外居住親族に対して扶養控除等の適用を行う場合，確定申告書等に親族である旨を証明する「親族関係書類」及び生計を一にすることが確認できる「送金関係書類」の提出又は提示が義務付けられています。しかし，国外居住親族の所得要件の判定が国内源泉所得ベースで行うため，国外で多額の所得を得ている者も扶養控除等の適用を受けている実態が生じていました。

令和2年度税制改正では，課税の適正性を担保するとの観点から，国外居住親族に係る扶養控除等の内容が見直されたそうですが，その見直しの内容と実務上の留意点について教えてください。

検 討

1 控除対象扶養親族の定義の見直し

控除対象となる国外居住親族で年齢30歳以上70歳未満の者については，①留学により非居住者となった者，②障害者，③その適用を受ける居住者からその年において生活費又は教育費に充てるための支払を38万円以上受けている者のいずれかの要件を満たす者に限定された。

2 適用を受ける場合の提出書類

上記1①又は③に該当する者で扶養控除等の適用を受けようとする居住者は，給与等又は公的年金等の扶養控除等申告書，年末調整又は確定申告の際に，①に該当する者は親族関係書類及び留学ビザ等書類，③に該当する者は38万円送金書類を提出又は提示することとされた。

3 用語の定義

(1) 親族関係書類

次の①又は②のいずれかの書類で，国外居住親族が居住者の親族であることを証するものとされる。

① 戸籍の附票の写しその他の国等が発行した書類及び国外居住親族の旅券（パスポート）の写し

② 外国政府等が発行した戸籍謄本等，出生証明書，婚姻証明書等の書類（国外居住親族の氏名，生年月日及び住所又は居所の記載があるものに

限る。）

(2) 留学ビザ等書類

　外国政府等が発行した国外居住親族に係る次の①又は②の書類で，その国外居住親族が外国における留学の在留資格に相当する資格をもってその外国に在留することにより国内に住所及び居所を有しなくなった旨を証するものとされる。

① 外国における査証（ビザ）に類する書類の写し
② 外国における在留カードに相当する書類の写し

(3) 送金関係書類

　次の①又は②のいずれかの書類で，居住者がその年における国外居住親族の生活費又は教育費に充てるための支払が必要の都度，行われたことを明らかにするものとされる。

① その年における送金依頼書等
② クレジットカード利用明細書等

(4) 38万円送金書類

　居住者から国外居住親族である各人へのその年における支払の金額の合計額が38万円以上であることを明らかにする書類とされる。

4　適用関係

　上記1及び2の改正は，令和5年分以後の所得税及び令和6年度以後の個人住民税から適用される。

対　応

　令和5年1月1日より，国外居住親族で扶養控除等の対象となる者は，扶養親族で①年齢16歳以上30歳未満の者，②年齢70歳以上の者，③年齢30歳以上70歳未満の者のうち，留学生，障害者及び38万円以上の送金を受けている者とされた。また，年齢30歳以上70歳未満である国外居住親族を扶養控除等の対象とする場合には，「留学ビザ等書類」や「38万円送金書類」の提出又は提示も必要とされたので留意が必要である。　　　（宮森　俊樹）

参考条文・判決等
所法2三十四の二，所法120③三，194①七・④〜⑥，195①四・④，203の6①六・③，地法34，314の2，所令262④一イロ，所規47の2⑦〜⑩，令和2年改正法附則3，7〜9

32 改正後の寡婦・ひとり親控除の要件についての注意点

CASE

私は会社の人事部に所属していますが，今年から年末調整の仕事も手伝うことになりました。

令和2年の税制改正では，「寡婦控除」が改正され，さらに「ひとり親控除」が新設されたと聞きました。

また改正の概要として「所得要件が徹底された」のと「事実婚無し」の要件が追加されたと聞きますが，具体的な内容どのようなことですか。また実務上の注意点はありますか。

検 討

1 寡婦控除の改正の理由

これまで，婚姻歴のない，いわゆる未婚のひとり親は寡婦（寡夫）控除の対象とはなっていなかった。

しかし，「未婚のひとり親も婚姻歴のある親も経済的に苦しい状況は同じであり，離婚・死別した親の子どもも，いわゆる「未婚の母」等の子どもも，「ひとり親の子ども」という点では同じであって，過去の婚姻歴の有無で区別することは不公平」との理由から寡婦（寡夫）控除の対象に未婚のひとり親を加えるべきとの意見により令和2年において寡婦控除が改正され，ひとり親控除が創設された。

2 改正による要件の違い

(1) 所得要件の徹底

改正前の寡婦においても，「合計所得金額が500万円以下の者」との所得要件は一部にあったが，「夫と死別し，若しくは夫と離婚した後婚姻をしていない者，又は夫の生死が明らかでない一定の者で，扶養親族その他その者と生計を一にする子がいる者」も寡婦に該当し，寡婦の全てに所得要件があったわけではなかった。

しかし改正後の寡婦，ひとり親控除については，必ず「合計所得金額が500万円以下の者」の所得要件が付されている。

この改正で，必ず所得要件が付された点では，要件が統一されてわかりやすくなったといえる。

(2) 事実婚無し要件の追加

改正後の寡婦，ひとり親控除については，「その者と事実上婚姻関係と同様の事情にあると認められる者として一定の者がいないこと」の要件が必ず付されている。

寡婦は「夫と離婚した後婚姻をしていない者」「夫と死別した後婚姻をしていない者」が対象であり，ひとり親は「現に婚姻をしていない者」が対象である。

これは，両方とも婚姻した相手がいない者に対する所得控除であり，「事実上婚姻関係と同様の事情にあると認められる者」がいると，婚姻した相手がいるのと同様であるため，寡婦控除，ひとり親控除の趣旨に反してしまう。そのため事実婚無しの要件が付されたのである。

対　応

実務上の注意点（事実婚無しの確認について）
① 確認方法
　この「事実上婚姻関係と同様の事情にあると認められる者」がいるか否かの確認は，住民票の記載で確認することになり，具体的には，住民票の続柄に「未届の夫」「未届の妻」「その他事実上婚姻関係と同様の事情にあると認められる続柄」の記載のある者がいるか否かの確認となる。

　本来，事実婚の確認は，住民票の記載にこだわらず，その実体で確認すべきである。しかし，その実体で事実上婚姻関係にある者の確認をするとなると，執行上その認定が困難であると考えられる。そこで事実婚状態の者については，執行可能な範囲で対応を行うべきとの考え方から，ひとつの割り切りで，住民票の記載で確認する方法となった。
② 住民税との関係
　寡婦，ひとり親控除の改正は，住民税においても行われ，所得税と同様の定義となった。この場合，国税の段階ではすぐに確認が難しい住民票の記載について，住民税の計算を行う市町村では，容易に確認ができる。

　そのため，事実婚無し要件について，間違えて寡婦・ひとり親控除を適用しても，すぐに確認が取られてしまい，国税についても後日是正を行うことになるであろうことを，認識しておくべきである。

（鹿志村　裕）

参考条文・判決等
所法2①三十，三十一，所規1の3，1の4

33 退職所得課税の適正化

CASE

　退職所得については，長期間にわたる勤務の対価（給与）が一時期にまとめて後払いされるものであること及び退職後の生活保障的な所得であること等が考慮され，退職所得控除額を控除した残額の2分の1を所得金額とすることにより，累進税率が緩和され，税負担の平準化が図られる（以下「2分の1課税」といいます。）措置が採られています。

　ただし，平成24年度税制改正では，短期間のみ在職することが当初から予定されている法人役員等が，給与の受取りを繰り延べて高額な退職金を受け取ることにより，税負担を回避するといった事例が指摘されていたことから，勤続年数5年以内の法人役員等の退職所得の2分の1課税が廃止されました。

　令和3年度税制改正では，法人の役員等以外についても勤続年数5年以下の短期間で支払われる退職金について，平準化の趣旨にそぐわないこと及び特に高額な支給実態があることを踏まえて，法人役員等以外の従業員に対する退職所得課税の適正化されたそうですが，その制度の概要とその実務上の留意点について教えてください。

検 討

1　令和3年度税制改正

　その年中の退職手当等のうち，退職手当等の支払者の下での勤続年数が5年以下である者がその退職手当等の支払者からその勤続年数に対応するものとして支払を受けるものであって，特定役員退職手当等に該当しないもの（以下「短期退職手当等」という。）に係る退職所得の金額の計算につき，短期退職手当等の収入金額から退職所得控除額を控除した残額のうち300万円を超える部分については，退職所得の金額の計算上2分の1課税措置が廃止される。

　そこで，短期退職手当等に係る退職所得の金額の計算は，次の〔算式〕によって計算される。

〔算式〕
① 短期退職手当等の収入金額から退職所得控除額を控除した残額が300万円以下である場合
　退職所得の金額＝（その年中の退職手当等の収入金額－退職所得控除額）×１／２
② 上記①以外の場合
　イ　150万円
　ロ　短期退職手当等の収入金額から300万円に退職所得控除額を加算した金額を控除した残額
　ハ　退職所得の金額＝イ＋ロ

2　適 用 関 係
　上記１の改正は，令和４年分以後の所得税について適用され，令和３年分以前の所得税については，なお従前の例によることとされる。

対　応

　法人の役員等以外の者については，近年の雇用の流動化等に配慮して，退職所得控除額を除いた支払額300万円までは引き続き２分の１課税の平準化措置が適用される。そこで，勤続年数が５年の場合は，500万円以上の退職金が上記１に掲げる改正の影響を受ける。これは，「平成30年退職金・年金に関する実態調査（日本経済団体連合会）」における勤続年数５年のモデル退職金の額である126.7万円（大卒・会社都合）を大幅に上回る水準となっている。

　また，上記１に掲げる改正に伴い，短期退職手当等と短期退職手当等以外の退職手当等がある場合の退職所得の金額の計算方法，退職手当等に係る源泉徴収税額の計算方法及び退職所得の源泉徴収票の記載事項等も見直されている。具体的な改正内容の詳細は「短期退職手当等Q&A（令和４年１月改正：国税庁ホームページ）」を参照されたい。

（宮森　俊樹）

参考条文・判決等
所法30②④，令和３年改正法附則５

34 所得税の定額減税

CASE

過去2年間で所得税・個人住民税の税収が3.5兆円増加する中で，物価高・社会保障料の負担増加など，国民負担率の高止まりが続いています。令和6年度税制改正では，賃金上昇が物価高に追い付いていない国民の負担を緩和し，デフレ脱却のための一時的な措置として，3兆円半ばの規模で所得税・個人住民税の定額減税が令和6年6月1日から施行されます。

そこで，給与所得者に対する所得税の定額減税の概要と実務上の留意点について教えてください。

検 討

1 所得税の定額減税制度の概要

居住者の令和6年分の所得税については，その者のその年分の所得税の額から，令和6年分特別税額控除額が控除される。ただし，その者のその年分の所得税に係るその年の合計所得金額が1,805万円を超える場合については，この限りではない。

また，令和6年分特別税額控除額は，次の金額の合計額とされる。ただし，その合計額がその者の所得税額を超える場合には，所得税額が限度とされる。

① 居住者（本人）…3万円
② 居住者の一定の同一生計配偶者又は扶養親族（居住者に該当する者に限る。以下「同一生計配偶者等」という。）…1人につき3万円

2 年齢の判定基準

居住者の同一生計配偶者又は扶養親族に該当するか否かの判定は，その年12月31日（その居住者がその年の中途において死亡又は出国をする場合には，その死亡又は出国の時）の現況によるものとされる。ただし，その判定に係る者がその当時既に死亡している場合は，その死亡の時の現況によるものとされる。

3 給与所得者の特別控除の実施方法

令和6年6月1日以後最初に支払を受ける給与等（賞与を含むものとされ，給与所得者の扶養控除等申告書の提出の際に経由した給与等の支払者

が支払うものに限る。）につき源泉徴収をされるべき所得税の額（以下「控除前源泉徴収税額」という。）から特別控除の額に相当する金額（その金額が控除前源泉徴収税額を超える場合には，その控除前源泉徴収税額に相当する金額）が控除される。

なお，控除しきれなかった金額は，翌月以降の給与等から順次控除（それぞれのその源泉徴収税額に相当する金額が限度とされる。）をした金額に相当する金額をもって，それぞれの主たる給与等に係る源泉徴収税額とされる。

4　給与特別控除額の算定

給与特別控除額は，給与所得者及び給与所得者の扶養控除等申告書に記載された一定の源泉控除対象配偶者で合計所得金額の見積額が48万円以下である者又は一定の控除対象扶養親族等1人につき3万円とされる。

なお，給与等の支払者は，上記3による控除をした場合には，支払明細書に控除した額を記載（記載例：所得税定額減税額××円）し，源泉徴収票の摘要の欄に控除した額等を記載（記載例：源泉徴収時所得税定額減税控除済額××円・控除外額××円及び非控除対象配偶者減税の有無）する。

対　応

「令和6年分所得税の定額減税Q＆A（国税庁：令和6年5月15日改訂）」では，合計所得金額が1,805万円を超える者に対しても，令和6年6月1日以後に定額減税を行うこととされ，確定申告で最終的な年間の所得税額と定額減税額との精算を行うこととされている（問2－2）。この場合において，定額減税は，合計所得金額が1,805万円を超えると見込まれるか否かにかかわらず，主たる給与の支払者のもとで，令和6年6月1日以後の給与等に係る源泉徴収において，控除対象者は一律に定額減税の控除が適用され，控除対象者（本人）が定額減税の適用を受けるか否かの選択はできないとされている（問2－8）。

また，令和6年6月2日以降に就職した者は，年末調整又は確定申告で定額減税を受けることとされている（問3－3）。　　　　　　（宮森　俊樹）

参考条文・判決等

措法41の3の3①②③，41の3の7①②③⑤，令和6年改正法附則1二イ

35 個人住民税の定額減税

CASE

過去2年間で所得税・個人住民税の税収が3.5兆円増加する中で,物価高・社会保障料の負担増加など,国民負担率の高止まりが続いています。令和6年度税制改正では,賃金上昇が物価高に追い付いていない国民の負担を緩和し,デフレ脱却のための一時的な措置として,3兆円半ばの規模で所得税・個人住民税の定額減税が令和6年6月1日から施行されます。

そこで,給与所得者に対する住民税の定額減税の概要と実務上の留意点について教えてください。

検 討

1 個人住民税の定額減税制度の概要

(1) 令和6年度分の個人住民税

納税義務者の所得割(均等割,利子割,配当割及び株式等譲渡所得割は対象外とされる。)の額から,特別控除の額が控除される。ただし,その者の令和6年度分の個人住民税に係る合計所得金額が1,805万円以下である場合に限る。なお,控除しきれない額があるときには,定額減税調整給付金が支給される。

また,特別控除の額は,次の金額の合計額とされる。ただし,その合計額がその者の所得割の額を超える場合には,所得割の額が限度とされる。

① 納税義務者(本人)…1万円
② 控除対象配偶者又は扶養親族(国外居住者を除く。)
…1人につき1万円

(2) 令和7年度分の個人住民税

控除対象配偶者以外の同一生計配偶者(国外居住者を除く。)を有する者[注]については,令和7年度分の所得割の額から,1万円が控除される。

(注) 納税義務者本人の合計所得金額が1,000万円超で,かつ,配偶者の合計所得金額が48万円以下の者。

2 年齢の判定基準

納税義務者の扶養親族に該当するか否かの判定は,令和5年12月31日

(令和5年中に死亡し又は出国をする場合には，その死亡の時)の現況によるものとされる。そこで，令和6年1月2日以後に死亡した扶養親族については特別控除の対象とされるが，同日以後に出生した扶養親族については，特別控除の対象とされない。

3　給与所得者の特別控除の実施方法

令和6年6月に給与の支払をする際は特別徴収を行わず，特別控除の額を控除した後の個人住民税の額の11分の1の額を令和6年7月から令和7年5月まで，それぞれの給与の支払をする際毎月徴収される。

4　給与特別控除額の算定

道府県民税における特別控除の額は，特別控除の額に道府県民税所得割の額がその者の道府県民税所得割の額と市町村民税所得割の額との合計額のうちに占める割合を乗じて計算することとされる。また，市町村民税における特別控除の額は，特別控除の額から道府県民税における特別控除の額を控除して得た金額とされる。

なお，特別控除の額は，地方税法の規定による他の税額控除の額を全て控除した後の所得割の額から控除することとされる。そこで，配当割額控除，株式等譲渡所得割税額控除を行った時点で，所得割額から控除しきれない額が生じ，還付・充当が行われた場合には，特別控除の額の対象とされない。

対　応

令和6年度分の都道府県又は市区町村に対する寄附金税額控除（ふるさと納税）の特例控除額の控除上限額は，特別控除の額を控除する前の所得割の額の2割とされる。ただし，令和7年度分のふるさと納税の特例控除額の控除上限額は，特別控除の額を控除した後の所得割の額の2割とされるので留意が必要である。

（宮森　俊樹）

参考条文・判決等
令和6年改正地法附則5の8①②⑤，5の10，5の12

36 定額減税調整給付金

CASE

定額減税制度において，納税者（本人），同一生計配偶者及び扶養親族の数から算定される定額減税可能額が，定額減税を行う前の所得税額・個人住民税所得割額を上回り，定額減税しきれないと見込まれる金額が生じる場合は，個人住民税を課税する市区町村から定額減税調整給付金が支給されます。

そこで，定額減税調整給付金の概要と実務上の留意点について教えてください。

検 討

1 支給対象者

定額減税の対象で定額減税可能額が令和6年分推計所得税額（令和5年分所得税額）及び令和6年度分個人市民税の所得割額が上回る者（定額減税しきれない者）を対象として，定額減税調整給付金が支給される。また，定額減税調整給付金は世帯単位ではなく，納税義務者（個人）への支給とされる。

なお，支給対象者には，定額減税調整給付金の支給に関する確認書等が送付される。

2 定額減税調整給付金

定額減税調整給付金の算定は，次のとおりとされる。

① 所得税分控除不足額

所得税定額減税可能額－令和6年分推計所得税額＝×××

② 個人住民税分控除不足額

住民税所得割定額減税可能額－令和6年分個人住民税所得割額＝×××

③ ①＋②＝×××（1万円未満切上げ）

3 具体的計算例

《前提条件》

- 支給対象者：納税義務者本人＋配偶者＋扶養親族2人
- 納税義務者本人の令和6年分推計所得税額（減税前）：39,500円
- 令和6年度分個人住民税額：60,000円

《定額減税調整給付金の計算》

① 所得税分控除不足額

(30,000円×4人)−39,500円=80,500円
② 個人住民税分控除不足額
(10,000円×4人)−60,000円=△20,000円 → 0円
③ ①+②=80,500円 → 90,000円（1万円未満切上げ）

4 支給方法（例：江戸川区の場合）

(1) お知らせの送付

　公金受取口座の登録をされている者又は過去の給付金事業等から区が独自で口座情報を有している者は，令和6年6月13日発送の「お知らせ」に記載されている内容に変更がない場合，特に提出書類はない。令和6年6月27日に定額減税調整給付金が支給される。

　なお，口座を変更される場合には，「確認書類」の提出が必要とされる。

(2) 確認書の送付

　公金受取口座の登録をされていない者又は区が独自で保有する口座情報を有してない者は，令和6年6月13日発送の「確認書」の内容を確認のうえ，オンライン又は紙による申請を行うこととされる。そして，申請から概ね3週間程度で定額減税調整給付金が支給される。

(3) 申請期限

　令和6年10月31日（木曜日）消印有効

対　応

　定額減税調整給付金は，令和6年分推計所得税額を活用しており，実額による算定ではないことを踏まえ，令和6年分所得税及び定額減税の実績額等が確定した後，調整給付に不足が生じる場合には，令和7年度に追加で不足分の給付が行われる。また，個人住民税の年税額が年度途中に修正されたことにより調整給付に不足が生じた場合も同様に令和7年度に追加で不足分の給付が行われる。なお，超過給付があった場合には，返済の必要はなく，所得税及び個人住民税は非課税とされる。

　最後に，本稿では江戸川区ホームページを参照して定額減税調整給付金の支給方法を紹介したが，各市区町村でその対応は異なるので，留意が必要である。

（宮森　俊樹）

参考条文・判決等

江戸川区ホームページ

I-3 所得税

〔申告・納付〕
〔源泉徴収〕
〔非居住者・その他〕

37 倒産会社の未払給与に係る源泉徴収税額の還付

CASE

私が勤務していた会社が，この不況で資金繰りがつかず倒産してしまいました。私は高齢であるため，再就職を断念しましたが，うわさによると，その会社に未払の給与がある場合，来年の確定申告の際に確定申告書の第一表⑩「未納付の源泉徴収税額」欄に未払給与に係る源泉税を記入すると還付されないと聞きましたが，本当なのでしょうか。

検 討

一時期小康状態であったと思われる企業の倒産件数も，近来の災害等によりまた増加傾向にある。

不幸にして倒産した企業に勤務していた従業員は，新しい職場を求めて再就職したり，あるいは再就職のために就職活動を行うこととなるが，その従業員に対する倒産会社の未払給与が問題となる。

倒産した企業は，当然のことながら資金繰りがつかず倒産に至ったため，未払となった給与やその他の代金も支払われないままになっている場合が多いかと思われる。

中途退職者について，再就職した人は，その年分の所得税は新しい就職先で年末調整により精算され，就職しない人は翌年確定申告書を税務署に提出し精算する。

未払給与に係る源泉所得税は，年末調整又は確定申告をする時の状況により次のとおりとなる。

1 未払給与の支給を受けた場合

倒産した企業で発行された源泉徴収票に記載された内書は源泉徴収されたものとして計算し，還付税額があれば還付を受けることができる。

2 未払給与の支給を受けていない場合

倒産した企業が，その後未払給与を支給するかと言えば，その確率は低いと思われる。となると倒産会社で発行された源泉徴収票の内書分は，そのまま未納源泉税となる。

再就職し年末調整を受ける人は，前職分の未納源泉所得税分は還付され

ない。同様に，確定申告する人は，確定申告書の第一表⑥「未納付の源泉徴収税額」欄に記載することになるので，還付されないこととなる。

対　応

　年末調整を受けた後や確定申告書を提出後，未納付の源泉徴収税額について納付されたことが確認できたときは，速やかに「源泉徴収税額の納付届出書」を税務署に提出すれば，還付税額を受け取ることができる。

　会社が倒産し破産手続が開始されると，会社の資産を売却し債権者に支払われるが，労働債権は他の債権より優先されるため，破産手続が始まれば支払われる確率は高い。ただし確率が高いと言っても，現実に未払給与が支給されないかぎり，源泉徴収票の内書分は還付されないこととなる。

　なお，内書とは，源泉徴収票に次の①，②の額を，それぞれの欄上段「内」部分に記載することをいう。

① 　未払給与の額を「支払金額」欄
② 　年末調整後の源泉徴収税額（その年の給与等の年税額）と徴収済税額との差額を「源泉徴収税」欄

（田久保　知子）

参考条文・判決等
所法122，138，190，所令267

38 納税管理人の選任・届出の要請措置の創設

CASE

クロスボーダー取引が活発化し，国内に何らの拠点を持たない非居住者等又は外国法人（以下単に「納税者」といいます。）による経済活動が活発になる中，これらの者に対して税務調査及び照会文書の送付等を行う場合，国内に所在する納税管理人を通じた接触のほか，租税条約に基づいた情報交換要請等によって対応されています。しかしながら，税務当局側から接触の必要性があるにもかかわらず，納税者による納税管理人の選任が行われていなかった場合，当局側に取り得る措置がない現況となっており，問題視されていました。

令和3年度税制改正では，非協力的な納税者に対して効果的に税務調査等を行うため，納税管理人が適切に選任・届出を要請できる措置が創設されたそうですが，納税管理人制度及び創設された選任・届出の要請措置の概要について教えてください。

検 討

1　納税管理人制度

納税者が日本に住所等又は本店等を有せず，又は有しないこととなる場合で，納税申告書の提出など国税に関する事項の処理の必要があるときには，納税管理人を選任しなければならない。

また，納税者は，納税管理人を定めたときは，その納税管理人に係る国税の納税地を所轄する税務署長又は国税局長（以下「所轄税務署長等」という。）にその旨を届出なければならない。

その納税管理人を解任したときも，同様とされる。

2　令和3年度税制改正

(1)　納税者に対する納税管理人の届出をすべきことの求め

納税管理人を定めるべき納税者が納税管理人の届出をしなかったときは，その納税者に係る所轄税務署長等は，その納税者に対し，納税管理人に処理させる必要があると認められる事項（以下「特定事項」という。）を明示して，60日を超えない範囲内においてその準備に通常要する日数を勘案して指定する日（以下「指定日」という。）までに，納税管理人の届出を

すべきことを書面で求めることができる。
(2) 国内便宜者に対する納税者の納税管理人となることの求め

納税管理人を定めるべき納税者が納税管理人の届出をしなかったときは，所轄税務署長等は，国内に住所又は居所を有する者で特定事項の処理につき便宜を有するもの（以下「国内便宜者」という。）に対し，その納税者の納税管理人となることを書面で求めることができる。

(3) 税務当局による特定納税管理人の指定

所轄税務署長等は，前述した(2)の求めを受けた納税者（以下「特定納税者」という。）が指定日までに納税管理人の届出をしなかったときは，前述した(2)により納税管理人となることを求めた国内便宜者のうち，イ 特定納税者が個人である場合，ロ 特定納税者が法人である場合の区分に応じそれぞれに定める国内関連者を特定事項を処理させる納税管理人（以下「特定納税管理人」という。）として指定することができる。

3 　適　用　関　係

上記2の改正は，令和4年1月1日以後に行われる納税者に対する納税管理人の届出をすべきことの求め，国内便宜者に対する納税者の納税管理人となることの求め又は税務当局による特定納税管理人の指定について適用される。

対　応

前述した2(3)に掲げる税務当局による特定納税管理人の指定は，特定納税者及び特定納税管理人に対して書面により通知される。

なお，税務当局による特定納税管理人の指定が行われた場合には，納税者及び納税管理人として指定された国内関連者の手続保証の観点から，両者による不服申立て又は訴訟が可能とされる。

（宮森　俊樹）

参考条文・判決等

国通法117①〜⑤，国通規12の2，令和3年改正法附則1①五ハ，令和3年改正国通令附則1ただし書き，令和3年改正国通規附則1

39 上場株式等に係る配当所得の課税方式

CASE

上場株式等に係る配当所得について，所得税と住民税で異なる課税方式を選択することはできますか。課税方式の選択による有利性についても教えてください。

検 討

上場株式等の配当所得等に係る課税方式の選択は，令和5年度分までの制度であり，令和6年度以降は，所得税と住民税で一致させることとなった。

1 課税方式

上場株式等の配当等の課税方式は所得税，住民税ともに以下のいずれかを選択することができる。

なお，上場株式等に係る配当等を確定申告する場合は，配当所得の全額について総合課税か申告分離課税のいずれかを選択する必要がある。

(1) 総合課税

確定申告により，配当所得を他の所得と合算して課税標準を算定し，それに税率を適用して税額を算出する。総合課税を選択した場合にのみ，配当控除を適用することができる。

(2) 申告分離課税

配当所得を他の所得と区分して税額を計算し，確定申告により税額を納める。総合課税に代えて一律所得税15.315％，住民税5％の税率で課税される。

申告分離課税を選択することにより上場株式等に係る譲渡損失の金額との損益通算をすることができるが，配当控除の適用はない。

(3) 確定申告不要

配当所得について課税標準に含めず，確定申告を行わずに所得税15.315％（復興特別所得税を含む。以下同じ），住民税5％の源泉徴収のみを行う。この場合は，税額控除である配当控除や，所得税及び復興特別所得税の源泉徴収税額の控除を受けることはできない。

2 課税方式の選択

(1) 申告分離課税と総合課税，申告不要との関係

① 申告するか否かの選択

上場株式等の配当等については，まず，申告するのか，申告不要とするのかを判定する必要がある。この場合の申告不要の判定は，1回に支払を受ける配当等の額ごとに選択することとなる。特定口座において上場株式等の配

当等を受取る場合には，申告不要はその源泉徴収選択口座ごとに行う。
② 申告分離課税か総合課税かの選択
　申告する場合には，その年中の上場株式等の配当等の全部について，その配当について申告分離課税を選択するのか，総合課税を選択するのかを判断する。なお，確定申告において申告分離課税か総合課税のいずれかを選択した場合は，その後，修正申告や更正の請求において，その選択を変更することはできない点に注意が必要である。

(2) 課税方式の選択による有利性
① 課税所得金額が695万円以下の場合
(イ)　源泉徴収税額15.315%＋住民税5％＝20.315%
(ロ)　総合課税した場合の税率
　　　10.42%（20.42%－配当控除10%）＋住民税7.2%（10%－配当控除2.8%）＝17.62%
(ハ)　(イ)＞(ロ)
　よって，「総合課税」を選択した方が有利になる。
② 課税所得金額が695万円超の場合
(イ)　源泉徴収税額15.315%＋住民税5％＝20.315%
(ロ)　総合課税した場合の税率
　　　13.483%（23.483%－配当控除10%）＋住民税7.2%（10%－配当控除2.8%）＝20.683%
(ハ)　(イ)＜(ロ)
　よって「確定申告不要」を選択した方が有利になる。
　ただし，上場株式等に係る譲渡損失の金額がある場合，繰越控除の適用がある場合には①，②に関わらず，「申告分離課税方式」を選択して損益通算，損失の繰越控除を適用した方が有利な場合がある。

対　応

　課税方式の選択による有利性については，令和6年度分以降，確定申告で申告した上場株式等の配当所得等は住民税の計算上，扶養控除や配偶者控除の適用，非課税判定や国民健康保険等の保険料の算定等の基準となる所得金額に含まれることとなるので，この点についても留意する必要がある。

（三浦　裕義）

参考条文・判決等
所法24，措法8の4①②，措法8の5①②，措法37の12の2，地法32⑫⑬，313⑫⑬，地法附則33の2②⑥

40 上場株式等の配当所得等に係る個人住民税課税の改正

CASE

配当所得について確定申告を行う場合は，所得税については総合課税，住民税については申告分離課税，というように別々の申告方法が選択可能で，毎年迷っていました。このような申告方法について，改正があったようですが，その内容について教えてください。

検 討

　個人住民税は平成29年の税制改正により，上場株式にかかる配当所得等については，所得税と異なる課税方式を選択できることが明文化された。その後令和3年度税制改正で上場株式等に係る配当等の全部について，個人住民税で源泉分離課税又は申告不用制度とする場合には，原則として所得税の確定申告書の提出時に付記事項を追加することで完結できることとなった。

1　令和4年度税制改正〜現行の課税制度

(1)　源泉徴収

　利子等や配当等の収入には次の区分による税率により源泉徴収がされる。

①　上場株式等の利子等，配当等は所得税及び復興特別所得税15.315％及び住民税5％。

②　上場株式等以外の株式等の配当等は所得税及び復興特別所得税20.42％，住民税無。

(2)　申告制度

　株式等の利子等，配当等は原則として確定申告が必要であるが，選択により一定のものは申告不要制度を選択できる。

　①　確定申告

　　イ　総合課税

　　　株式等の配当等については，配当所得とその他の所得を合計して総所得金額を計算し，源泉徴収されている所得税等を精算する。また，配当控除の適用ができる。

　　ロ　申告分離課税

株式等の配当等のうち上場株式等に係る配当等については、選択により申告分離課税（税率は20.315％）を適用できるが、配当控除の適用はできない。

上記イ及びロは、申告する上場株式等の配当の全てについて、総合課税と申告分離課税のいずれかを選択する必要がある。

② 確定申告不要制度

次の区分に応じ、適用要件を満たせば申告不要とすることができる。

イ　上場株式等の利子等・配当等は持株比率3％以上の個人株主が支払いを受ける配当等以外の場合

ロ　上場株式等以外の配当等については1銘柄について1回に支払いを受けるべき配当等の金額が10万円に配当等計算期間の月数を12で除した金額以下の場合

2　課税制度の選択の見直し

国民健康保険料の計算は市区町村により異なるが、所得割額は所得金額を基に計算され、均等割額と合算して保険料の年額が決まる。個人住民税の申告において申告不要を選択している場合と総合課税を選択している場合では住民税の税額が異なり、その結果国民健康保険料、介護保険料等に影響が及ぶことになる。

令和4年度税制改正では、公平性の観点から個人住民税の課税方式を所得税と一致させることとなった。この改正は令和6年度分の個人住民税から適用することとされ、令和5年度分以前の個人住民税については、なお従前の例による。

対　応

令和4年度税制改正により総合課税と配当控除を選択した場合には、配当の分だけ総所得金額が増加し、国民健康保険料等が増加する場合もあるので注意が必要であり、このことを踏まえて、申告するのか申告不要とするかを決定することになる。

（守屋　みゆき）

参考条文・判決等
地法32，313，地法附則33の2，令和4年改正地法附則4①，11①

41 国民健康保険税の負担増について

CASE

令和4年度税制改正では，令和6年度分以降の個人住民税における上場株式等の利子等・配当等に係る所得に対する課税方式が所得税の課税方式と一体化されました。この改正を受けて，個人住民税の課税所得の金額を基に決定される国民健康保険税（料），介護保険料，後期高齢者保険料及び保育料等に大きな影響が生じます。

そこで，課税方式の一体化の影響を受ける制度のうち，国民健康保険税について，そのしくみとその実務上の留意点について教えてください。

検 討

1 国民健康保険税とは

(1) 保険税方式

保険者たる市町村が国民健康保険に要する費用に充てるために税金を課する場合には，国民健康保険税とされる。

(2) 保険料方式

市町村が上記(1)の規定によらず保険料を徴収する場合又は国民健康保険組合が保険料を徴収する場合は，国民健康保険料とされる。

(3) 市区町村での採用

多くの市町村では，徴収権の時効が長くなること及び滞納処分の優先順位が高くなる等の理由から保険税方式を採用している。ただし，保険税方式を採用している市町村であっても，納税者向けの納付書類では「保険料」と称しているケースもある。

2 納税義務者

世帯を単位とし，被保険者の属する世帯の世帯主（市区町村の区域内に住所を有する世帯主に限る。）に対し課される。

3 課税額の算定

納税義務者及びその世帯に属する被保険者につき算定された次に掲げる額の合計額とされる。

① 基礎課税額（世帯の課税限度額65万円）

② 後期高齢者支援金等課税額（世帯の課税限度額24万円）

③　40歳から64歳の者…介護納付金課税額（世帯の課税限度額17万円）
 4　課税方式
　上記3①～③の課税額の算定は，市区町村の条例によって，実態に即した応能・応益原則に基づいて，次に掲げるいずれかの課税方式で行われる。
　①　4方式…所得割総額（基礎控除後の総所得金額等×税率）・資産割総額（固定資産税額等×税率）・被保険者均等割総額（均等割額×加入者数）・世帯別平等割総額（市区町村で個々に定めた金額）の合計額
　②　3方式…所得割総額・被保険者均等割総額・世帯別平等割総額の合計額
　③　2方式…所得割総額・被保険者均等割総額の合計額
 5　低所得者世帯の減額措置
　低所得者世帯に対しては，市区町村の条例によって，上記3①～③のそれぞれに対し，上記4に掲げる被保険者均等割及び世帯別平等割の7割，5割又は2割が減額される。

対　応

　上記4の課税方式のうち，所得割総額における基礎控除後の総所得金額等の計算は，前年の所得税の総所得金額等から基礎控除43万円（合計所得金額2,400万円以下）した金額とされる。この場合，上場株式等の利子等・配当等に係る所得については，申告不要（特定口座において源泉徴収ありの選択した場合を含む。）とされた金額は所得額の計算に含まれない。また，個人住民税の所得控除は基礎控除のみが計算対象とされる。
　そこで，上場株式等の利子等・配当等に係る所得について，所得税で総合課税を選択して配当控除により源泉徴収税額の還付を受ける場合には，基礎控除後の総所得金額等の計算の対象とされ，国民健康保険税の負担増となるケースも生じる。住所地の市区町村の国民健康保険税の課税方式及び低所得者世帯の減額措置をホームページ等で確認したうえ，所得税，個人住民税及び国民健康保険税の負担が少なくなるような選択適用が必要となる。
(宮森　俊樹)

参考条文・判決等
地法32⑬，313⑬，地法703の4，703の5①②，地令56の88の2，56の89①，国保法76，令和4年地法附則4①，11①，33の2②⑥，高齢者の医療の確保に関する法律50，51

42 ダブルワーカーの申告・納税〈所得税・住民税関係〉

CASE

私は，週4日会社に勤務し，給与の支給を受けていますが，このたび，従業員の副業・兼業が認められることになったので，副業を始めようと思っています。その会社で年末調整をしてもらう予定ですが，自分で所得税や住民税の申告をする必要があるのでしょうか。また，申告する場合の留意点があれば教えてください。

検 討

1 所得税の申告

2つ以上の仕事を持つ人（以下「ダブルワーカー」という。）の所得税は，まず，給与所得について，給与所得者の扶養控除等申告書の提出を受けた給与支払者によって年末調整が行われ，精算されることになる。

給与等の全部について年末調整が行われていて，利子所得・配当所得・不動産所得・事業所得・山林所得・譲渡所得・一時所得・雑所得（以下「その他の所得」という。）の金額の合計額が20万円以下であれば所得税の確定申告は不要である。

例えば，副業でフードデリバリーの配達員をして受け取った業務委託報酬で，経費を差し引いた雑所得の金額が10万円だったとすると，報酬から所得税は源泉徴収されないので，確定申告しない方が有利である。

しかし，他の会社でアルバイトして給与を受ける場合，乙欄で源泉徴収されていれば，主たる給与と合算した給与所得を確定申告することで，源泉徴収された税額の合計よりも年税額が少なくなり，還付を受けられる可能性が高い。

なお，その他の所得が20万円以下の場合，確定申告不要なのであって，医療費控除や住宅ローン控除など還付を受けるために申告する場合は，その他の所得も申告する必要があるので，漏れがないよう注意しなければならない。

確定申告書の書き方はわかりにくいので，国税庁が提供しているスマートフォンのアプリやパソコンのソフトなどを利用して申告書を作成し，国

税電子申告・納税システム（e-Tax）で電子申告するか，印刷して郵送等で提出すると良いだろう。

2　住民税の申告・納付

所得税の確定申告をすれば，改めて市町村民税・道府県民税（以下「住民税」という。）の申告をする必要はない。しかし，住民税には，その他の所得が20万円以下であっても，申告不要になる制度はないので，所得税の確定申告をしなかった場合は，住民税のみの申告が必要となる。

住民税は，現在のところ，自治体ごとに申告書の様式が異なり，地方税ポータルシステム（eLTAX）で電子申告することもできないので，各自治体の指定する方法で申告しなければならない。

また，住民税の納付方法には，特別徴収と普通徴収があるが，所得税の源泉徴収義務者は，従業員の住民税を特別徴収することになっているので，ほとんどの給与所得者は，特別徴収により住民税を納付することになる。

所得税確定申告の際に，給与・公的年金等に係る所得以外の所得に対する住民税について自分で納める方法を選択することができるが，主たる給与に係る住民税を特別徴収，副業の給与に係る住民税を普通徴収というように分けて納付することは，原則としてできない。しかし，自治体によっては，複数の事業所からの給与所得に係る税額について特別徴収分と普通徴収分に分けてほしい旨を，住民税の申告書に記載するなどして申請すれば，認められるところもあるようだ。

対　応

ダブルワーカーは，年末調整で所得税が精算されていても，基本的には確定申告を行う必要があり，また，その他の所得が20万円以下で確定申告不要の場合でも，住民税の申告はしなければならない。

今後，多様な働き方を選択する人が増加し，年末調整で税金の精算が完結する人が少なくなっていくことが予想される。電子申告がさらに普及して，所得税や住民税の申告・納税方法の見直しが行われることを期待したい。

（廣瀬　尚子）

参考条文・判決等

所法121①，122①，190，地法42，45の3，317の3，321の3

43 副業収入の取扱い

CASE

私は給与所得者ですが，今年から軽作業を請け負う副業を始めました。年間の収入は10万円程度なのですが，確定申告は必ず行わなければなりませんか。

検　討

1　確定申告が不要となる場合

　給与以外の各種所得の合計額が20万円以下である場合には確定申告は不要である。この場合における所得の判定は，必要経費などを差し引いた金額が対象となる。例えば懸賞金など，一時所得に該当する収入は，その収入を得るために必要な必要経費及び50万円の特別控除を差し引いたところの２分の１で判断する。

　この制度はあくまで確定申告を要しないとするものであり，20万円以下の所得が計算から除かれるものではない。よって，医療費控除や寄附金控除などを受けるために確定申告を行う場合にはこれらの所得も含めて計算することになるので留意する。

2　事業所得と雑所得の判断

　確定申告を行う場合，副業の所得区分はその内容により判断される。株式投資などであれば譲渡所得や配当所得，不動産投資であれば不動産所得となることが多い。

　実務では，事業所得と雑所得のいずれに該当するかの判断が迷いやすい。この点については従来より，その活動が社会通念上事業と称するに至る程度で行っているかどうかで判定することとされてきた。この考え方に変わりはないものの，令和４年10月に通達改正があり，取引を帳簿書類に記録し，帳簿書類を保存している場合には，事業所得に区分されることが多いと示された。この通達により，事業所得と雑所得の判断は迷いにくくなったが，たとえ記帳等がされていたとしても例年赤字で，かつ，赤字を解消するための取組を実施していない場合などは「営利性が認められない場合」に該当し，雑所得に区分されることとなるので注意が必要である。

3 インボイスとの関係

　消費税の仕入税額控除の要件として，税込みの支払額が3万円未満の場合には，請求書等の保存を要しないとされていた。そのため少額の仕事のみを請け負う副業者が請求書等を発行しなかったとしても消費税の実務上問題とならなかった。

　しかし，令和5年10月以降はインボイスの保存が求められることとなるため，副業者にもインボイスが請求されるケースが多くなると予想される。これに応えるためには副業者が消費税の課税事業者を選択し，適格請求書発行事業者の登録をしなければならない。令和5年度税制改正により一定の中小事業者には1万円未満の課税仕入れについて帳簿のみの保存でよいとされるが，大企業からの仕事を請け負う副業者がインボイスを請求されるという点ではこの改正による影響はない。

4 住民税との関係

　副業の所得が20万円以下で確定申告を行わないときも，住民税の申告は必要となる点には留意すべきである。

対　応

　本CASEでは副業による所得が20万円未満となることから，確定申告を行う必要はない。ただし，住民税の申告は別途行う必要がある。また，医療費控除を受けるなど，他の理由で確定申告を行う場合には，副業による収入も含めて申告することとなる。

　一口に副業と言っても，その中には暗号資産やNFTの取引など，新たな取引も台頭している。新しい取引にも対応できるよう，所得税を始めとする税務の基本をきちんと抑えて備えておくことが肝要となる。

（板橋　敏夫）

参考条文・判決等
所法121①一，所基通35-2，35-2解説4，消法30⑦，消令49①

44 パートタイマー給与の源泉徴収

CASE

当社の新規事業展開の関係で，年末年始の短期間に大量のパートタイマーの採用を予定しています。こうした短期のパートタイマーへの給与にも所得税の源泉徴収義務はあるのでしょうか。

検 討

　一般に，パートタイマー等の給与であっても，通常の給与所得者と同様の方法で算定した税額を源泉徴収しなければならない。つまり，給与支給期の区分により，給与所得者の扶養控除等申告書を提出した者については，別表二又は別表三の甲欄によって求められる税額，その他の者については，所得税法195条に規定する従たる給与についての扶養控除等の申告書の提出の有無により，それに応じて別表二又は別表三の乙欄によって求められる税額を，それぞれ源泉徴収する必要がある。

　ところで，パートタイマー等で年間の従事期間がきわめて短いような人について，上記のような源泉徴収をすると，年末調整事務が煩雑になったり，確定申告時の還付申告が多くなって，税務の運用に支障をきたすことも考えられる。そこで，はじめから給与の支給期間が短いことが明らかな者については特別な取扱いが定められている。

　所得税法185条1項3号は「労働した日又は時間によって算出され，かつ，労働した日ごとに支払を受ける給与等で政令で定めるもの」については，別表三の丙欄に掲げる税額を源泉徴収すべきこととしている。そして同法施行令309条は，その給与等として「日々雇い入れられる者が支払を受ける給与等（一の給与等の支払者から継続して2月をこえて支払を受ける場合におけるその2月をこえて支払を受けるものを除く。）とする」と規定している。

　この丙欄が適用できるのは，原則的には労働した日又は時間によって算定され，かつ，労働した日ごとに支払われる給与等で同法施行令309条に規定するものに限られるが，実務上は，労働した日以外に支払われるものであってもかまわない。月1回払であっても日々雇い入れられ，かつ，労

働した日又は時間によって算定される給与等については，丙欄が適用できることになる。また，あらかじめ定められた雇用契約の期間が2か月以内の者に支払われる給与等で，労働した日又は時間によって算定されるものについても丙欄が適用できる。ただし，いずれの場合でも継続して給与等を支払う期間が2か月を超えることとなった場合には，その超える部分の期間につき支払われる給与等は除かれる。

　このほか，一回の就労時間が著しく長時間であるため隔日に就労することが通例となっている場合には，一回の就労に対する給与等について2日間就労したことにして，その半額で丙欄の税額を求めることとされている。

　また，臨時に支払を受ける給与で既往の賃金の追加払であることが明らかな場合には，その期間内に支払を受けた通常の給与等の額に上積みした場合の増差税額としてもよいこととなっている。

対　応

　日額表丙欄は，1か月の稼働日数を22日とし，扶養親族（控除対象配偶者を含めて）を3人であるものとして計算してある。このため，1か月22日以上パートタイマーをしたり，扶養親族等が3人より少なかったりした場合には，丙欄による源泉徴収がされていても確定申告で受給者に納付すべき税額が発生する場合がある。この場合，給与所得者の扶養控除等申告書が提出されていると，年末調整されるが，それ以外は受給者本人が確定申告をすべきことになる。

　パートタイマーの方へも，年末調整で納税が完了するように適正な扶養控除等申告書の提出を勧めるべきである。

（熊谷　安弘）

参考条文・判決等

所法183，185①，195，所令309，所基通185－8，185－10，185－11，平成4年4月17日裁決

45 海外からの派遣技術者に係る源泉徴収

CASE

当社は米国法人の子会社（日本の内国法人）です。

技術指導を受けるため米国の親会社から3か月の予定で技術者の派遣を受け，往復の旅費及び宿泊費の実費を当社が負担し，かつ，その技術者に滞在手当として月額30万円を支払うこととなりました。

これらの諸費用について，所得税の源泉徴収が必要でしょうか。

検 討

1 往復の旅費及び宿泊費の取扱い

原則として源泉徴収の対象とされる。ただし，その費用が，その技術者に対してではなく，貴社から航空会社，ホテル，旅館等に直接支払われ，かつ，その金額がその費用として通常必要であると認められる範囲内であるときは，源泉徴収に係る課税をしなくてよいこととされている。

2 滞在手当の取扱い

技術者の滞在手当として支出された分は，その滞在日数が183日以下であり，かつ，米国親会社の使用人であるので，「租税条約に関する届出書」を税務署長に提出すれば，日本での所得税の源泉徴収課税が免除される。

対 応

非居住者の人的役務の報酬に係る課税関係は，以下のようになる。

1 国内法による取扱い

(1) 課 税 方 法

非居住者に対して給与等の人的役務の報酬（以下「給与等」という。）の支払をする者は，その支払の際，支払金額に20.42％の税率を乗じた金額を所得税として徴収し，納付しなければならないこととされている。

(2) 課 税 標 準

非居住者に対し，国内において支払われる給与等の課税対象額は，原則として国内勤務あるいは国内における人的役務の提供の対価の総額である。

ただし，次に掲げるものについては，それぞれその定めるところによる。

(i) 勤務等が国内及び国外の双方にわたって行われた場合の国内源泉所得

非居住者が，国内及び国外の双方にわたって行った勤務等に基づいて給与等の支払を受けた場合における国内勤務等に係る部分の金額は，国内勤務等により特に給与等が加算されている場合を除き，次の算式により計算する。

給与又は報酬の総額　×　$\dfrac{\text{国内において行った勤務又は人的役務の提供の期間}}{\text{給与又は報酬の総額の計算の基礎となった期間}}$

(ⅱ)　給与等の計算期間の中途で非居住者となった者の給与等の国内源泉所得

その給与又は報酬の計算期間が1か月以下であるものは，その給与又は報酬の全額が国内で行った勤務に対応するものである場合を除き，その総額を国内源泉所得に該当しないものとして，所得税を課税しなくてもよいこととされている。

2　租税条約による取扱い

(1)　給与等に対する課税の原則

給与等は，人的役務の提供が行われた国でも課税できることとされており，居住地国と所得の源泉地国とで，国際二重課税が生ずる。そこで，各国において外国税額控除等の方法で二重課税を排除する措置が講じられている。

(2)　短期滞在者の免除

短期滞在者について，滞在地国と居住地国との二重課税を排除するため，租税条約では，人的役務提供地である源泉地国での課税を免除している。

日米租税条約では，次の3つの免税要件を規定している。

①　滞在期間が課税年度を通じて183日を超えないこと
②　報酬を支払う雇用者は，勤務が行われた締結国の居住者でないこと
③　給与等の報酬が，役務提供地にある支店その他の恒久的施設によって負担されないこと

（岡﨑　和雄）

参考条文・判決等
日米租税条約，所法161，212，213，所基通161-19，212-4

46 租税条約上の学生又は事業修習生等の源泉徴収の免除

CASE

私は，飲食業を営んでいますが，海外の留学生を雇用しています。法人税の税務調査では，源泉所得税も合わせて調査の対象となると聞きました。学生，事業修習生等に対する源泉所得税の取扱い及び租税条約における免除についての内容及び手続について教えてください。

検 討

1 非居住者の意義

居住者とは，内国に住所を有し又は現在まで引き続いて1年以上「居所」を有する個人をいい，非居住者とは，居住者以外の個人をいう。

2 源泉徴収の対象となる非居住者の所得

非居住者に対し，俸給，給料，賃金，歳費，賞与又はこれらの性質を有する給与その他人的役務の提供に対する報酬のうち国内において行う勤務その他の人的役務の提供に基因するものが源泉徴収の対象となる。したがって，学生や事業修習生等の非居住者が受けるアルバイト収入は原則として国内源泉所得に該当し，所得税の源泉徴収の対象となる。

3 源泉徴収税額の計算

非居住者等に対して支払う給与・役務の報酬等で国内源泉所得に該当するものについては，原則として20.42％の率により源泉徴収し，その徴収の日の属する月の翌月10日までにこれを国に納付しなければならない。

4 学生，事業修習生等の租税条約による免除

租税条約では，学生，事業修習生について，一定の手続をすれば免除の規定の適用がある。「学生」及び「事業修習生」の範囲については，国内法の規定により次のように解釈することになる。

① 学生……学校教育法1条に規定する学校の生徒
② 事業修習生……企業内の見習い研修や日本の職業訓練所等において訓練，研修を受ける者

5 所得税法と租税条約の適用関係

原則として，租税条約が，国内法の所得税法に優先して適用される。非

居住者に対して一定の所得を支払う場合には所得税法が適用される。しかし，租税条約で免除の規定がある場合には「租税条約に関する届出書」を提出することにより，所得税法に優先して租税条約の適用を受けることができる。

6　租税条約の適用を受けるための手続
(1)　租税条約に関する届出書
　「租税条約に関する届出書」を源泉所得税の納税地の所轄税務署長に提出することにより，租税条約に定める免除の適用を受けることができる。
(2)　租税条約に関する源泉徴収税額の還付請求書
　租税条約の適用を受けた結果，すでに納付した源泉徴収税額のうち，租税条約に定める免税の規定を適用して算出した税額を超える部分については一定の手続をすることにより還付を受けることができる。

対　応

　人的役務に係る年間の対価の額が租税条約に係る各国の免除限度額を超えるときは全額課税される。また，二以上の支払者から対価を受けるときは「租税条約に関する源泉徴収税額の還付請求書」の提出により還付を受けることができる。

　租税条約上我が国において「教授等の免税」や「学生，事業修習者等の免税」の対象となる給与等の支払をする場合，その給与等が外国人であっても1年以上居所を有する場合には居住者となるので，源泉徴収票の提出が必要となる。この場合，「給与所得の源泉徴収票」の「支払を受ける者」の「住所又は居所」欄には，その者から提出された租税条約に関する届出書を基にして，外国における住所を記載する。また，「支払金額」欄には免税対象額も含めて記載し，「摘要」欄に免税対象額及び該当条項（日○○租税条約○○条該当）を赤書きする。

　租税条約における免除の規定は，それぞれ相手国により取扱いが異なるので，それぞれ要件をよく確認して手続きをすることが大切である。

(徳丸　親一)

参考条文・判決等
所法2①三，五，161，179，213，租税条約実施省令2～9，各国の租税条約

47 国外財産調書制度

CASE

私は日本国内のほかに、海外にも不動産や金融資産を有していますが、これらの財産を税務署へ報告する制度があると聞きました。確定申告の際に提出する財産債務調書との違いを教えてください。

検 討

　国外財産に係る課税の適正化の見地から、平成24年度税制改正において、国外財産調書制度が創設された。

1　制度の概要

(1)　国外財産調書の提出

　その年の12月31日において価額の合計額が5,000万円を超える国外財産を有する非永住者以外の居住者は、当該財産の種類、数量及び価額その他必要な事項を記載した国外財産調書を、翌年6月30日までに税務署長に提出しなければならない。この場合、財産の評価については原則として時価とするが、見積価額とすることもできる。

(2)　国外財産の判定

　財産が国外にあるかどうかの判定については、一定の有価証券を除き基本的に相続税法第10条第1項及び第2項の規定（財産の所在）により判定を行うこととされている。

(3)　過少申告加算税の特例

　提出促進策として、国外財産に係る所得税又は相続税につき申告漏れ又は無申告がある場合に、提出された国外財産調書に当該申告漏れ等に係る国外財産の記載があるときは、当該記載がある部分につき課される過少申告加算税又は無申告加算税が5％軽減される。逆に、提出がない場合又は申告漏れ等に係る国外財産の記載がないときは、当該提出又は記載がない部分につき課される過少申告加算税又は無申告加算税が5％加算される。

(4)　罰則規定

　国外財産調書の不提出や虚偽記載に対する罰則が設けられ、法定刑は1年以下の懲役又は50万円以下の罰金となる。ただし、国外財産調書の不提出については情状免除規定がある。

(5) 相続国外財産に係る記載の柔軟化

　相続開始年分の国外財産調書については，その相続等により取得した国外財産（相続国外財産）を除外して提出することができる。また，相続開始年分の国外財産調書の提出義務は，相続国外財産の価額の合計額を除外して判定することとされている。

2 財産債務調書との関係

　財産債務調書制度とは，所得税の確定申告書を提出しなければならない者が，その年の総所得金額及び山林所得金額の合計額が2,000万円を超え，かつ，その年の12月31日において3億円以上の財産又は1億円以上である国外転出特例対象財産（所得税法第60条の2第1項に規定する有価証券等をいう。）を有する場合に，財産の種類，数量及び価額並びに債務の金額などを記載した「財産債務調書」を翌年6月30日までに所得税の納税地の所轄税務署長に提出する制度である。なお，上記以外にその年の12月31日において，その価額の合計額が10億円以上の財産を有する居住者（所得要件なし）も財産債務調書の提出義務がある。国外財産調書の提出が必要な場合であっても，上記基準に該当する場合には財産債務調書の提出が必要である。なお，財産債務調書を提出する者が国外財産調書を提出する場合には，その財産債務調書には，国外財産調書に記載した国外財産に関する事項の記載（国外財産の価額を除く。）は要しないこととされている。

　また，財産債務調書についても国外財産調書と同様に，期限内提出がされた場合の過少申告加算税の5％軽減措置と未提出又は未記載の場合の過少申告加算税の5％加算措置が設けられている。

対　応

　マイナンバー制度の導入により所得捕捉の正確性向上に一定の効果が期待されているが，マイナンバー制度においても国外所得等の補足は困難である旨が指摘されている。グローバル化の進展により増加する財産の国外移転に対する納税環境の整備は今後も大きな課題であると考える。

(寺内　正夫)

参考条文・判決等
国外送金等調書法5，6，6の2，6の3，10，同令10

48 非居住者等の国内源泉所得に対する租税条約の適用

CASE

私は,企業や出版社からの依頼による外国文献の翻訳や通訳の仕事を,個人事業として営んでおります。

この度,優秀な中国からの留学生(日本の大学に在学中)を紹介してもらったので,中国語文献の日本語への翻訳の仕事を請けてもらうことにし,月額20万円の報酬でその留学生と契約することにしました。

留学生への報酬については,所得税の源泉徴収をしなくてもよいと聞いたのですが,その手続等を教えてください。

検　討

1　概　要

最近,非居住者又は外国法人(以下「非居住者等」という。)により,日本国内における事業や投資(いわゆるインバウンド投資)が盛んに行われるようになってきている。

当然このようなインバウンド投資に対しては,日本で発生した所得(国内源泉所得)が伴うものであるが,これについては日本において課税対象となり,多くの場合国内企業において源泉徴収の手続が必要となる。

ただし,日本と非居住者等の居住地国又は本店所在地国との間で租税条約が締結されている場合には,当該租税条約により,非居住者等が支払を受ける国内源泉所得について,源泉所得税が軽減されたり,免税されたりすることがある。

2　租税条約に関する届出書

非居住者等が租税条約上の恩典を受けるためには,非居住者等は所定の事項(下記)を記載した届出書(租税条約に関する届出書)を,その国内源泉所得の支払者(源泉徴収義務者)を経由して,最初の支払を受ける日の前日までに,源泉徴収義務者の納税地を管轄する税務署長に提出することになっている。

① 国内源泉所得の支払を受ける者の氏名,住所,納税地及び納税者番号等
② 国内源泉所得の支払をする者(源泉徴収義務者)の氏名,住所等

③ 軽減又は免除を受けることができる租税条約に関する事項
④ 国内源泉所得に関する具体的内容
⑤ その他の参考となる事項等

なお，非居住者等が複数の支払者（源泉徴収義務者）から国内源泉所得の支払を受ける場合には，その支払者ごとに届出書を提出することが必要とされていることに留意しなければならない。

3　租税条約に関する届出書を提出しなかった場合

租税条約に関する届出書を提出しなかった場合，一般的には，その支払をする者は所得税法等の国内法の規定に基づく税率により源泉徴収を行うことが多いようである。

しかし，租税条約の規定は条約上の義務（国と国との約束）であり，届出の有無によりその適用が左右されることはない。換言すると，国内源泉所得の支払を受ける者が事実として租税条約の適用を受けることができる者である限り，租税条約に関する届出書の提出の有無に関係なく租税条約の恩典を受けることができるものと考えられるのである。

4　租税条約に関する源泉徴収税額の還付請求書

なお，国内法の規定に基づく税率により源泉徴収が行われてしまったとしても，その後において，非居住者等は源泉徴収義務者を経由して「租税条約に関する届出書」と「租税条約に関する源泉徴収税額の還付請求書」を提出することにより，いったん納付した源泉税額と租税条約の適用による源泉税額との差額について，国から直接還付を受けることができることも認識しておく必要があろう。

対　応

本CASEの場合，留学生に支払う報酬（国内源泉所得）に係る所得税の源泉徴収税額について，中国との租税条約の規定に基づく免除を受けることができる。

なお，報酬の受領者が留学生である場合には，その者が在学する学校の発行する在学証明書を添付しなければならない。　　　　　（玉ノ井　孝一）

参考条文・判決等
租税条約等の実施に伴う所得税法，法人税法及び地方税法の特例等に関する法律の施行に関する省令2①

49 海外勤務者の給与に対する源泉徴収の取扱い

CASE

役員又は従業員（以下「役員等」といいます。）が海外の支店に年の途中において1年以上の予定で出国した場合の源泉徴収ついて，出国前と出国後の留意点について教えてください。非居住者であることの判断をパスポートの出国の日を基準として良いのでしょうか。

検 討

1 居住者・非居住者の意義

(1) 居住者

国内に住所を有し，又は現在まで引き続いて1年以上居所を有する個人をいう。

(2) 非居住者

居住者以外の個人をいう。

2 出国前の年末調整

扶養控除等（異動）申告書を提出した居住者で，その年の年末調整の対象となるその年中に支払うべきことが確定した給与等の支給額が2,000万円以下である者が，1年以上の予定で海外に転勤することになった場合には，給与等の支払を行う者は，その居住者が海外に出国する日までに，年末調整をしなければならない。

3 出国後に支給する給与等の源泉徴収

非居住者となった役員等に出国後に給与等を支払う場合の源泉徴収の取扱いは次のとおりとされる。

(1) 従業員

給与等の計算期間の途中において居住者から非居住者となった者に支払うその非居住者となった日以後に支給期の到来する当該計算期間の給与等のうち，当該計算期間が1か月以下であるものについては，その給与等の全額がその者の国内において行った勤務に対応するものである場合を除き，その総額を国内源泉所得に該当しないものとして差し支えないとされているため源泉徴収を要しない。

（注1）その者の非居住者としての勤務が国内に源泉がある給与，報酬又は年金の範

囲に掲げる勤務に該当する者に支払う給与等については源泉徴収の必要がある。
（注2）給与等の計算期間の途中において国外にある支店等から国内にある本店等に転勤したため帰国した者に支払う給与等で，その者の居住者となった日以後に支給期の到来するものについては，当該給与等の金額のうちに非居住者であった期間の勤務に対応する部分の金額が含まれているときであっても，その総額を居住者に対する給与等として源泉徴収をする必要がある。

(2) 役員

内国法人の役員としての勤務で国外において行うものは国内源泉所得に該当し，20.42％の源泉徴収をする必要がある。ただし，当該役員としての勤務を行う者が同時にその内国法人の使用人として常時勤務，例えば内国法人の役員が海外にある支店の長として常時その支店に勤務する場合などを行う場合は当該役員としての勤務から除かれる。

4　出国後最初に支払う賞与の取扱い

非居住者である従業員又は従業員として常時海外で勤務している役員に対して国内において賞与が支給され，その計算期間内に国内で勤務した期間が含まれている場合には，国内での勤務期間に対応する金額について20.42％の源泉徴収が必要である。

5　海外勤務が1年未満となった場合の取扱い

当初1年以上の予定で出国をしたが，その後，出国期間が1年未満となった場合でも海外勤務期間は非居住者であるという取扱いには変更がない。

対　応

給与等の計算期間の途中において海外への転勤命令により非居住者となった場合，単にパスポートの出国の日を基準にして計算期間を判断するのではなく，会社の辞令，議事録等の内容を総合勘案し，非居住者として職務に着任した日を基準にした計算期間を基に源泉徴収をしなければならないので，実務上留意が必要である。

（徳丸　親一）

参考条文・判決等
所法102，所令258，285，所基通161-41，161-43，212-5

50 非居住者との不動産取引に係る源泉徴収

CASE

非居住者から不動産を購入した法人又は個人は，その対価の支払いについて，源泉所得税及び復興特別所得税の源泉徴収義務を原則として負うこととされており，この源泉徴収義務について争われたケースがあると聞いています。そこで，その事例の概要と実務上の留意点について教えてください。

検 討

1 事例概要

買主X（法人）は，売主A（個人）から都内の土地・建物（以下「本物件」という。）を7億6千万円で購入し，平成20年3月に代金をAに支払った。ところが，Aは非居住者であるとして，Xは所轄税務署より源泉所得税約7千6百万円の納税告知処分を受けた。Xはこれを不服とし，処分取消を求め提訴した（平28年（行コ）219号，控訴棄却・確定）。

2 売主Aについて

(1) 日本で出生したAは米国人と結婚し，米国の国籍及び社会保障番号を取得していた。日本には米国発給のパスポートで入出国していた。

(2) 日本国籍喪失の届出をせず，戸籍，住民票，印鑑登録は国内に登録されたままであり，介護保険の被保険者でもあった。

(3) 本物件の登記簿謄本には，Aの住所として本物件所在地が表示されていた。

(4) 平成17年分から平成19年分について，所得税の確定申告を行っていた。

3 判決要旨等

(1) Xの主張

XはAの本人確認のため，印鑑証明書等の書類を入手し，Aには非居住者でないことの確認も行った。また，本物件の建物内の状況から生活していないことを窺わせる事情はなかった。これらの事情等から，Aは非居住者ではなく，仮に該当しても通常要すべき注意義務を尽くしており，源泉徴収義務は負わないと主張した。

(2) 判決要旨

Aは米国のパスポートにより入出国し，日本での滞在期間が1年の半分にも満たず，米国の住居にて長男と生活していたことから，Aは非居住者であると判示された。

　住民票や印鑑登録等の公的書類が国内にあるにしても，米国に帰国して生活していた旨をXの担当者に説明しており，また，売買代金を米国内の銀行口座に送金依頼していたなどの事実の下では，Xが注意義務を尽くしたとはいえず，源泉徴収義務を否定する理由はないとされた。

対　応

　日本は多くの国と租税条約を締結しているが，租税条約では不動産の譲渡対価について，その所在地国においても課税できるため，その譲渡により生じる所得については国内法の規定により本邦で課税することになっている。したがって現行法では，対価を支払う際10.21％の税率により計算した額の所得税及び復興特別所得税を源泉徴収しなければならない。

　不動産取引は，互いに相手方の素性を知らないことが多く，一般的に売買成立までの期間も短い。近年は外国人だけでなく，国外在住の日本人が国内に不動産を所有していることもある。

　さらに，例えば船舶や航空機の乗組員の住所判定は，配偶者や同一生計親族の居住地等で行うが，このように居住者か否かの判断が難しいケースもある。

　事例のような事態を避けるために，懸念される売主については，マイナンバーカード等での本人確認はもちろんのこと，パスポートでの渡航歴の確認，必要に応じて家族の状況などの実態調査が肝要となる。

　不動産取引に係る源泉徴収義務者は，法人はもとより，事業者ではない個人も含まれることにも留意しなければならない。

　ただし，1億円以下の不動産を自己又は親族の居住用として購入するなどの場合には，源泉徴収義務が免除されている。

（山邉　洋）

参考条文・判決等
所法161①五，164，212，213①二，所令14，15，281の3，復興財法28，OECDモデル条約13，所基通3-1，3-2，3-3，161-16，161-17，161-18

II 譲渡所得

51 買換資産の取得前の相続と譲渡所得税

CASE

私の父（被相続人）は，新宿区に所有していた事業用の土地を譲渡する契約を締結していました。父は，上記土地の譲渡所得について租税特別措置法37条の特定事業用資産の買換えの特例（以下「買換特例」といいます。）の適用を受けるつもりでしたので，買換特例の対象となる既成市街地等外の土地を取得する契約も締結していました。相続人である私は，父の準確定申告及び相続税の申告をしなければなりませんが，どのようにしたらよいでしょうか。

検 討

1 準確定申告

相続人は，被相続人が死亡した日の翌日から4月以内に準確定申告をすることになる。本CASEの場合，相続人は準確定申告にあたって三つの方法を選択することができると考えられる。

第一の方法は，売買契約締結日を譲渡日として，買換特例を適用して譲渡所得を申告する方法である。

買換特例は，原則として譲渡した者が買換資産を取得して事業の用に供した場合に適用になるが，譲渡した者が死亡した場合であっても一定の要件を満たしていれば買換特例の適用が可能であると考えられる。

その一定の要件とは，譲渡した者が死亡前に買換資産の取得に関する契約を締結するなど買換資産が具体的に確定している場合で，かつ法定相続人が法定期間内にその買換資産を取得し事業の用に供した時である。

上記の要件に加えて，令和6年4月1日以降は，被相続人が「特定の事業用資産の買換えの特例の適用に関する届出書」（以下，「特例届出書」という。）を提出している必要がある。なお，被相続人が上記届出をする前に死亡した場合であっても，相続人が一定の期間内に当該届出をした場合は，被相続人が行った届出として取り扱うこととされている。

本CASEの場合，父が買換えの対象となる土地の取得に関する契約を締結しているので，一定の期間内に「特例届出書」が提出されているのであれば，買換特例が適用できると考えられる。

第二の方法は，第一の方法と同様，売買契約締結日を譲渡日として，買

換特例を適用しないで譲渡所得を申告する方法である。
　第三の方法は，引渡日を譲渡日として申告する方法である。
　この方法を選択する場合，父には譲渡所得が生じていないので，譲渡所得以外の所得について準確定申告をすることになる。
2　相続税の申告
　相続税の課税関係は，次のようになる。
(1)　売却する土地
　相続により取得した財産は，「土地所有権＝売買代金」ということになり，その評価額は現実の残代金額となる。
(2)　取得する土地
　相続により取得した財産は，所有権移転請求権等とし，その評価額は原則としてその契約による取引金額とする。また，負担すべき債務は未払金となる。なお，相続税の申告については，1の準確定申告の三つの方法のうち，どの方法を採用しても上記の課税関係になると考えられる。

対　応

　準確定申告における三つの方法のポイントは，次のようになる。
1　買換特例を適用した場合
　準確定申告における所得税が，相続税の債務になる。したがって，所得税が低く抑えられた部分に応ずる相続税が増額することになる。
2　買換特例を適用しない場合
　1と同様，準確定申告における所得税が相続税の債務になるので，1に比べ，所得税が増額した部分に応ずる相続税が減少することになる。
3　譲渡所得の申告をしない場合
　相続財産としては残代金請求権であるが，売買契約を締結した土地を取得した相続人が譲渡所得の申告をすることになるので，譲渡所得の申告にあたって，相続税額の取得費加算の適用を受けることができる。
　本CASEのような場合，以上のことを参考にして他の相続人からクレームがないよう対応しなければならない。

(川島　雅)

参考条文・判決等
措法37，39　措通37－7の2，37－24，所基通36－12

52 公益法人等に対する相続財産の寄附

CASE

　自宅のほかに未利用の土地を所有していた私の父は，本年5月に亡くなりました。遺産分割協議の結果，この未利用の土地は，私が相続することになりました。しかし，この土地は，相続後も未利用の状態が継続することが見込まれるため，父が生前お世話になった教育関係の公益財団法人に寄附をしようと考えています。幸い，公益財団法人もこの土地を寄附財産として受け入れて，公益事業のために活用してくれるようです。

　そこで，私が父から相続したこの未利用の土地を公益財団法人に寄附した場合，相続税や所得税はどのように取り扱われますか。

検　討

　譲渡所得の基因となる相続財産を公益社団法人又は公益財団法人（以下「公益法人等」という。）に対して寄附をした場合には，相続税及び所得税のそれぞれに非課税措置が設けられている。

1　相続税の非課税措置

　相続又は遺贈により被相続人の財産を取得した者が，その取得した財産を相続税の申告期限までに，公益の増進に著しく寄与する公益法人等に対して贈与をした場合には，一定の場合を除き，その贈与した財産の価額は，相続税の課税価格の計算の基礎に算入しないこととなっている。

　この取扱いを受けるためには，相続税の申告書に非課税措置の適用を受けようとする旨を記載すると共に，贈与した財産の明細書及び一定の書類（公益法人等が非課税措置に係る財産の贈与を受けた旨，贈与を受けた年月日，贈与を受けた財産の明細，当該財産の使用目的を記載した書類）を添付しなければならない。

2　所得税の非課税措置

　財産を公益法人等に対して寄附をする場合には，「法人」に対する遺贈又は贈与（以下「贈与等」という。）に該当する。そのため，贈与等の目的となる相続財産が譲渡所得の基因となる財産である場合には，原則として，その贈与等があったときに，当該財産の時価による譲渡があったもの

とみなされ，時価と取得費の差額について，譲渡所得課税が行われる。

 ただし，公益法人等に対する財産（国外にある土地等一定の財産を除く。）の贈与等で，当該贈与等が公益の増進に著しく寄与すること，当該贈与等に係る財産が当該贈与等があった日から2年以内に当該公益法人等の公益目的事業の用に直接供される又は供される見込みがあることその他一定の要件を満たすものとして，国税庁長官の承認を受けたものについては，当該贈与等はなかったものとみなされ，前述の譲渡所得課税は行われない。

 ここで，国税庁長官の承認を受けるためには，一定の承認特例制度はあるものの，原則としてその承認を受けようとする者（遺贈の場合には，被相続人の相続人及び包括受遺者）が，当該贈与等があった日から4か月以内に，一定の事項を記載した承認申請書に，当該公益法人等が当該承認申請書に記載された事項を確認したことを証する書類を添付して，納税地の所轄税務署長を経由して，国税庁長官に提出しなければならない。

対　応

 相続により取得した土地を公益財団法人に対して寄附をする場合において，相続税及び所得税の非課税措置の適用がある場合には，一定の期限内に必要書類の収集，申請手続，申告手続を行わなければならない。そのため，これらの非課税措置の適用を受ける際には，時間的な余裕をもって対応していく必要がある。

 また，相続税及び所得税の非課税措置の適用を受けることができた場合であっても，寄附した財産が，寄附をした日から2年以内に，寄附先の公益財団法人の公益目的事業の用に供されていないなど一定の事実が生じた場合には，非課税措置が取り消されることになるため，寄附に際しては，寄附先の公益財団法人と事前の打合せを十分にしておく必要もある。

 なお，譲渡所得の基因となる相続財産を公益法人等に寄附する場合には，相続税及び所得税の非課税措置の適用可否を検討するだけでなく，所得税の寄附金控除等の適用可否についても検討する必要がある。

（中田　博）

参考条文・判決等
所法59，78，所令217，措法40，41の18の3，70，措令25の17，26の28の2，40の3，措規18の19，19の10の5，23の3

53 居住用家屋の判定基準

CASE

私は本年1月に，居住用の不動産を購入し居住の用に供しましたが，やむを得ない事情により，5月に売却しました。
その建物に住んだのは5か月足らずですが，譲渡に係る居住用の特例措置の適用は可能でしょうか。

検討

譲渡に係る居住用の特例措置で代表的な規定は，居住用財産を譲渡した場合の課税の特例（軽減税率）と，3,000万円の特別控除である。

軽減税率の特例は，所有期間が10年を超える居住用財産を譲渡した場合に適用されるが，特別控除の特例は所有期間の制限はなく，居住の用に供している家屋及びその敷地（居住用家屋等）の譲渡であれば適用される。

この場合ポイントになるのは「居住用家屋の範囲」であるが，その範囲について，下記の取扱いが示されている。

居住の用に供している家屋とは，その者が生活の拠点として利用している家屋をいい，これに該当するかどうかは，次に掲げるような状況を総合的に勘案して判断する。

① その者及び配偶者等の日常生活状況
② その家屋への入居目的
③ その家屋の構造及び設備の状況
④ その他の事情

対応

上記「検討」にいう総合的に勘案した判断とは，税務調査の際にそれぞれ次のような観点から確認されるようである。

1 その者及び配偶者等の日常生活状況

日常生活を行うにあたり，その家屋で寝起きし，又は食事をとるなど，特別な事情がない限り配偶者や扶養家族と起居をともにしているか否かが判断のポイントになるようである。

また，郵便物がどこに届くかも日常生活状況を判断するポイントになる。

さらに光熱費の利用状況が近隣のその者と同様の家族がいる家庭と比べてどうかを確認し，その利用が著しく少ない場合には日常生活をその場所で行っていなかったのではないかと疑問を持たれる可能性がある。

2　家屋への入居目的

入居目的を確認する場合は，その家屋を購入して入居した経緯や，その家屋（場所）を選んだ理由などが問われるようである。

特に，入居後に短期間で譲渡した場合には，居住用財産の譲渡の特例を使うことを目的として入居したものか否かを判断するために確認をするようである。

しかし，この内容は事実認定によるため，何かしらの立証をするのは困難なところでもある。

3　その家屋の構造及び設備の状況

日常生活を送るうえで，電気・水道・ガスが敷設されており，風呂・トイレ・台所の設備があるのが通常であるが，事務所のみの利用を目的にしている家屋は，通常，風呂や台所の設備は設置されていない。よって事務所のような家屋を譲渡して居住用財産の譲渡と主張するわけにはいかない。

また，その設備が全て設置してあるから居住用家屋であるとすぐに判断するわけではなく，その設備の利用はどうであるかが判断のポイントになる。

4　その他の事情

家屋の所有者が，単身赴任や転地療養などにより自分で所有する家屋以外の家屋で家族と離れて生活を送るような場合であっても，その事情が解消した時には家族が住んでいる家屋で家族と起居をともにすることとなると認められる場合には，その家族が住んでいる家屋は，その者にとっての居住用家屋と認められることになる。

この場合，休日や正月など，その者と家族とのプライベートな時間を，どのように過ごしているかなどが確認されるようである。

これらを総合して居住用財産となれば，短期間でも特例の適用は認められると判断されよう。

（鹿志村　裕）

参考条文・判決等
措法31の3，35，措通31の3－2

54 相続による共有状態解消のための共有物分割と固定資産の交換特例

CASE

私は，3年前に父から相続した駐車場の土地を弟と2分の1ずつの持分で共有しています。私はその土地を売却する方向で考えていますが，弟はいずれ，その土地に自宅を建築することを予定しています。この土地について，私の持分を私単独名義にして処分できるような方法があれば，教えてください。

検 討

相続が発生した土地について，遺産分割協議により相続人間で「共有」とする遺産分割は広く行われているところである。その後，共有状態を解消する場合に，譲渡所得税においては，共有物の分割と固定資産の交換特例の規定を検討することになる。

1 共有物の分割

共有物の分割は，その資産の全体に及んでいた共有持分権が，その資産の一部に集約したものに過ぎないので，資産の譲渡による収入の実現があったといえるだけの経済的実態が備わっていない。

そこで，個人が他の者と土地を共有している場合において，その共有に係る一の土地についてその持分に応ずる現物分割があったときには，その分割による土地の譲渡はなかったものとして取り扱うこととされている。

この場合に，分割されたそれぞれの土地の面積の比と共有持分の割合が異なる場合であっても，その分割後のそれぞれの土地の価額の比が共有持分の割合におおむね等しいときは，その分割による土地の譲渡はなかったものとされる。したがって，相続人である共有者間で土地の使用状況などの現況を考慮して合理的な価額により共有物の分割をしたと認められる場合には，分割後のそれぞれの価額の比が共有持分の割合と多少異なっていても，通達にいう「おおむね等しいとき」に該当すると考えられる。

しかし，分割後のそれぞれの価額の比が共有持分の割合と著しく異なるときには，共有者間で財産価値が移転したことになるので，その価額差に見合う対価の授受がなければ贈与となり，対価の授受を行う場合には譲渡所得の課税関係が生じる。

2　交換の特例

　共有状態となっている土地が一の土地である場合には，上記により，税負担なく共有状態を解消することが可能である。

　一方，二以上の土地が共有状態であるときに各土地を各相続人の単独所有とするためには，各土地の共有持分を交換することになる。

　固定資産の交換特例（譲渡がなかったものとみなす特例）の適用要件は以下の6点である。

　交換譲渡資産と交換取得資産が，
① 　いずれも固定資産であること
② 　いずれも同じ種類の資産であること
③ 　1年以上所有したものであり，交換のために取得したものでないこと
④ 　交換取得資産を交換譲渡資産の交換直前と同じ用途に供すること
⑤ 　交換の時における交換譲渡資産と交換取得資産のそれぞれの時価の差額が高い方の20％を超えないこと
⑥ 　確定申告を行うこと

　相続人間で行う通常の共有持分の交換において，問題になるのは上記⑤の要件であり，時価の差額が20％超あると認められるような持分の交換には，固定資産の交換特例の適用を受けられないことになるので，交換前にそれぞれの土地の時価を算定することが必要となる。

対　応

　交換譲渡資産と交換取得資産の時価が，固定資産の交換特例の適用が可能である20％以内の差額であっても，その差額相当額は交換差金として取り扱われ，交換差金に対応する部分の譲渡については，原則として譲渡所得が課税される。

　なお，交換当事者間において，交換差金相当額の金銭の授受がなければ贈与となるので，注意が必要である。

（出岡　伸和）

参考条文・判決等
所法58，所基通58－12，33－1の7

55 譲渡所得の計算上控除する取得費

CASE

Aは昭和50年5月1日にN市に所在する土地120㎡を取得しました。

令和6年3月になって、S不動産業者から買取りの申出があり1億2,000万円で売却しました。Aは、昭和50年の土地取得時の資料を紛失してしまい、取得価額を明らかにすることができません。この場合、来年3月の所得税の確定申告の際、どのように譲渡所得の金額を計算したらよいでしょうか。

なお、Aはこの土地を全額R銀行からの借入金（2,600万円の抵当権設定）により取得しています。

検 討

譲渡所得の金額は総収入金額から、その譲渡の基因となった資産の取得費とその資産の譲渡に要した費用の額の合計額を控除した金額である。

このうち「資産の取得費」とは、その資産が土地の場合には、その土地の取得に要した金額並びに設備費及び改良費の額の合計額となる。なお、「取得に要した金額」とは、土地の購入代金に購入手数料、購入に伴い支払った立退料、その他取得のために要した費用の額を加算した金額である。さらに業務用の資産の場合には、業務の用に供するために直接要した費用の額を加算した金額となる。

また、譲渡所得の計算上、総収入金額から取得費を控除する場合には、その控除した取得費が実際に購入等した時の対価などであることを証明しなければならない。したがって取得時の売買契約書、購入代金の領収書や仲介手数料の領収書等の書類が必要となる。しかし、Aはこのような書類を紛失してしまい、実際の取得費を証明することができない状態である。

このような場合には、概算取得費控除を適用して譲渡所得の計算を行うことになる。本CASEの場合の概算取得費控除額は、譲渡収入金額（1億2,000万円）の5％相当額に当たる600万円が取得費となる。

しかし、Aは土地を全額借入金により取得し、その金額は2,600万円と記憶しており、土地に設定されている抵当権の金額と一致している。した

がってこの金額2,600万円が実際の購入金額であることが証明できれば取得費として控除でき，概算取得費600万円と比較して譲渡所得の計算上で有利となる。

対　応

　Aのように土地の取得に関する資料を紛失した場合にも，土地の取得の際の状況，相手方，金額等を記憶していることが多い。そのため証拠資料がない場合には，記憶に基づいて証拠資料を作る努力が必要である。

　本CASEのように全額を借入金により取得している場合には，土地に抵当権が設定されている場合が多く，それを利用して実際の購入金額を証明する方法を考える。金融機関から金銭を借り入れる場合には，金融機関は，その借入金額に見合う担保を徴する。そしてその担保が不動産の場合には，その不動産そのものに抵当権，根抵当権を設定することとなる。なお，抵当権は，借入日と実際の借入金額そのものが登記簿謄本上の「乙欄」に登記されるため，全額借入金による取得の場合には，その金額が取得費と同額となる。

　しかし，全額借入金による取得であるか，この借入金が全て土地の購入代金に使われているか等は，所有者の記憶によるのみで客観的に証明することができない。

　そこで，この金額を取得費として認めてもらうためには，この他にもう少し客観的証拠が必要となる。例えば，その近隣土地の当時の時価を不動産業者等に証明してもらう。又は，公示価格等を参考に当時の価格を証明してみるなどである。その他，登記簿謄本などにより購入先を調べ，購入先が所有している資料等により証明してもらうなど，できるだけ客観的な資料となる証拠を集めることが必要である。

（寺島　敬臣）

参考条文・判決等
所法38①，措法31の4①，措通31の4－1

56 収用における特例の制限

CASE

私が所有する土地が，県の事業である道路拡張により収用されることになりました。

収用される土地の一部は，駐車場用地として賃貸しており，隣接する残りの土地は貸家を建てて賃貸しています。

駐車場用地については，賃借人全員との契約が解約でき，今年中に県に引渡しができますが，貸家の敷地については，賃借人の一部の立退きが来年になるため，県への引渡しが来年になってしまいます。

この場合，譲渡所得の特別控除の特例適用に制限があるのでしょうか。

検　討

収用交換等の特別控除の規定には，一の収用交換等に係る事業につき，収用交換等による譲渡が二以上あった場合において，これらの譲渡が2年以上にわたってされたときは，その資産のうち，最初に譲渡があった年において譲渡された資産のみが，5,000万円の特別控除の適用があり，それ以後の年に譲渡された資産については，5,000万円の特別控除は適用できない規定となっている。

この規定の趣旨は，資産を分割したり又は数個の資産を別々に譲渡したりすることにより，年を変えて特別控除の特例を何度も適用することを制限する目的から設けられているものである。

本CASEは，2年にわたって譲渡する収用交換等は，一の収用交換等に該当すると考えられるため，1年目に譲渡する駐車場用地に対しては5,000万円の特別控除の適用は可能であるが，翌年に譲渡する貸家の敷地については，特別控除の適用はない。

対　応

上記の規定の中で重要なのは，2年以上にわたって収用された資産が，一の収用交換等の事業に基づくものであるかどうかである。

その判断をするための具体例として租税特別措置法通達では，次のような取扱いを示している。

1 土地収用法に規定する関連事業

収用事業を行うに際し，その事業の施行により必要を生じた一定の関連事業のための土地の収用については，本体事業の施行に伴い必要が生じたものであるため，本体事業と同一の収用交換等の事業に該当する。

2 事業計画の変更があった場合

収用事業の計画が変更され地域が拡大した場合，変更前の地域の土地を変更前に譲渡した者が，変更後拡大された地域の土地を2年目に譲渡しても，それぞれ別の収用事業に伴う譲渡として取り扱われる。

ただし計画変更後に，年を異にして変更前の地域と変更後の地域の土地を譲渡した場合にはこの取扱いはなく，一の収用交換等の事業に基づく譲渡であると判断される。

3 事業を施行する事務所等が二以上ある場合

距離の長い高速道路の建設や鉄道の建設の場合には，地域ごとに事務所等を設け，地域を区分して事業を施行しているが，それぞれ区分された地域ごとに，それぞれ別個の収用事業として取扱われる。

ただし，同一地域で事務所等が二以上ある場合の取扱いは，別個の収用事業としては取り扱われない。

4 工事が数期に分かれている場合

規模の大きい団地の工事や，総合運動施設などの工事では，工事の工程を考慮して第1期工事，第2期工事などと地域を区分して工事を進めているが，それぞれ区分された地域ごとに，それぞれ別個の収用交換等の事業として取り扱われる。

ただし，同一地域で工事を区分している場合の取扱いは，別個の収用交換等の事業としては取り扱われない。

（鹿志村　裕）

参考条文・判決等
措法33の4，措通33の4－3の3，33の4－4

57 確定優良住宅地等予定地を譲渡した場合の特例

CASE

優良住宅地の造成及び住宅建設は，用地買収が先行し，ある程度の用地確保ができた段階で開発許可等を受けるために関係地方公共団体等との協議に入るのが通例とされています。そこで，土地の買取りの段階とその買い取った土地が「優良住宅地等のための譲渡」に該当するか否かの要件を具備するまでにはタイム・ラグが生じることとなります。

そこで，「確定優良住宅地等予定地のために土地等を譲渡した場合の特例（以下「特例制度」といいます。）の制度の概要とその実務上の留意点について教えてください。

検 討

1 特例制度の概要

個人が，昭和62年10月1日から令和7年12月31日までの間に，その有する土地等でその年1月1日において所有期間が5年を超えるものの譲渡をした場合において，譲渡が確定優良住宅地予定地のための譲渡に該当するときは，その譲渡による譲渡所得に係る課税長期譲渡所得金額に対し課する所得税及び住民税の税率は，課税長期譲渡所得金額2千万円以下の部分は所得税10.21％，住民税4％の軽減税率の特例により，課税長期譲渡所得金額2千万円超の部分は所得税15.315％，住民税5％の税率により課税される。

2 適用を受けるための対応

特例制度の適用にあたっては，開発許可又は道府県知事の優良住宅地の認定等を受ける前の土地の譲渡等を行った場合には，次に掲げるような実態に即した対応を行うことが可能とされる。

① 土地等の譲渡を行った日の属する年分の確定申告書（以下「当初申告書」という。）に，一定の期間内において「優良住宅地等のための譲渡」に該当する予定である旨の記載をし，一定の書類を添付した場合には，譲渡の段階で特例制度の軽減税率等による納税が終了していること。

② 一定期間内に，その予定地である土地等の譲渡が優良住宅地等のための譲渡に該当することとなれば，その予定段階の税額で納税が終了

すること。
③ 一定期間内に，その予定地である土地等の譲渡が優良住宅地等のための譲渡に該当しなくなった場合には，その適用予定期間を経過した日から4ヶ月以内に修正申告書を提出して税額の修正を行うこと。
④ 上記③に掲げる修正申告書は，期限内申告書とみなされ，修正申告書の提出期限までの間の延滞税及び過少申告加算税は課税されないこと。また，その修正申告書の計算ミス等による更正の請求の期限も修正申告書の提出期限から5年以内とされていること。

3 一定期間の定義

上記2②及び③に掲げる「一定期間」とは，原則として，「土地等の譲渡があった日から同日後2年を経過する日の属する年の12月31日までの期間」とされる。例外として，①住宅建設又は住宅の造成に要する期間が2年を超えること，②災害等が生じたこと等，やむを得ない事情がある場合には，最長8年を限度として，税務署長が認定した日の属する年の12月31日まで延長される。

4 既に確定申告書を提出した場合の手続規定

特例制度の適用を受ける納税者の手続規定は，確定申告書を提出した後，譲渡に係る土地等の買取りをした者からその土地等につき税務署長が認定した日の通知に関する文書の写しの交付を受けた場合には，その通知に関する文書の写しを，遅滞なく，納税地の税務署長に提出することとされる。

対 応

特例制度の適用を受けるためには，当初申告書にその旨を記載し，一定の書類の添付を行い特例制度による軽減税率の税額計算及び納税が終了していることが想定されている。

また，当初申告書における手続規定を失念した場合における「更正の請求に対してその更正をすべき理由がない旨の処分の取消請求事件」においても，当事者（納税者）側の主張による更正の請求が棄却されているので，留意が必要である。

（宮森　俊樹）

参考条文・判決等
措法31の2③⑤⑥⑧⑩，措令20の2㉓～㉕，措規13の3⑮，国通法61②一，千葉地判昭和62年12月18日裁決

58 建物と土地を一括取得している場合の「建物の取得価額」

CASE

確定申告の依頼を受けた際，①マンションの譲渡資料が同封されていましたが，譲渡資産の取得時における土地建物の金額が区分されていなかったため，悩んだことはありませんか。また，②貸付用マンションの取得資料が同封されていましたが，土地と建物の金額が区分されていなかったため，頭を抱えたことはありませんか。建物と土地を一括で取引するようなケースで，両者の金額の区分が明らかでない場合には，どう対処すればよいのでしょうか。

検　討

1　所有マンション譲渡のケース

関与先から「マンションを譲渡したのですが，確定申告をお願いできますか」という依頼があり，関係書類を確認してみると，売却物件の取得時の契約書には，譲渡価額が建物と土地の一括記載になっている。建物の取得費は，減価の額を認識しなければならない。これに対して土地の取得費には減価がない。建物と土地の価額の比率で合理的に区分するというが，「価額」や「合理的」とは何か，このテーマは，資産税課情報25号によって，おおむね実務的な方向性が示されたといえる。

① 契約書等に建物と土地の価額が記載されていない場合であっても，その建物に対して課税された消費税額が分かるときには，その消費税額から割り戻して建物の取得価額を算定する。

② 取得時の契約において建物と土地の価額が区分されていない場合には，建物の標準的な建築価額を基に建物の取得価額を算定して差し支えない。

上記②の「建物の標準的な建築価額」表は，確定申告の手引きにも掲載されており，実務上は大分浸透してきた感がある。しかし，不動産の取得時の資料が残っていない場合も想定される。そのような場合には，次の(ア)又は(イ)に掲げるような方法によって，取得費を推計することも一考であろう。

　(ア) ⓐマンション取得のための預金の引き出し，借入金の返済が明らかにできる通帳等，ⓑマンション取得のための金融機関からの借入に係る金銭消費貸借契約書のコピー，ローンの償還表等，ⓒ抵当権の設定金額の状況が分かる不動産の登記簿謄本（全部事項証明書）の乙区，

ⓓ購入当時の不動産業者が作成した，販売価格が記載されてあるパンフレット等に基づいてマンションの取得価額を推定する方法
　(イ)　(ア)ⓐ～ⓓの収集が不十分である場合には，一般に公表されている「市街地価格指数」を基礎にして，売却価額に指数の割合を乗ずることにより，購入当時の土地の取得価額を推定する。また，建物の取得価額は，「着工建築物構造単価」から算定する方法が考えられる。
　上記(ア)又は(イ)は，取得費の算出根拠として，法令等に規定されているものではないため，取得費であると推認できる状況整備が求められる。
　2　貸付マンション取得のケース
　「当年に購入したマンションを貸し付けたので家賃収入があります。確定申告をお願いできますか」と依頼を受け，売買契約書を確認すると，建物と土地の価額の区分がない。建物の減価償却費をどのように計算するべきか。上述の資産税課情報25号は，「譲渡所得の計算を行う場合にのみ使用することを目的として作成したものであることに留意する」としているため，取得時の採用は敬遠される。では，どのように区分するべきか。
① 　当該物件の過去の売買価額が土地及び建物に区分されている場合にその価額を基礎に按分する方法
② 　当該物件に類似する物件の売買実例があり，その売買価額が土地及び建物に区分されている場合にその価額を基礎に按分する方法
③ 　当該物件の土地及び建物の固定資産税評価額，不動産鑑定士の鑑定評価額等を基礎にして，購入価額総額をそれぞれの資産に按分する方法

対　応

　上記1譲渡のケースは，画一的な手法を用いるのではなく，複数の手法から算出された時価を総合的に勘案して，合理的に区分された価額であることを整備しておくべきであろう。また，取得のケースに記載した③の按分法も検討する。
　上記2取得のケースは，③の固定資産税評価額により按分する方法が，土地と建物の算出機関及び算出時期が同一である等の理由から，それぞれの価額を合理的に区分する方法として，通常認識されている。（苅米　裕）

参考条文・判決等
平12.8.29資産税課情報25号，平成12年11月16日裁決，東京高判平成4年12月22日（税訴272号順号13794）

59 夫婦が個別に所有する居住用土地・建物の譲渡

CASE

家屋が夫の単独所有で，土地が夫婦の共有財産である居住用の土地及び建物を譲渡する場合に，夫と妻における譲渡所得の計算にあたっての注意点を教えてください。

検　討

　居住用財産の譲渡所得に係る特例の一般的なものには，3,000万円の特別控除の特例と軽減税率の特例がある。

　これらの特例の適用において，単独所有ではなく共有財産となっている居住用不動産を譲渡する場合の注意点は，次のとおりである。

1　居住用財産の特別控除の特例

　居住用財産を譲渡し，一定の要件を満たした場合には，その譲渡所得から3,000万円の特別控除を適用することができる。

　家屋が夫の単独所有で土地が夫婦の共有財産である場合には，特別控除の特例が土地等の所有者と家屋の所有者が同一であることを前提としているため，家屋を所有していない妻の土地の譲渡所得に対しては原則として特別控除の適用はない。

　しかし，次の要件を満たす場合には，特別控除額の3,000万円のうち夫の譲渡所得から控除しきれない部分は，妻の譲渡所得から控除することができる。

① 　家屋とともにその敷地の用に供されている土地の譲渡があったこと
② 　家屋の所有者とその土地の所有者が親族関係を有し，かつ，生計を一にしていること
③ 　土地の所有者は家屋の所有者とともに，その家屋を居住の用に供していること

　なお，特別控除の規定には所有期間に関する要件はない。

2　居住用財産の軽減税率の特例

　譲渡した年の1月1日における所有期間が10年を超える居住用財産を譲渡したときに，一定の要件を満たせば，譲渡所得6,000万円以下の部分に対し，所得税率15％（別途，復興特別所得税0.315％）→10％（別途，復

興特別所得税0.21％）・住民税率5％→4％の軽減税率の適用を受けることができる。

この所有期間が10年を超える居住用財産とは，家屋とともにその家屋の敷地の用に供されている土地の譲渡があった場合に，家屋及び土地の双方について10年を超えるものをいう。

すなわち，家屋とともに敷地を譲渡した場合に，いずれか一方の所有期間が10年以下であるときは，軽減税率の特例を適用することはできないことになるので，注意が必要である。

例えば，土地は10年を超えて所有しているが，譲渡の年の1月1日以前の10年以内に家屋の建て替えをしている場合は，家屋の所有期間が10年以下であるため，家屋及び土地のいずれの譲渡所得に対しても軽減税率の適用は受けられないことになる。

一方，軽減税率の特例は，家屋の所有者と土地の所有者が異なる場合においても，次の要件を満たす場合には，本CASEのように土地の所有者である妻の譲渡所得に対しても軽減税率の適用がある。

① 夫婦がともに軽減税率の特例の適用を受ける旨の申告をすること
② 譲渡敷地は譲渡家屋とともに譲渡されているものであること
③ 家屋の所有者とその土地の所有者が親族関係を有し，かつ，生計を一にしていること
④ 譲渡家屋は，その家屋の所有者が譲渡敷地の所有者とともにその居住の用に供している家屋であること

対　応

家屋と土地の所有者が異なる場合には，それぞれの所有者で3,000万円の特別控除を適用することはできないが，軽減税率の特例は一定の要件を具備すれば，それぞれの所有者において適用が可能である。

（出岡　伸和）

参考条文・判決等
措法35，31の3，措通31の3－1，31の3－3，35－4

60 離婚に伴い自宅を財産分与する場合の課税関係

CASE

私は，このたび家庭の事情により妻と協議離婚することになりました。これまで，家族で住んでいた自宅は妻に財産分与することになりました。離婚に伴い自宅を財産分与する場合の私と妻それぞれの課税関係を教えてください。

検　討

1　財産分与をした者

(1)　所得税の取扱い

　財産分与として譲渡所得の基因となる財産を給付した場合には，その財産の移転については，その給付が財産分与の義務を消滅させるものであり，それ自体一つの経済的利益の享受であるから，その分与義務の消滅という経済的利益を対価とする資産の譲渡があったものとして譲渡所得の課税が行われる。

(2)　財産分与による資産の移転

　民法768条の財産分与の規定による財産の分与として資産の移転があった場合には，その分与をした者は，その分与をした時において，そのときの価額によりその資産を譲渡したことになる。

　したがって，自宅など譲渡所得の基因となる財産を分与した場合は，その分与時の時価で自宅の譲渡をしたものとして譲渡所得の計算を行うことになる。

(3)　居住用財産の譲渡所得の特例の適用について

　居住用財産を譲渡した場合の3,000万円の特別控除及び軽減税率の特例は，配偶者等の親族及び居住用財産の譲渡者から受ける金銭その他の財産によって生計を維持している者（以下「特殊関係者」という。）への譲渡については特例の適用を受けることができないこととなっている。

　しかし，財産分与による資産の譲渡は，離婚後における譲渡になるため，親族（配偶者）に対する譲渡には該当しないこととなり，居住用財産の特例の適用を受けることができる。

　また，離婚に伴う財産分与として受け取っている金銭等により生計を維

持している者は特殊関係者に該当しないことになるので，離婚後に養育費等の名目により元妻や元夫に金銭等を支払っている場合でも，元妻や元夫へ財産分与した自宅については，居住用財産の特例の適用を受けることができる。

2　財産分与を受けた者
(1)　贈与税の取扱い
　婚姻の取消し又は離婚による財産分与によって取得した財産については，財産分与請求権に基づく財産の取得であるので贈与により取得した財産とはならない。このように，原則として，財産分与を受けた者に贈与税は課されない。

　ただし，その分与による財産の額が婚姻中の夫婦の協力によって得た財産の額その他一切の事情を考慮してもなお過大であると認められる場合におけるその過大な部分については，経済的利益の贈与があったものとして取り扱うこととなるので注意が必要である。

(2)　財産分与により取得した資産の取得費
　財産の分与により取得した財産は，その取得した者がその分与を受けたときにおける時価により取得したこととなる。

　財産を分与した者の当初の取得費を引き継がないので，分与を受けた財産を譲渡する際は，取得費として分与時の時価を算定する必要がある。

対　応

　民法では，婚姻の取消し又は離婚があった場合には，その夫婦の一方は，相手方に対し財産の分与を請求することができることとなっている。

　一般的に，離婚協議の結果，自宅が財産分与の対象財産になることは多いと考えられる。

　婚姻期間20年以上である配偶者に該当する者がいる場合で，財産分与に係る財産が贈与税が課税されるほど過大となると想定されるときは，離婚前に贈与税の配偶者控除（2,000万円）の適用の検討の余地もあるだろう。

（出岡　伸和）

参考条文・判決等
所基通33−1の4，措法31の3，35，措通31の3−23，35−6，相基通9−8，相法9，21の6，所基通38−6，民法768

61 居住用家屋の範囲

CASE

居住用財産を売却した場合の特例には,「3,000万円特別控除の特例」,「軽減税率の特例」,「買換え特例」など従来から存在する規定と,平成28年度税制改正で創設された「空き家の3,000万円特別控除の特例」があると聞きます。前者と後者の規定では,居住用家屋の範囲が一部異なる部分があるとのことですが,その内容について教えてください。

検 討

1 「3,000万円特別控除の特例」等の居住用家屋の範囲

生活の拠点として利用している家屋をいい,二棟以上の建物から成る一構えの家屋も含まれる。例えば,母屋のほか単独で居住の用に供するに足りる機能を備えない隠居部屋,子供の勉強部屋,茶室,あずまや,土蔵等の別棟が該当する。これらに該当するかどうかは,日常生活の状況,入居目的,その家屋の構造及び設備の状況その他の事情を総合勘案して判定することとされている。なお,非課税規定であるこの特例の解釈は,狭義性,厳格性が要請され,安易な拡大解釈は許されない。状況によりその判断がむずかしい場面があり,事実認定の問題となることがある点は付け加えておきたい。

2 「空き家の3,000万円特別控除の特例」の被相続人居住用家屋の範囲

まずは,上記1に準じて取り扱うこととされている。しかし,家屋が複数の建築物から成る場合には,被相続人が主として居住の用に供していたと認められる一の建築物のみが該当することとされている。つまり,母屋とは別棟の離れ,倉庫,蔵,車庫などがある場合には,その母屋と一体として居住の用に供していたときであっても,その母屋部分のみが本特例の対象となる被相続人居住用家屋に該当することになる。なお,被相続人居住用家屋の敷地等についても同様に考え,その敷地の面積に,建築物の床面積の合計のうちに被相続人居住用家屋の床面積の占める割合を乗じた部分が被相続人居住用家屋の敷地等になる。

対　応

　「3,000万円特別控除の特例」等は，個人が居住用家屋を譲渡した場合には，これに代わる新たな家屋を取得するのが通常であり，一般の資産の譲渡に比して特殊な事情があり，担税力も高くないことを考慮して設けられた特例措置である。居住用家屋の取得を容易にし住宅建設を促進しようとするものである。

　それに対して「空き家の3,000万円特別控除の特例」は，毎年増加している空き家（約4分の3は旧耐震基準の下で建築されており，その約半数は耐震性がないものと推計されている。）の発生を抑制することで，地域住民の生活環境への悪影響を未然に防ぐために設けられた特例措置である。旧耐震基準の下で建築された家屋への耐震改修又は除却を促進しようとするものである。

　つまり，前者は，譲渡者の生活の根幹に関わるものであり，別棟であってもその生活に不可欠な家屋は居住用家屋に含まれることになる。それに対して後者は，譲渡者の生活の根幹に関わるものではなく，空き家対策として政策的に設けられた制度である。家屋の耐震改修費又は解体工事費などが必要になるが担税力は高いと考えられる。母屋部分のみに特例を適用することは当然であると思われる。

　なお，いずれの場合であるにせよ，居住用家屋について特別控除の特例の適用を予定している場合には，現地の状況をきちんと確認し，その家屋が適用対象になるか否か慎重に判断すべきである。

（矢野　重明）

参考条文・判決等

措通31の3－2，措令23⑩⑪，措通31の3－10，35－10，35－13，35－14，措法31の3，35①③，36の2

62 生計を一にする親族が所有する事業用資産の譲渡

CASE

私は，個人事業主として保険代理店を営んでおり，サラリーマンである配偶者所有の車両を利用して，営業活動を行ってきました。

この度，これまで利用していた配偶者所有の車両が古くなったことから売却し，私個人名義で新たな営業用車両を購入しました。

売却した車両は配偶者の所有となっておりましたが，私が利用していたので，私個人の所得として確定申告をしなければならないのでしょうか。

検 討

1 事業から対価を受ける親族がある場合の必要経費の特例

居住者は，その営む不動産所得，事業所得又は山林所得（以下「事業所得等」という。）を生ずべき事業の用に供するため，その居住者と生計を一にする配偶者等の親族（以下「生計一親族」という。）が所有する資産（以下「事業用親族資産」という。）を利用することがある。

この場合，居住者が生計一親族に対して，その事業用親族資産の使用に係る対価を支払ったとしても，その対価の額はその居住者の事業所得等の必要経費に算入することはできない。

一方で，事業用親族資産の所有者である生計一親族が負担すべき固定資産税，減価償却費又は修繕費等（以下「固定資産税等」という。）のうち，居住者の事業の用に供された部分の金額については，その居住者の事業所得等の必要経費に算入する取扱いとなっている。

2 生計一親族が所有する事業用不動産を譲渡した場合

ここで，生計一親族が事業用親族資産である不動産を譲渡した場合については，前述の取扱いを考慮して，「その所有者である生計一親族においても当該不動産を事業の用に供していたもの」として取扱い，その生計一親族において「特定の事業用資産の買換えの特例」の適用の有無を判断し，分離譲渡所得の金額を計算することになっている。

なお，譲渡する事業用親族資産である不動産が店舗兼住宅等である場合には，その譲渡に係る収入金額，取得費及び譲渡費用の額を事業用部分と

居住用部分とに区分し、事業用部分の譲渡については「特定の事業用資産の買換えの特例」、居住用部分の譲渡については「居住用財産を譲渡した場合の3,000万円特別控除の特例」又は「特定の居住用財産の買換えの特例」等の適用の有無を、それぞれ判断するべきであろう。

3 生計一親族が所有する事業用動産を譲渡した場合

生計一親族が所有する事業用親族資産である動産を譲渡した場合については、前述2のように「所有者である生計一親族においても当該動産を事業の用に供していたものとする」といった取扱いは明示されていない。しかし、事業用親族資産である動産であっても、その動産に係る固定資産税等はその事業を営む居住者の事業所得等の必要経費に算入することに変わりはなく、不動産と動産との違いのみをもって、前述2と異なる取扱いをする合理的な理由もない。

そこで、事業用親族資産である動産を譲渡した場合についても、前述2と同様に取り扱い、生計一親族において総合譲渡所得の金額を計算することになる。

なお、譲渡する事業用親族資産である動産が、什器や自動車等の生活用動産に該当し、かつ、その一部分のみが居住者の営む事業の用に供されていた場合には、その譲渡に係る収入金額、取得費及び譲渡費用の額を事業用部分と家事用部分とに区分し、事業用部分については総合譲渡所得として、家事用部分については非課税所得等として取り扱うことになる。

対 応

事業用親族資産である動産の譲渡は、事業を営む居住者自身の確定申告の対象とはならず、原則として、生計一親族の確定申告の対象となる。しかし、生計一親族がサラリーマンなどであり、かつ、事業用親族資産である動産が生活用動産である場合には、その譲渡があったとしても、居住者自身の確定申告に関係がないことから、生計一親族での確定申告漏れ、給与所得などの他の総合所得との損益通算の適用漏れが生じやすいので注意が必要である。

(中 田 博)

参考条文・判決等
所法9①九、②一、33、56、69、所令25、措法35、36の2、37、措通31の3-7、33-43、37-4、37-22

63 相続空き家の3,000万円特別控除の改正点

CASE

私は昨年相続により，被相続人が居住していた土地・家屋を取得しましたが，その後空き家のままでしたので，本年売却を予定しています。

この場合各要件に該当すれば3,000万円の特別控除の規定が適用できると聞き，その要件の一つに家屋について耐震基準を満たす補強を施す，又は家屋の全部の取壊し・除却等が必要だと聞きました。

この家屋に対する耐震補強や取壊し等はいつまでに行うことになりますか。

検 討

被相続人が1人で住んでいた居住用家屋又はその敷地を，相続人が相続後に売却した場合，一定の要件の基に，3,000万円の特別控除の適用が可能となる本特例について検討する。

1 改正前の要件の概要

この特例を適用するためには，様々な要件があるが，基本となる要件は下記のとおりである。

(1) 適用期限（令和9年12月31日）までの間の譲渡であること。

(2) 家屋については，「昭和56年5月31日以前に建築」の家屋で，「区分所有建物」でなく，「相続の開始の直前において被相続人以外に居住をしていた者がいない」家屋であること。

(3) 敷地については，上記の家屋の敷地の用に供されていたと認められる土地等であること。

(4) 特例を適用する者は，相続又は遺贈による被相続人の居住用家屋及びその家屋の敷地等の取得をした相続人であること。

(5) 譲渡は，相続の開始があった日から同日以後3年を経過する日の属する年の12月31日までの間にした譲渡であること。

(6) その譲渡の対価の額が1億円を超えるものでないこと。

(7) 譲渡の時において，その被相続人の居住用であった家屋が，耐震基準を満たしていること又はその家屋の全部の除却等をしていること。

2 令和5年の改正点（耐震・補強等の期限）

上記1(7)のとおり，相続空き家の3,000万円の特別控除特例の対象となる譲渡は，譲渡の時において，その被相続人の居住用であった家屋が耐震基準を満たしていること又はその家屋の全部の除却等をしていることが要件とされていた。

しかし改正により，その譲渡の時からその譲渡の日の属する年の翌年2月15日までの間に，その被相続人の居住用であった家屋が耐震基準を満たすこととなった場合又はその家屋の全部の除却等がされた場合には，本特例を適用することができることとされた。

3 改正点の適用時期

上記2の改正は，令和6年1月1日以後に行う譲渡について適用し，同日前に行った譲渡については従前どおりとされている。

対 応

譲渡後の耐震補修や除却等は，特例の適用をする売主から離れて，買主が行うことになる。

その耐震補修や除却等を，翌年2月15日までに進めてもらうために，売買契約書の特約事項欄などに，次の条項等を記載し，確実に実行してもらうことを約束すべきである。

(1) 売主は空き家の譲渡所得の特別控除の適用を受けることを前提として，本契約の売買価格等諸条件を決定したこと。

(2) 土地及び建物の所有権移転後に買主が本件建物の全部の取壊し又は除却工事（又は耐震補強工事）を行うことに合意し，その工事については買主の責任と負担において完了させること。

(3) 買主は，売主が本契約について特別控除の適用を受けるために必要となる書類を取得のうえ，売主へ交付すること。

(4) 買主の責めにより，売主が特別控除を受けることができなかった場合，売主は買主に対し，特別控除を受けることによって本来得られた税控除額相当額の損害賠償を買主に請求することができること。

ただし，買主の責めに帰することができない事由により生じた場合は，買主は責任を負わないこと。

（鹿志村　裕）

参考文献・判決等

措法35③

64 空き家譲渡の特例について

CASE

母が他界し，相続人である私，妹の2人で土地家屋を相続し，建物を取壊後土地を売却し，売却代金を2人で分ける予定です。被相続人の居住用家屋とその敷地の売却について特例があるそうですが，2人で相続した場合でも適用できますか。また妹は売却時まで駐車場として貸付を希望しています。この場合私は特例を適用できますか。

検 討

1 空き家譲渡特例の概要

相続又は遺贈により取得した被相続人居住用家屋又は被相続人居住用家屋の敷地等を令和9年12月31日までに売却し，一定の要件に当てはまるときは，譲渡所得金額から最高3,000万円まで控除することができる。

2 複数人で相続した場合

2人が共有で相続した場合でも，他の要件を満たせば，2人がそれぞれの譲渡所得金額から最高3,000万円の特別控除を受けることができる。ただし，譲渡対価は2人の譲渡対価の合計額で判断し，1億円を超えた場合には適用できない。

3 未利用について

適用要件の1つに「未利用要件」がある。これは譲渡時まで事業の用，貸付の用又は被相続人以外の者の居住の用に供されたことがないことである。

2人が共有で相続し，妹が土地の一部を駐車場として貸し付けた後譲渡した場合には，2人ともこの特例の適用を受けることができない。そこでこれを回避しようと，相続後に分筆し，妹が単独で相続した土地は駐車場として貸付け，姉が単独で相続した土地は未利用要件を満たした場合でも，姉はこの特例の適用を受けることができない。これは相続時に共有で相続し，分筆前の土地全体が未利用要件を満たしていないからである。

姉が適用を受けるためには，相続登記する前に分筆し，分筆した土地をそれぞれ姉と妹が単独で相続する必要がある。この場合，妹が相続した土地を駐車場として貸し付けた場合でも，姉が未利用要件を満たしていれば，

姉の譲渡所得の計算上空き家譲渡の特例を受けることができる。これは姉が相続した土地全てが未利用要件を満たしているからである。ただし，この特例は1回の相続につき1人の相続人ごとに1回しか受けることができないので，この点を踏まえて譲渡する必要がある。

4　令和5年度税制改正
(1)　適用対象範囲の拡充

相続人が空き家を早期に譲渡（有効活用）できるようにするため，売買契約等に基づき，買主が譲渡の日の属する年の翌年2月15日までに耐震改修又は除却の工事を行った場合には，工事の実施が譲渡後であっても適用対象とされる。

(2)　特別控除額の制限

相続人の数が3人以上である場合における特別控除額が2,000万円（改正前：3,000万円）に引き下げられる。

(3)　適用関係

上記(1)及び(2)の改正は，令和6年分以後の所得税について適用され，令和5年分以前の所得税については，なお従前の例による。

対　応

この特例は，売却した人が被相続人の居住用家屋及び居住用家屋の敷地を相続又は遺贈により取得することが前提となる。例えば姉が居住用家屋を単独で相続し，建物を取り壊した更地を妹と共有で相続した場合，他の要件を満たしていても，妹は被相続人の居住用家屋を相続していないためこの特例を適用できない。そこで，取壊予定であっても空き家譲渡の特例を受けるためには，被相続人の居住用家屋の相続は必要である。

最近は一人暮らしの高齢者が多く，相続開始後被相続人の居住用不動産は売却となる事例が増えている。複数人で相続する場合，この特例適用には相続人間で居住用家屋の共有相続と，未利用要件の確認が必要である。売却前提の土地の分筆登記は測量等の負担も生じることとなるが，相続人間で未利用要件の確約ができない場合，一考の余地はある。

（田久保　知子）

参考条文・判決等
所法33，措法35，令和5年改正法附則32③

65 居住用不動産の譲渡

CASE

私は，自宅の一部である駐車場を長年同族会社に貸し付け，不動産収入を得て申告もしていましたが，最近の会社の経営状況を鑑み，昨年貸付を終了いたしました。

今年この自宅を急遽売却することになったのですが，この譲渡に居住用財産の3,000万円の特別控除は適用できますか。

検 討

居住用不動産の譲渡は，その適用要件を満たせば3,000万円の特別控除を受けることができる。今回はこの「居住用」の判断基準を裁決事例（J57－2－18）から検討する。

1 裁決事例の概要

① 昭和25年に甲建物を購入し，居住用に使用，昭和46年乙建物を新築し，1階を法人の事務所工場・倉庫等としてA法人に賃貸，2階を居住用とし，居住の中心は甲建物から乙建物に移る。

② 平成6年7月にA法人が倒産，12月に不動産の所有者が死亡した。

③ 平成7年相続人が不動産の相続登記後すぐに当該不動産を売却する。H8年3月の確定申告では非居住用と居住用に分けて申告したものの，H8年12月この不動産全てに措法35条を適用し，更正の請求をした。

④ この更正の請求について更正処分を受け，異議申立をするが棄却され，平成9年審査請求をしたものの，平成11年の裁決で棄却された事案である。

2 請求人の主張

当該不動産全てを居住用不動産とした請求人の主張は次のとおりである。

① 乙建物1階は，法人倒産後空き家同然となったので法人所有の備品を整理し，車庫，倉庫，物置，物干し場，台所及び犬小屋として有効利用し，生活の拠点としていた。乙建物は1階2階を一体として利用していた。

② 生活用資産の物置として居住用不動産と認めている甲建物は，古く廃屋同然だから，乙建物1階を物置として利用しているので居住用不動産である。

3 裁判所の判断

以下の理由により乙建物は居住用と非居住用の共用とし，敷地も建物の

使用割合で区分するのが合理的と判断した。
① 敷地には，法人の駐車場として２台以上の駐車スペースがあり，乙建物２階にも小さいが物置あり，甲建物もあるので，１階を物置や駐車場等に使う必然性がない。
② 相続登記は譲渡の８日前，売買代金のうち一部債務の履行にあてていて，平成７年から譲渡の売込をしている。
③ 乙建物２階は，家族構成から見ても一般家庭の居宅としての広さ設備が十分あり，あえて１階を居住の用に供さなければならない特段の事情は認められず１階を改装した事実も認められない。
④ 機能のない１階の店舗工場の台所を利用，原料倉庫であった日が当たらない場所を物干し場として利用する理由がない。
⑤ 銀行の債務返済のため相続登記後すぐに譲渡する必要があり１階を居住用資産として利用する必然性はない。

4 居住用の判断基準

甲建物は物置だが，請求人の父母が利用していたタンス等を保管しているとして居住用不動産と認められた。だが，１階は改装もせず，備品等を処分したのみで，倉庫，物干し場，車庫に使っていると主張しても，２階に同様の設備があり，敷地にも駐車スペースがあるため，その主張には現実性がなく無理がある。また，この案件では不動産の売込をしていた事実が棄却の大きな要素であると考える。居住用とは生活の拠点であり，一時的な利用では居住用とは言えない。譲渡が前提であれば，尚更，売却までの一時的な利用と指摘を受けると，居住用であるとの主張の立証説明は難しい。

対 応

個人の居住用建物の一部である不動産を同族会社に賃貸するケースはよくある。賃貸終了後，当該不動産の売却に際し居住用の特別控除を適用できるかは，賃貸を辞めた理由が売却前提でないこと，以前から売却の売込をしていない等の事実が証明でき，他の適用要件を満たせば，居住用部分に対する3,000万円の特別控除適用は可能と考える。適用に際しては，その内容を記した書面を添付するのが望ましい。

（田久保　知子）

参考文献・判決等
措法35

66 居住用財産の譲渡と取得に関する注意点

CASE

私は国内転勤に伴いこれまで居住していた自宅を賃貸物件として貸し出していましたが，このたび転勤先で自宅を購入し旧住居を売却しようと考えています。

この場合，旧住居の売却益について所得税の特例は適用できるのか，また新しく購入した住宅には住宅ローン控除は適用できるのか教えてください。

検 討

1 居住用財産を譲渡した場合の留意点

居住用財産を譲渡し譲渡益が発生した場合には，「居住用財産を譲渡した場合の3,000万円の特別控除の特例（以下「3,000万円特例」という。）」の適用を検討する。居住用家屋を空き家又はその他の用に供した場合（先に転居し，居住していた家屋を賃貸物件として貸し出す場合など）であっても，その居住の用に供されなくなった日以後3年を経過する日の属する年の12月31日までに譲渡したときはこの特例が受けられる。ただし前年又は前々年に本特例を適用している場合は適用されない。

2 新しい居住用財産を取得した場合の留意点

旧住居から転居後に「住宅借入金等特別控除（以下「住宅ローン控除」という。）」の適用対象となる家屋に入居した居住者がその居住年，その居住年の前年又は前々年の所得税について「3,000万円特例」の適用を受けている場合は，「住宅ローン控除」は適用できない。

また，転居後に旧住居を譲渡せずに「住宅ローン控除」の適用対象となる家屋に入居しその適用を受けている居住者が，入居した年の翌年以後3年以内の各年中に，旧住居の譲渡をした場合において「3,000万円特例」の適用を受ける場合は新住居に関しては「住宅ローン控除」は適用できない。

なお，この場合において，既に「住宅ローン控除」の適用を受けている年分の所得税については，譲渡をした日の属する年分の確定申告期限まで

に，修正申告書又は期限後申告書を提出し，すでに適用を受けた控除額に相当する税額を納付しなければならない。

3 「住宅ローン控除」を適用できない期間

新居をその居住の用に供した年とその前2年・後3年の計6年間（令和2年4月1日以後に旧住居を譲渡した場合，それより前に譲渡した場合は前2年・後2年の計5年）に「3,000万円特例」の適用を受ける場合は「住宅ローン控除」を適用することはできない。そこでX年に新住居を取得し「住宅ローン控除」を適用する場合の譲渡年別の「3,000万円の特例」との関係は次図のとおりとなる。

譲渡年	3,000万円特例	X年以降の住宅ローン控除
X－3年	○	○
X－2年	○	×
X－1年	○	×
X年（新居取得）	有利選択	
X＋1年	有利選択（X年に住宅ローン控除を選択した場合）	
X＋2年	同上	
X＋3年	同上	
X＋4年	○	○

4 有利選択

X年に譲渡と取得をした場合とX年に「住宅ローン控除」を選択後にX＋1年，X＋2年，X＋3年に旧住居を譲渡した場合（遡って「3,000万円特例」を適用できるため）はそれぞれの特例を適用した場合の納税額の試算を行い有利選択を行う。試算の際には「3,000万円特例」と同様に「居住用財産を譲渡した場合の長期譲渡所得の特例」についても「住宅ローン控除」と重複適用できないことに留意する必要がある。

対 応

居住用財産の譲渡と取得の時期については「3,000万円特例」と「住宅ローン控除」の適用の可否等に影響するため，事前に顧客よりアドバイスを求められた場合には，慎重に検討する必要がある。 （宮家　一浩）

参考条文・判決等
措法31の3，35，35②二，41

67 NISA制度の抜本的拡充・恒久化

CASE

資産所得倍増プラン（新しい資本主義実現会議：令和4年11月28日決定）では，NISA制度は主に中間層の資産形成の入り口として定着しつつありますが，その活用割合は2割に低迷しており，さらに活用を促す余地があるとされていました。

令和5年度税制改正では，家計金融資産を貯蓄から投資にシフトされるため，令和6年1月1日からNISA制度の予見可能性を高め，制度をシンプル化する見直しが行われました。

そこで，見直されたNISA制度の概要とその実務上の留意点について教えてください。

検討

1 NISA制度の恒久化

若年期から高齢期に至るまで，長期・積立・分散投資による継続的な資産形成を行えるよう，非課税保有期間が無期限化された。

また，口座開設可能期間についても期限が設けられず，NISA制度が恒久的な制度とされた。

2 特定累積投資勘定（つみたて投資枠）の創設

個人のライフステージに応じて，資金に余裕があるときに短期間で集中的な投資を行うニーズにも対応可能とする観点から，特定累積投資勘定（つみたて投資枠）について，旧つみたてNISAの水準（年間40万円）の3倍となる120万円まで拡充された。

3 特定非課税管理勘定（成長投資枠）の創設

企業の成長投資につながる家計から資本市場への資金の流れを一層強力に後押しする観点から，上場株式への投資が可能な現行の一般NISAの役割を引き継ぐ特定非課税管理勘定（成長投資枠）が設けられ，「積立投資枠」との併用が可能とされた。

また，「成長投資枠」の年間投資上限額については，旧一般NISAの水準（年間120万円）の2倍となる240万円まで拡充された。これにより，年間投資上限額の合計は360万円となり，英国ＩＳＡ（約335万円）を上回る規模

とされた。

4　生涯非課税限度額

投資余力が大きい高所得者層に対する際限ない優遇とならないようにするため，一生涯にわたる非課税限度額が設定された。その総額については，老後等に備えた十分な資産形成を可能とする観点から，旧つみたてNISAの水準（800万円）から倍増以上となる1,800万円とされた。また，「成長投資枠」については，その内数として旧一般NISAの水準（600万円）の2倍となる1,200万円とされた。

5　投資対象商品

NISA制度は安定的な資産形成を目的とするものであることを踏まえ，「成長投資枠」について，高レバレッジ投資信託などの商品は投資対象から除外された。また，金融機関が顧客に対して「成長投資枠」を活用した回転売買を無理に勧誘するような行為を規制するため，金融庁における金融機関に対する監督及びモニタリングが強化された。

なお，商品性について内閣総理大臣が告示で定める要件を満たしたものに限定された。

6　改正前制度との関係

旧一般NISA及び旧つみたてNISAについては，令和5年12月31日で買付が終了となったが，非課税口座内にある商品については，新しいNISA制度における非課税限度額の外枠で，改正前の取扱いが継続できることとされた。

対　応

見直されたNISA制度については，投資未経験者も含めて，利用者が簡単に活用できるようにする必要がある。そこで，サービスを提供する金融機関や利用者の負担を軽減する観点から，関係省庁において連携のうえ，デジタル技術の活用等により，NISA制度に係る手続きの簡素化・合理化等が進められている。また，デジタル庁と連携を図りつつ，マイナンバーカードの活用も含め，NISA制度及びiDeCo制度の口座開設の簡素化も検討されている。

（宮森　俊樹）

参考条文・判決等
措法9の8①三・四，37の14②④⑤六・七，令和6年改正法附則34

68 新しいNISA制度

CASE
令和6年1月から開始した新しいNISA制度について以前のNISA制度との違いについて教えてください。

検討

　政府の「資産所得倍増プラン」（新しい資本主義実現会議：令和4年11月28日決定）では，現行のNISA制度は主に中間層の資産形成の入り口として定着しつつあるが，その活用割合は2割程度に低迷しており，さらに活用を促す余地があるとされている。

　令和5年度税制改正では「貯蓄から投資へ」の流れを加速し，中間層を中心とする層が幅広く資本市場に参加することを通じて成長の果実を享受できる環境を整備するために現行のNIAS制度をシンプル化し，令和6年1月からの新しいNISA制度として抜本的拡充・恒久化された。

　以下では見直された新しいNISA制度の概要と実務上の留意点について解説する。

1 改正の内容

　現行のNISAとの主な違いは下記の5点である。

(1) 制度の一本化と恒久化

　現行のNISA制度では一般NISAとつみたてNISAの併用は不可（年単位で選択可能）であったが，新しいNISA制度では一般NISAを引き継ぐ部分を「成長投資枠」，つみたてNISAを引き継ぐ部分を「つみたて投資枠」とし併用可能となった。

(2) 非課税保有期間の無期限化

　現行のNISA制度で一般NISA，つみたてNISAそれぞれ定められていた非課税保有可能期間と投資可能期間が新しいNISA制度では無期限となった。

(3) 年間投資上限額と非課税保有限度額の拡充

　「成長投資枠」が240万円（現行120万円），「つみたて投資枠」が120万円（現行40万円）まで1年間に投資可能となり，生涯で投資できる限度額は1,800万円なった（成長投資枠はそのうち1,200万円が上限）。

(4) 課税保有限度額の枠の復活

非課税保有限度額1,800万円（うち成長投資枠1,200万円）の枠は新しいNISA制度で取得した投資商品を売却した場合には再利用が可能となる。この限度額の枠は取得価額（簿価残高方式）で管理され，再投資できる額は年間投資上限額の制限を受ける。

(5) 投資対象商品の一部除外

「成長投資枠」において整理・監理銘柄，信託期間20年未満，高レバレッジ型，毎月分配型投資信託等は除外される。

「つみたて投資枠」においてはつみたて・分散投資に適した一定の公募等株式投資信託として商品性について内閣総理大臣が告示で定める要件を満たしたものに限られる。

2 改正前NISAの取扱い

改正前のNISAへの投資は2023年末まで可能であり，2023年中に投資を行えば一般NISAであれば最長5年間，つみたてNISAであれば最長20年間非課税のまま運用できる。現行のNISAを利用している者が新しいNISAと併用することも可能である。

なお，非課税期間が終了した株式等を翌年の非課税投資枠に移行（ロールオーバー）することはできず，非課税期間が終了したものから順次課税口座に移される。

移行時の時価が課税口座における取得価額となり，その後売却する際の株式等の譲渡所得は，その移行時の時価（取得価額）をもとに算定される。

対 応

新しいNISA制度においても年単位でNISA口座を開設する金融機関を変えることが可能であるが，この場合は複数の金融機関の口座ごとに「つみたて投資枠」と「成長投資枠」で投資した株式等を管理する。このため，例えば同じ銘柄を二つの投資枠（つみたてと成長投資）で違う年度に異なる金融機関の口座で取得した場合にはそれぞれの枠ごと，金融機関ごとに取得価額が異なることとなる。また，保有していた株式等を売却した場合には取得価額の分だけ非課税保有限度額の枠が復活するが，この枠の復活は売却した年の翌年になるため，売却した資金ですぐに買い付けを行うことはできない。

（宮家　一浩）

参考文献・判決等

措法37の14①三・四，④，⑤，措令25の13㉓三

69 保有株式の売却益を再投資した場合のエンジェル税制の創設

CASE
私は保有株式を譲渡して売却益が発生しましたが、スタートアップ企業へ再投資した場合の優遇税制が創設されたと聞きました。その優遇税制の概要と留意点、再投資先株式を将来的に譲渡した場合の取扱いについて教えてください。

検討

エンジェル投資は不安定でビジネスリスクの高い創業時・直後における重要な資金調達方法の1つであるが、我が国においてその利用はこれまで極めて低い状況にある。このような状況を踏まえ、個人投資家のスタートアップ支援を促す観点から、令和5年4月1日よりスタートアップへ再投資する場合の優遇税制が開始されることになった。

以下では、当該制度の概要及び留意点について述べていく。

1 エンジェル税制の創設
(1) 既存株式譲渡とスタートアップ企業への投資時

スタートアップ企業により設立の際に発行される株式（以下、特定株式という。）を払込により取得をした居住者等については、その取得をした年分の一般株式・上場株式等に係る譲渡所得の金額からその特定株式の取得に要した金額の合計額を控除することとされた。

例えば一般株式・上場株式等の譲渡所得が30億円発生した年度に特定株式を25億円取得した場合、差額の5億円が課税対象となる。

なお、この適用を受けた特定株式の取得価額は、その取得に要した金額から、譲渡所得より控除した金額のうち20億円を超える部分が控除される。

先ほどの投資時に取得をされた特定株式の取得価額は、25億円から5億円を控除した20億円として算出がされる。

(2) 特定株式の譲渡時
① 譲渡利益が発生する場合

特定株式を譲渡した時は、譲渡価格から上記(1)で算出した取得価額をもとに譲渡所得が計算される。

仮に譲渡価格が35億円の場合、取得価額20億円を控除した15億円が課税

対象とされ，特定株式の取得に充てられた金額（最高20億円）については，非課税の取扱いとなる。
② 譲渡損失が発生する場合
　特定株式の譲渡による譲渡損失は，その年で他の一般株式・上場株式等で譲渡利益が発生している時は，その譲渡利益との相殺ができる。
　また，その年で相殺しきれなかった譲渡損失については，翌年3年にわたって損失の繰越が認められており，破産，解散等により特定株式の価値がなくなった場合にも同様の取扱いが認められている。

2　寄附金控除
(1)　投　資　時
　上記1(1)との選択適用となるが，特定株式を取得した場合，対象企業への投資額－2,000円をその年の総所得金額から控除する優遇措置もある。控除対象となる投資額には上限が設けられており，800万円，総所得金額×40％のいずれか低い方とされている。
(2)　譲　渡　時
　上記(1)の優遇措置を受けた特定株式を譲渡した場合には，特定株式の取得価額から投資額－2,000円を差し引いた金額をもとに譲渡損益が計算される。そのため，当該措置は課税の繰延としての性格を有していることになる。
　なお，譲渡損失が発生した場合，その年の他の一般株式・上場株式等の譲渡利益との相殺，相殺しきれなかった譲渡損失及び破産，解散等により生じた損失の翌年3年にわたっての繰越についての取扱いは同様に認められている。

対　応

　スタートアップ企業は財務基盤，競争力の点では脆弱であり，起業促進のためにも，その点をサポートしていく体制の構築が必須であった。その一環として今回の制度改定が行われており，投資家側にとっても，投資額が非課税とされるなどメリットの大きい制度となっているので活用を検討すべきであろう。
　　　　　　　　　　　　　　　　　　　　　　　　　（山下　晃央）

参考文献・判決等
措法37の13の2，37の13の3，41の18の4，措令25の12

70 出国時の譲渡所得課税の特例制度

CASE

租税条約上，株式等のキャピタルゲイン（含み益）については株式等を売却した者が居住している国に課税権があることとされています。これを利用して，巨額の含み益を有する株式等を保有したまま出国し，キャピタルゲイン非課税国（例：シンガポール及び香港等）において売却することにより，課税逃れを行うことが可能とされていました。

そこで，平成27年度税制改正では，これら課税逃れに対応するため，平成27年1月1日から出国時の有価証券等の評価額が1億円以上の者であり，かつ，出国直近10年間において5年を超えて居住者であった者に対して，その未実現のキャピタルゲインに対して特例的に課税する制度（以下「出国時の譲渡所得課税の特例」といいます。）が創設されたそうですが，その内容について教えてください。

検　討

1　課税要件

国外転出（国内に住所及び居所を有しないこととなることをいう。）をする居住者が，所得税法に規定する有価証券等を有する場合又は未決済デリバティブ取引等に係る契約を締結している場合には，その者の事業所得の金額，譲渡所得の金額又は雑所得の金額の計算上，その国外転出の時に，その有価証券等の譲渡又はその未決済デリバティブ取引等の決済があったものとみなされる。

2　特例の対象者

国外転出の日前10年以内に国内に住所等を有していた期間の合計が5年超で日本に居住した後に海外に移住して非居住者となる者のうち，出国時の評価額が1億円以上の有価証券等を保有する者が対象とされる。

3　国外転出をする場合の手続規定

出国時の譲渡所得課税の特例の適用対象となる者が，国外転出の時までに納税管理人の届出をした場合には，国外転出をした年分の確定申告期限までにその年の各種所得に出国時の譲渡所得課税の特例の適用による所得を含めて確定申告及び納税をする必要がある。

また，納税管理人の届出をしないで国外転出をする場合には，国外転出の時までに，その年1月1日から国外転出の時までにおける各種所得について，出国時の譲渡所得課税の特例の適用による所得を含めて確定申告及び納付をする必要がある。

4　課税の取消し

　出国期間中に株式等の売却を行わず5年以内に帰国した場合には，帰国時に出国時特例分は免除される。

　なお，この課税の取消しを行う場合には，帰国の日から4月を経過する日までに，更正の請求をすることにより適用を受けることができる。

5　納税猶予制度の選択

　納税資金が不十分であることを勘案して，国外転出の時までに納税管理人の届出をし，かつ，その所得税に係る確定申告期限までに納税猶予を受けようとする旨の記載をし，その税額に相当する担保を提供した場合には，その国外転出の日から5年又は10年を経過する日まで納税猶予を選択できる。

　ただし，その納税猶予に係る期限までに，本特例の対象となった有価証券等又は未決済デリバティブ取引等の譲渡又は決済等をした場合には，納税猶予の期間が終了する。

対　応

　含み益を維持したまま株式等の所有者が国外に移転するという点では，贈与，相続又は遺贈により非居住者に有価証券等が移転する場合も同様であると考えられる。

　特に有価証券等の所有者の意思と関係なく発生する相続の場合には，相続発生時の時価から取得価額を控除した価額に対して出国時の譲渡所得課税の特例が適用され，被相続人の相続人（非居住者）が所得税の準確定申告をする必要がある。相続人が長期間の国外転勤等により非居住者となっている場合には，早めに対策等を行うべきであろう。

（宮森　俊樹）

参考条文・判決等
所法60の2①②③⑤⑥，120①，127①，128，130，137の2①②⑤，153の2①，所規52の2

71 非公開会社における相続人からの自己株式の取得

CASE

非公開会社である当社の株主の一人が先日亡くなられましたが，その株主の相続人がその株主から相続した株式を当社に買い取ってほしいと申し出られました。会社法では，相続人等である特定の株主から非公開会社が自己株式を取得するときは，他の株主に対して売主追加請求権を認めなくてよいとされているので，その相続人のみから自己株式を取得することは可能だと思いますが，自己株式を取得した場合の課税関係はどのようになるのでしょうか。

検　討

1　相続人からの自己株式取得における課税関係

非公開会社が相続人から自己株式を取得した場合の課税関係は次のとおりである。

(1)　株　　　主

通常，発行会社に自己株式を譲渡した株主がその対価として交付を受けた金銭等の額がその株式に対応する部分の資本金等の額を超えるときは，その超える部分はみなし配当課税の適用を受け，配当所得として総合課税の対象となる。

しかし，相続税が課された株主が相続した非公開会社の株式を相続税の申告期限の翌日から3年以内に発行会社へ譲渡した場合は，みなし配当課税は適用されない。

この場合，交付を受けた金銭等の全額が譲渡所得の収入金額とされ，取得費との差額が申告分離課税の譲渡所得として，税率20.315％（所得税及び復興特別所得税15.315％，住民税5％）で課税される。また，その相続人に課された相続税額のうち譲渡した株式に対応する部分の額については，取得費加算の特例を適用することができる。

(2)　発 行 会 社

発行会社における自己株式の取得は資本等取引に該当し，益金・損金が生じないものと考えられるため，法人税の課税関係は生じない。

2　時価よりも低い対価による場合の課税関係

発行会社が自己株式を取得する際の対価の額は分配可能額を超えてはならないので，対価の額が時価よりも低く設定される場合もあるが，その課税関係は次のとおりである。

(1) 株　　主

対価の額がその自己株式の時価の2分の1に満たない金額であるときは，時価で譲渡があったものとしてみなし譲渡所得課税が適用される。しかし，対価の額が時価の2分の1以上であったとしても，同族会社の行為又は計算の否認の規定に該当する場合には，同様にみなし譲渡所得課税が適用される。

(2) 発 行 会 社

対価の額が時価よりも低く，両者の差額について合理的な理由がないと認められる場合は，その自己株式取得取引が資本等取引だけでなく，利益移転を目的とする取引を含むものと認定され，対価の額と時価との差額部分が受贈益として法人税の課税対象となるおそれがある。ただし，対価の額にかかわらず，自己株式取得は資本等取引に該当するので受贈益の認識は不要であるとする見解もある。

(3) その他の株主

さらに，同族会社が時価より低い対価で自己株式を取得したことによりその株式等の時価が増加した場合には，その同族会社の他の株主はその増加した部分に相当する金額を自己株式を譲渡した株主から贈与により取得したものとみなされ，贈与税が課される。

対　応

非公開会社の個人株主に相続が発生した場合，その株主の相続人は相続した非公開会社の株式を発行会社に自己株式として取得してもらい，その対価を相続税の納税に充てるということがしばしば行われている。相続人からの自己株式の取得は相続税の納税資金対策として有用であるが，無制限に認められるものではなく，また，安易な対価の設定により多くの課税関係が生じることに留意しなければならない。　　　　　　　（廣瀬　尚子）

参考条文・判決等

会社法160②，162，461，所法25，33，59①二，157，所令169，措法9の7，37の10，39，法法22，復興財源確保法13，所基通59－3，相基通9－2

72 相続した非上場株式等を発行法人に譲渡した場合のみなし配当課税の特例

CASE

非上場会社のオーナーに相続が発生し，主要な相続財産は，相続税評価の株価が高く，換金性の低い同族会社の非上場株式です。相続税の納税資金を捻出するために，その発行法人が当該株式を買い取ること（自己株式の取得）を検討しています。

個人が非上場株式をその発行法人に売却した場合には，通常の売却と異なり，売却金額のうち出資額を超える部分にはみなし配当として総合課税が行われると聞きました。相続税納税のために，相続した非上場株式を発行会社に売却した場合の所得税の取扱いを教えてください。

検討

1 自己株式の取得に係る会社法上の取扱い

発行法人が相続人等から自己株式を取得する場合には，株主総会の特別決議が必要とされる。

また，自己株式の有償取得は，剰余金の分配とされ，株主への配当と同様の財源規制（分配可能額の範囲内）の適用を受ける。

2 個人株主の発行法人への株式の譲渡とみなし配当課税

個人が非上場株式をその発行法人に譲渡した場合には，売却価額がその株式に対応する発行法人の資本金等の額を超える部分の金額は配当とみなし，その個人株主においては，配当所得として総合課税が行われる。

また，売却価額からみなし配当金額を控除した金額は，株式等の譲渡所得の収入金額とされる。なお，配当に係る源泉徴収が行われる。

3 相続した非上場株式等を発行法人に譲渡した場合のみなし配当課税の特例

2のみなし配当課税の特例として，相続又は遺贈により財産を取得した個人でその相続又は遺贈につき相続税があるものが，その相続の開始のあった日の翌日からその相続税申告書の提出期限の翌日以後3年以内に，その相続税額に係る課税価格の計算の基礎に算入された非上場株式をその発

行法人に譲渡した場合には，所定の手続を行うことにより，次の特例措置がある。
(1) 所得税法25条の規定によりみなし配当とされる金額については，みなし配当とはしない。
(2) みなし配当とされない金額は，株式等に係る譲渡所得の収入金額とみなす。
また，みなし配当課税が不適用となるため，源泉徴収は行われない。

対　応

1　みなし配当課税の特例の効果

みなし配当課税の特例を適用することにより，次に掲げる効果が生じ，税負担の軽減が図られている。
(1) みなし配当に相当する金額に対しては，株式等に係る譲渡所得の収入金額となるため，分離課税による比例税率が適用される。
(2) 株式等に係る譲渡所得の計算上，相続税額の取得費加算の特例を適用することができる。

2　みなし配当課税の特例適用者の範囲の追加

平成27年1月1日以後に開始する相続又は遺贈による財産の取得については，実際の相続又は遺贈により財産を取得しなかった個人であっても，次の①又は②に該当する個人は，相続又は遺贈により財産を取得したとみなされ，本特例の適用対象者とされるので留意が必要である。
① 相続時精算課税制度に係る贈与により非上場株式を取得した個人で，その贈与者から相続又は遺贈により財産を取得しなかった者
② 贈与税納税猶予制度に係る贈与により非上場株式を取得した個人で，その適用後に贈与者が死亡し，租税特別措置法70条の7の3の規定により相続又は遺贈により非上場株式を取得したとみなされた者

（北川　裕之）

参考条文・判決等
所法25①，措法9の7，37の10①③，措法70の7の3，措令5の2②，会社法162，309②二，461①三

73 清算分配金に対する課税

CASE

資本金1,000万円（資本金等の額も同額）のA社が，清算により株主へ1,200万円の分配をしました。A社は資本金300万円で設立した株式会社ですが，最低資本金を満たすため，平成7年に利益の資本金組入れにより700万円の増資をしています。株主への課税関係はどうなりますか。

検　討

1　株主への課税

資本金を超えて分配される200万円はみなし配当となる。さらに，増資の際に最低資本金制度の特例を受けている場合には，700万円が株式譲渡所得として課税対象になる。

2　利益の資本組入れ（現行）

現行規定では，利益の資本組入れをしても，株主・法人ともに課税関係は生じない。資本組入れはなかったという扱いになる。

資本金は1,000万円に増加しても資本金等の額は300万円のままであり，株主への分配1,200万円との差額900万円がみなし配当となる。

3　利益の資本組入れ（平成13年改正前）

2の取扱いは平成13年改正で定められたもので，それ以前は利益の資本組入700万円に対して株主にみなし配当課税が行われていた。法人側では，資本組入れをした時点で，税務上の資本金等の額も700万円増加し1,000万円となるため，清算分配時のみなし配当は1,200万円－1,000万円＝200万円となる。

4　最低資本金を満たすための利益の資本組入れ

平成3年に商法は最低資本金制度を導入した。既存の株式会社は，平成3年4月から5年以内に1,000万円の資本金を達成しなければならない。

利益の資本組入れをすれば，資金を用意することなく増資できるが，前述のとおり，株主に対してみなし配当課税が行われてしまう。そこで，この5年間に利益の資本組入れをしても，最低資本金に達するまでの金額は，みなし配当課税をしないという特例が設けられた。当時は資本金等の額を管理するという概念はなく，みなし配当が非課税になった場合でも，資本金等の額は1,000万円に増加するという扱いになっていた。したがって，

清算分配時のみなし配当は1,200万円－1,000万円＝200万円となる。

5　株式譲渡益課税

最低資本金制度の特例により非課税となった700万円の取扱いについて，税制改正のすべて（平成3年度）では次のように解説している。

「本制度により配当所得課税の対象とされないこととされているみなし配当に係る金額については，その者の有する株式の取得価額に加算されないこととされました。〈中略〉資本組入れ時に有する株式を譲渡した場合には，利益積立金額の資本への組入れに際し配当所得について非課税とされた部分の金額は株式の譲渡益課税の対象として取り込むこととしたものです。」

清算分配金のうち，資本金等の額相当の1,000万円は株式譲渡収入であり，上記の取扱いにより取得価額は300万円に据え置かれるため，差額の700万円は株式譲渡所得として課税対象になってしまう。

対　応

最低資本金制度の特例を受けているかどうかは，法人税の申告書や決算書をみても判断できない。別表5(1)には資本金額1,000万円と記載されているだけである。定款や履歴事項証明書を確認し，次の全てに該当するときは，過去の申告書等を精査する必要がある。

① 平成3年4月前の設立
② 設立時の資本金が1,000万円（有限会社は300万円）未満である
③ 平成3年4月から平成8年3月の間に増資している
④ 増資の際に株式数が増加していない
⑤ 発行済株式数×5万円（昭和57年前の設立は500円）が資本金額と一致しない

しかし，設立当初から関与している顧客でもない限り，20年以上前の申告書等を確認し，最低資本金制度の特例を受けているか否かの判断をすることは困難である。申告漏れになってしまうケースも多いと思われる。株式の取得価額の付替えを認め，譲渡益課税が起こらないようにするなどの措置が望まれる。

（中川　祐一）

参考条文・判決等
法令8十三，所法25①四，所令109，措法37の10③三

74 アーンアウト条項に基づく買収対価の追加払いに係る所得区分

CASE

最近，M&A取引について「アーンアウト条項」という言葉を耳にしました。この「アーンアウト条項」とはどのような条項のことを言うのでしょうか。また，この条項を設けて，私が100％所有するA社株式の全部を第三者に売却した場合，その売却に係る所得の全てを株式等に係る譲渡所得として申告しても問題ないでしょうか。

検 討

1 アーンアウト条項とは

アーンアウト条項（Earn Out Clause）とは，一般的には，M&A取引の実行に際し，その実行時に買手が売手に対して支払う買収対価（以下「実行時対価」という。）の他，M&A取引の対象となる会社等が，その実行後の一定期間（一般的には，M&A取引実行後の3年以内の期間）において，特定の経営指標等（営業利益やEBITDA等）の達成を条件として，買手が売手に対し，追加的な買収対価（以下「条件付対価」という。）を支払うことを定めた契約条項のことをいう。

M&A取引においてアーンアウト条項を設ける主な目的は，売手と買手との間で，対象会社等の将来業績予測が異なることによる買収対価に関する見解の相違を調整し，M&A取引をより成立しやすくすることにある。

2 実行時対価と条件付対価の性質

実行時対価は，売手と買手との間で行われた交渉の末に成立する対価であることから，M&A取引の対象会社株式に係る所有権が買手から売手に移転した時に成立した買収対価であると考えることができる。

一方で，アーンアウト条項に基づく条件付対価は，前述のとおり，M&A取引実行後の一定期間における特定の経営指標等の達成を条件に支払われるものである。そのため，条件付対価がM&A取引に係る買収対価の一部であったとしても，その性質は，実行時対価と異なるものと考えられる。

3 条件付対価に係る所得区分

実行時対価は，M&A取引の対象会社株式に係る所有権が売手（個人の売手をいう。以下同じ。）から買手へ移転する機会に支払われるものであ

る。そのため，所得税法上，実行時対価が譲渡所得に該当することについては，疑いの余地はない。

　一方で，条件付対価は，M&A取引に係る買収対価の一部であるものの，M&A取引の対象会社株式が売手から買手に移転した後の一定期間において，特定の経営指標等の達成を条件に支払われるインセンティブ（報奨）的な対価である。また，M&A取引に係る契約上，一般的に条件付対価の支払いを受ける権利は，M&A取引後の複数年度において生じることから，臨時的又は偶発的に生じる対価とも言えない。そのため，条件付対価は，一般的には，雑所得に該当する。ただし，M&A取引実行後の一定期間における特定の経営指標等が，売手の対象会社に対する労務又は役務の提供であり，その条件が達成した場合に支払われる条件付対価である場合には，売手と対象会社との間の関係に応じて，給与所得又は事業所得に該当する。加えて，稀なケースとして，M&A取引に係る契約上，対象会社株式に係る譲渡と関連性を有しない特定の経営指標等の達成・未達成の測定が1回のみであり，かつ，売手がM&A取引実行後の対象会社に対し，労務又はその他の役務の提供を行っていない場合には，その測定の結果に基づき支払われる条件付対価が，一時所得に該当することもあり得る。

　なお，M&A取引に係る対象会社の将来業績に応じて算出される金額があるために，買収対価の一部を分割払いとするアーンアウト条項を設ける場合がある。このような分割払いの条件付対価のうち，その対象会社株式の引き渡し日において，買収対価の全額が確定的に発生していることが認められる場合には，分割払いとした条件付対価であっても，その全額が譲渡所得に該当する。

対　応

　アーンアウト条項を含むM&A取引については，前述のように，売手と買手との間で合意した特定の経営指標等の内容に応じて，追加的な買収対価である条件付対価の所得区分が決定される。そのため，条件付対価に係る申告を行う際には，その内容を十分に精査したうえで，その所得区分を決定する必要がある。

（中田　博）

参考条文・判決等

所法27，28，33，34，35，平成29年2月2日裁決，TAINS F0－1－768

75 取得費不明な金地金の譲渡

CASE

このたび，長年買い集めた金地金5枚をまとめて取引業者に売却することとしました。売却にあたっては譲渡所得の申告が必要だと聞きましたが，その5枚ともいくらで購入したものかデータが残っていません。申告にむけてどのように対応すればよいでしょうか。

検 討

1 金地金等の譲渡把握制度の創設

金・白金価格相場が，歴史的な高値水準で推移した平成23年度の税制改正において，これらの譲渡による所得を把握することで課税の適正化を図る，いわば「富裕層」への対応制度が整備された。①金地金等の譲渡対価の受領者の告知制度及び②支払調書制度である。

平成24年1月1日以後に金もしくは白金の地金又は金貨・白金貨（以下「金地金等」という。）について200万円を超える譲渡があった場合，①はその譲渡対価の支払を受けるものは，その支払を受けるべき時までに，その者の氏名，住所及び個人番号をその金地金等の譲渡を受けた者（金地金等の売買を業として行う者に限る。以下「支払者」という。）に住民票の写し等の本人確認書類を提示することによって告知しなければならないというものである。一方，②は，居住者又は国内に恒久的施設を有する非居住者に対し国内において金地金等の譲渡の対価の支払をする支払者は，その対価の支払を受ける者の各人別に一定の事項を記載した金地金等の譲渡対価の支払調書をその支払が確定した日の属する月の翌月末日までに提出しなければならないというものである。

この制度の新設によって，金地金等の譲渡にかかる納税者のいわゆる申告意識は急速に高まったといいうる。

2 課税関係

金地金等の売却による所得区分は，原則として譲渡所得に該当する。その譲渡が棚卸資産（雑所得を生ずべき業務にかかるものを含む。）の譲渡その他営利を目的として継続的に行われる資産の譲渡に該当する場合は，その譲渡による所得は，事業所得又は雑所得に該当する。したがって一般

的な金地金等の売却のケースではその区分は譲渡所得に該当することとなるが，金地金等のうち1個の価額が30万円超のものは「生活に通常必要でない資産」に該当するため，譲渡損失については，原則として他の所得との損益通算は認められない。
3　取得費をめぐる論点
　譲渡所得の金額の計算上控除する資産の取得費は，別段の定めがあるものを除き，その資産の取得に要した金額並びに設備費及び改良費の額の合計額とされている。金地金等に係る譲渡所得の金額の計算上取得費に算入する金額は，原則として，譲渡した金地金等の「個別の取得価額」によることとなる。
　ところが，金地金等の売却に係る納税者のこれまでの申告意識の低さを反映してか，この個別の取得価額のデータを逸失しているケースがみられる。

対　応

　もちろん取得価額が不明な場合に適用が認められる，いわゆる概算取得費5％で譲渡所得を計算することも可能だ。しかしながら，1970年代から調べたところ昨今の相場の5％を下回る価額で金地金等が取引されていた過去例はない。そこで，インゴット等に刻された製造番号で製造年が把握できる場合などは，取引業者に売却した金地金等の製造番号と製造年について証明をしてもらい，その年の取引平均価額表等を入手して取得費を計算する方法等は有効だ。もちろん課税庁側とは事前相談したいところだが，その前に資料を整備する等柔軟に対応する必要がある。

（山本　晋也）

参考条文・判決等
所法33①②，38①，69②，224の6，所令350の6，350の7，350の9，所規90の6，所基通38-16

76 遺留分に関する権利の行使によって生ずる権利の金銭債権化

CASE

改正前の民法では，遺留分権利者は，現物での返還請求しかできないこととされていました。このため，遺留分を侵害する贈与等の対象が不動産であった場合，遺留分権利者は，受遺者又は受贈者に対して，その一部持分の返還しか求めることができず，結果不動産の共有状態が生じることとなり，その共有関係の解消をめぐり新たな紛争が生じる恐れがある等の実務上の問題が生じていました。

そこで，民法が改正され，遺留分に関する権利の行使によって生ずる権利が金銭債権化されたそうですが，その内容について教えてください。

検 討

1 遺留分権利の金銭債権化

遺留分権利者及びその承継人は，受遺者（特定財産承継遺言により財産を承継し又は相続分の指定を受けた相続人を含む。以下同じ。）又は受贈者に対し，遺留分侵害額に相当する金銭の支払を請求することができる。

2 遺留分侵害額の請求に基づく金銭の支払いに代えて行う資産の譲渡

「令和元年度版税制改正のすべて」では，受遺者又は受贈者が遺留分侵害額に相当する金銭の支払に代えてその有する資産（その遺贈又は贈与により取得した資産も含む。）を遺留分権利者に引き渡した場合には，受遺者又は受贈者は遺留分権利者に対してその資産を譲渡したことになる旨が記載されている（財務省ホームページ：所得税法等の改正・111頁）。

これを受けて，令和元年6月28日に所得税の基本通達が改正された。このうち「遺留分侵害額の請求に基づく金銭の支払いに代えて行う資産の譲渡」では，資産を移転させた際に譲渡による収入が生じることとなり，その収入金額は，請求を受けた者が負う遺留分侵害額に係る債務の消滅額とされることが明らかになりました。また，「遺留分侵害額の請求に基づく金銭の支払いに代えて移転を受けた資産の取得費」では，その遺留分請求者が，その履行の時において履行により消滅した債権の額に相当する価額により，その資産を取得したこととされることが明らかになった。

3 設 例

被相続人である父は，長男に自宅の土地及び建物７,５００万円（相続税評価額）を長女に現預金１,２００万円を相続させる旨の遺言をし，死亡した。

遺言書の内容に不満な長女が長男に対し，遺留分侵害請求を行った場合における民法改正前及び改正後の遺留分請求額の取扱いがどうなるのか。

《長女の遺留分減殺請求額の計算》

$$\underset{\text{相続財産の合計額}}{(7,500万円+1,200万円)} \times \underset{\text{相続分の割合}}{1/2} \times \underset{\text{遺留分の割合}}{1/2} - \underset{\text{長女の相続分}}{1,200万円} = 975万円$$

〔民法改正前〕

遺留分減殺請求権の行使により，長男の相続した土地建物は，次の持分割合により複雑な共有状態となる。

・長男の持分割合　65,250,000／75,000,000　→　87／100
・長女の持分割合　 9,750,000／75,000,000　→　13／100

〔民法改正後〕

遺留分侵害額の請求権の行使が金銭債権化されるため，長男の相続した土地建物の共有状態が生ずることが回避されるとともに，遺贈又は贈与の目的財産を受遺者又は受贈者に与えたいという遺言者の意思が尊重される。

なお，長男が遺留分侵害額975万円の金銭を準備できないため，土地建物の共有持分13／100を長女に引き渡した場合には，長男に譲渡所得が発生する。

対 応

遺留分に関する権利の行使によって生ずる権利の金銭債権化の改正は，令和元年７月１日以後に開始した相続について適用され，令和元年６月30日前に開始した相続については，なお従前の例によることとなる。

そこで，令和元年６月30日前に作成された遺言がある場合でも，相続開始が令和元年７月１日以後であれば，遺留分に関する改正後の規定が適用されるので留意が必要である。

（宮森　俊樹）

参考条文・判決等

民法1046①，1014②，平成30年７月13日改正民法附則１，２，平成30年11月改正民令附則316，所基通33－１の６，38－７の２

77 相続分の譲渡と税務

CASE

父が死亡し，遺産は居住用兼店舗（理容室）の土地建物と預貯金です。相続人は母と兄とそして私の3人です。遺産分割を巡り母と兄が対立しています。私としては，遺産分割協議に参加する意思はありませんが，私の相続分は理容室を共同で経営していた母に渡したいと思っています。この場合の手続や税務上の留意点について教えてください。

検　討

1　相続分の譲渡とは

共同相続人の一人がその相続分を第三者へ譲渡することを「相続分の譲渡」という。

相続分の譲渡は遺産分割の方法の一手段とされており，自らの相続分を譲渡することで遺産分割協議から離脱することができることから，遺産分割の早期解決をはかるための有効な手段とされている。相続分の譲渡の相手先は共同相続人若しくは共同相続人以外の第三者でも可能とされている。

また，相続分の譲渡は債権と債務を包括した遺産全体に対する譲渡人の割合的な持分の譲渡で，譲渡対価は有償でも無償でもよいが，譲渡期間は相続開始時から遺産分割協議成立前までとされている。この場合，譲渡人と譲受人の同意があれば他の共同相続人の同意は必要ない。ただし，実務では後々の紛争や相続財産の中に不動産が含まれていた場合の相続登記に備えて「相続分譲渡証書」（相続分の全部譲渡か一部譲渡か，又は有償か無償かを記載して譲渡人と譲受人がそれぞれ署名押印（実印）する。）を作成しておくことが望ましい。

2　相続分の譲渡と相続放棄の相違点とその効果

相続分の譲渡も相続放棄も相続財産を取得することを希望しない相続人がいる場合に用いられる。両者の違いは，①相続分の譲渡をしても相続人であることに変わりはないが，相続放棄の場合は相続人ではなくなる。このことから②相続分の譲渡は，遺産分割協議と同様相続人としての地位は失われないため，相続債務の負担義務は消滅しないが，相続放棄の場合は，

相続人としての地位がなくなるため，相続債務の負担義務はない。①相続分の譲渡は特定の相続人に自らの相続分を譲渡することでその譲受人に多くの相続分を取得させることができる。

本CASEの場合において，あなたが相続放棄をした場合の母と長男の相続分は各々2分の1となるが，あなたが母に対して相続分の譲渡を行うと母と長男の相続分は，母が4分の3，長男が4分の1となる。

3　相続分の譲渡の課税関係
(1)　無償譲渡の場合

他の共同相続人に無償で相続分の譲渡を行った場合において，譲渡人は遺産分割協議において何も相続しないことと同様とされるため，相続税の課税はない。一方譲受人は本来の相続分に譲受された相続分を加えた価格に対応する相続税が課税される。

(2)　有償譲渡の場合

他の共同相続人に有償で相続分の譲渡を行った場合，譲渡人はその受けた譲渡対価相当額が相続税の課税価格とされる。一方譲受人は本来の相続分に譲受された相続分を加えた価格から支払った対価相当額を控除した価格に対して相続税が課税される。この場合の課税関係は代償分割に類似したものとなる。

対　応

相続分の譲渡に際して「共同相続人間においてされた無償による相続分の譲渡は上記譲渡をした者の相続において民法903条1項に規定する『贈与』に当たる」とする最高裁判決が出された。これにより，相続分の譲渡がなされた譲渡人の相続に際しては，当該贈与が「特別受益」あるいは，「遺留分算定基礎」とされる場合があり得るため留意すべきである。

また，相続分の譲渡が相続人以外の第三者に対して行われた場合，相続人はその第三者から相続分を取り戻すことが認められている。ただし，この場合相続人はその相続分の譲渡が無償で行われていたとしても，相続分の財産価値相当の対価を支払うとともに，相続分の譲渡があったときから1か月以内に行使しなければならない。

（田中　宏志）

参考条文・判決等
相基通11の2－9，民法903，905，915，939，最判平成30年10月19日

III 相続税・贈与税

78 相続開始前7年以内の贈与の節税効果

CASE

相続開始前7年以内の贈与財産は，相続の際，相続税の課税価格に加算され，相続税としての課税を受ける特例が設けられています。したがって，贈与税を納付していても，最終的には，他の相続財産と同様に相続税の課税の計算が行われ，納付した贈与税に不足する税額があれば相続税の申告時に納付する（いわゆる生前贈与加算の特例）ことになります。生前に財産を贈与するメリットはあるのでしょうか。

検 討

相続又は遺贈により財産を取得した者が，その相続に係る被相続人から，相続開始前7年以内に財産の贈与を受けていた場合には，課税の特例の適用がある。そのため，その者については，その贈与により取得した財産のうち，贈与税の課税価格計算の基礎に算入されたものの価額を相続税の課税価格に加算し，相続税の計算を行うことになる。

また，加算された受贈財産に対して課税された贈与税額は，これを，その者の相続税額から控除する。これは，相続税と贈与税を通じての重複課税を排除する目的による。この場合の，相続開始前7年以内とは，相続開始の日からさかのぼって7年目の応当日から相続開始の日までをいう。

次に，生前贈与を行うメリットについて考えてみる。なお，生前贈与は財産の移転を目的としたものと，節税を目的としたものとの二つに分けることができる。まず，前者の生前贈与には，次のようなものがある。

① 親から事業を承継する子供への株式の贈与
② 生計を一にする子供への居住用不動産の贈与
③ 事業を承継する子供への事業用不動産の贈与等である。

これに対し，後者の生前贈与は，相続税の軽減を意図したものである。

そこで，節税のための生前贈与を行うためには，まず贈与の時点で相続の開始があったことを仮定し，その時点の財産及び債務の全てを総点検し，その時点の相続税額を算出してみる必要がある。それから実効税率（納付税額÷課税価格）を算出し，その実効税率以下の贈与税率の範囲内で，毎年

贈与を行い過大な贈与税を支払わないようにする必要がある。

なお，加算期間が7年となるのは，令和13年1月1日以降の相続となる。そのため，令和9年1月1日以前の相続については3年，令和9年1月1日以降の相続については令和6年1月1日から相続開始日までの贈与（最長7年）が加算の対象となる。

対　応

「生前贈与加算」の特例の適用を受けた場合にも，次に掲げるような節税の効果が期待できる。

① 　加算の対象は，相続又は遺贈により財産を取得した者に限定している。したがって，例えば，孫（相続又は遺贈により財産を取得している場合を除く。）への贈与は対象外となり，節税の効果が期待できる。

② 　贈与税の非課税財産は「生前贈与加算」の対象外となる。例えば，扶養義務者相互間における生活費又は教育費の贈与等が該当する。

③ 　居住用不動産の贈与で贈与税の配偶者控除の適用を受けた場合には，控除額相当額は加算の対象から除外されている。

　また，住宅取得等資金贈与の非課税特例，直系尊属から教育資金の一括贈与の特例（一定の場合は贈与者死亡時の管理残額が加算の対象）及び結婚・子育て資金の一括贈与の特例（贈与者死亡時の管理残額が加算の対象）についても同様の効果がある。

④ 　「生前贈与加算」の制度により加算される価額は，贈与時の財産の価額となるため値上がりしている財産については，節税効果がある。

⑤ 　加算対象となる贈与財産のうち，相続開始前3年以内に取得した財産以外の財産にあっては，その財産の価額の合計額から100万円が控除される。

　以上のことから，生前贈与には被相続人の意思に基づいた財産の移転が確実に実行できるメリットがある。また，加算の制度が適用される場合にも，上記の①～⑤により節税メリットが期待できる。

　ただし，生前贈与に係る遺留分侵害額の請求に留意のうえ生前贈与を行う必要がある。

（寺島　敬臣）

参考条文・判決等

相法12, 19, 21の6，相基通21の3－3～21の3－9, 21の15－1，措法70の2, 70の2の2, 70の2の3，民法1042～1049

79　1棟の建物の一部に居住している場合の特定居住用宅地等に係る小規模宅地等の特例

CASE

被相続人甲は，自己の所有する土地（200㎡）の上に自宅兼賃貸マンションを所有していました。

相続人である配偶者乙と子丙（非同居，マイホーム所有）は，土地及び建物の共有持分2分の1をそれぞれ相続により取得した場合，小規模宅地等の特例を適用するにあたり，敷地の全部を特定居住用宅地等とすることはできますか。

検　討

1　特定居住用宅地等とは

小規模宅地等の特例（以下「本特例」という。）において，特定居住用宅地等について330㎡までの部分は，その宅地等の評価額から80％が減額され，20％が相続税の課税対象とされる。

特定居住用宅地等とは，相続開始直前において被相続人の居住の用に供されていた宅地等で，被相続人の配偶者又は次に掲げる親族が相続又は遺贈により取得した宅地等をいう。

① 被相続人と同居していた親族で，相続税の申告期限まで居住を継続し，かつ保有していること
② 被相続人の配偶者又は同居親族がいない場合に次の全てに該当すること（制限納税義務者で日本国籍を有しない者を除く。）
　イ　相続開始前3年以内に日本国内にある自己，自己の配偶者，自己の3親等内の親族又は自己と特別の関係がある一定の法人が所有する家屋（相続直前において被相続人の居住の用に供されていた家屋を除く。）に居住したことがないこと
　ロ　相続開始時に居住している家屋を相続開始前のいずれの時においても所有していたことがないこと
　ハ　相続税の申告期限までその土地を保有していること
③ 被相続人と生計を一にしていた親族で，相続開始前から相続税の申告期限まで居住を継続し，かつ保有していること

Ⅲ 相続税・贈与税

2　1棟の建物に被相続人の居住用部分とそれ以外の部分がある場合の取扱い

(1)　特定居住用宅地等の適用対象

1棟の建物が被相続人等の居住の用とそれ以外の用に供されていた場合には，その敷地のうち被相続人等の居住の用に供していた部分のみが特定居住用宅地等に該当することとなる。

具体的には，対象となる宅地の面積を，建物の利用区分に応じて，居住用部分の床面積とそれ以外の床面積で按分して，特定居住用宅地等の対象となる宅地の面積を算出する。

(2)　共同相続の場合

本特例の特定居住用宅地等の対象となる土地を配偶者と配偶者以外の相続人等が共有持分により相続した場合には，配偶者には適用要件がないため，配偶者以外の相続人等ごとに特定居住用宅地等の適用要件を満たしているか判定することとなる。

3　本CASEの取扱い

まず，1棟の建物の敷地評価額を用途別に床面積により按分し，居住用部分と賃貸用部分に区分する。居住用部分のうち配偶者乙が相続した持分は特定居住用宅地等に該当し80％の減額となるが，子丙が相続した持分は適用要件を満たさないため本特例の対象外となる。

また，賃貸用部分は貸付事業用宅地等として，賃貸事業が相続税の申告期限まで継続されている場合には，50％減額となる。

対　応

(1)　被相続人の居住の用に供されていた宅地等に関しては，特定居住用宅地等のみが本特例の適用対象となるので，配偶者以外の親族が適用を受けるためには上記の一定の要件を満たすようにしなければならない。

(2)　一棟の建物が居住用兼事業（貸付）用の場合，用途ごとの減額割合を適用することから，他の特例宅地等（特定事業用宅地等，特定同族会社事業用宅地等，貸付事業用宅地等）の有利選択を比較検討する必要がある。

（北川　裕之）

参考条文・判決等
措法69の4，措令40の2

80 貸付事業用宅地等に係る小規模宅地等の特例

CASE

被相続人である父は，亡くなる30年ほど前から，その所有する敷地の上に構築物である駐車場施設を設置して，月極による駐車場業を営んでおりました。

この度，遺産分割協議が調い，父とは生計を別にしていた私がこの駐車場施設とその敷地を相続することになりました。しかし，この駐車場施設は老朽化し，多額の修繕を要することから，相続税の申告期限前に，その敷地も含めて売却する予定です。

この場合，私が相続した駐車場施設の敷地は，小規模宅地等の特例の対象となる宅地等に該当しますか。

検 討

相続又は遺贈により取得した財産のうちに，相続開始の直前において，被相続人等の事業の用又は居住の用に供されていた宅地等で建物又は構築物の敷地の用に供されている宅地等（以下「特例対象宅地等」という。）がある場合には，その相続又は遺贈により財産を取得した者に係る全ての特例対象宅地等のうち，その相続又は遺贈により貸付事業用宅地等を取得した個人が，その貸付事業用宅地等の全部又は一部で小規模宅地等の特例の適用を受けることを選択したものについては，限度面積の範囲内で，その貸付事業用宅地等の価額を50％減額する小規模宅地等の特例の適用を受けることができる。

ここで，貸付事業用宅地等とは，被相続人等の不動産貸付業，駐車場業，自転車駐輪場の事業（相当の対価を得て継続的に行う事業であれば，事業と称するに至らない準事業も含む。）の用に供されていた次に掲げる要件のいずれかを満たす宅地等で，被相続人の親族が相続又は遺贈により取得したもののうち，原則として，相続開始前3年以内（相続開始日が令和3年3月31日までは，平成30年4月1日以後）に新たに貸付事業の用に供されたもの以外のものとされている。

(1) 被相続人の親族が，相続開始時から申告期限までの間に当該宅地等に係る被相続人の貸付事業を引き継ぎ，申告期限まで引き続き当該宅地等

を有し、かつ、当該貸付事業の用に供していること。
(2) 被相続人の親族が当該被相続人と生計を一にしていた者であって、相続開始時から申告期限まで引き続き当該宅地等を有し、かつ、相続開始前から申告期限まで引き続き当該宅地等を自己の貸付事業の用に供していること。

なお、被相続人等が相続開始の日までの3年超の期間において、引き続き事業的規模で貸付事業を行っていた場合には、相続開始前3年以内に新たに貸付事業の用に供された住宅等であっても、上記いずれかの要件を満たす限り、当該宅地等は貸付事業用宅地等として取り扱われる。

また、限度面積については、小規模宅地等の特例の適用を受ける宅地等が貸付事業用宅地等のみである場合には、200㎡が限度となっている。しかし、貸付事業用宅地等の他に、前問の特定居住用宅地等など小規模宅地等の特例を複数の種類の宅地等に適用する場合には、各種類の宅地等に係る限度面積が異なることから、一定の調整計算が必要となる。

対 応

前述のとおり、相続により取得した駐車場施設とその敷地を相続税の申告期限前に売却した場合には、その敷地について貸付事業用宅地等の要件を満たさないことから、小規模宅地等の特例の対象となる宅地等には該当しない。

しかし、駐車場施設とその敷地の売却を相続税の申告期限後に行うこととして、一旦、被相続人が営んでいた駐車場業を申告期限までに引き継ぐと共に、申告期限までその敷地を引き続き所有し、かつ、その敷地を被相続人から引き継いだ駐車場業の用に供している場合には、その敷地について小規模宅地等の特例の対象となる宅地等に該当することになる。

(中 田　　博)

参考条文・判決等
措法69の4、措令40の2、措通69の4-13、24の3、24の4

81 相続人に行方不明者がいる場合の相続税の特例

CASE

父Aが死亡し，相続人である妻甲，長男乙及び次男丙の3人が相続税の申告をすることになりました。ところが次男丙が行方不明のため消息が分かりません。申告期限までに分割協議ができないと未分割で申告をすることになりますが，この場合，小規模宅地の評価減の特例，配偶者に対する税額軽減の適用はどうなりますか。

検 討

1 特例の適用

相続税額を計算する際，相続財産に一定の居住用あるいは事業用土地がある場合又は相続人中に配偶者がいる場合は，「小規模宅地の評価減の特例」又は，「配偶者に対する税額軽減」（以下「特例」という。）の適用があり，この特例の適否が納税額に大きな影響を及ぼすことになる。

しかし，この特例は，申告期限までに遺産分割が確定していることを要件とするため，期限内申告時に，相続人間で遺産分割が確定しなければ，特例を適用しないところで相続税を計算する。

ただし，本特例は，期限内申告時に未分割であっても，申告期限後でも遺産分割が確定すれば，特例を適用して相続税を計算することができ，期限内申告で納めた相続税額の還付を受けることができる。

2 事前手続

そこで，申告期限後に本特例を適用するには，次のような事前手続が必要になる。

(1) 期限内申告時

期限内申告書に「申告期限後3年以内の分割見込書」を添付して提出する。

これは，納税者が税務署長に対し，遺産分割が確定した場合，更正の請求をするという意思表示をしたもので，相続人間に問題点を明らかにしておくうえでも，確実な提出が要求される。

(2) 申告期限後3年以内に分割できた場合

この間に分割が確定した場合には，その日の翌日から4か月以内に更正の請求をすることによって，納付した相続税額の還付を受けることができ

る。

(3) 申告期限後3年を経過しても未分割の場合

　この特例は，申告期限後3年以内に分割が確定することを原則としているが，分割に至らない「やむを得ない事情」がある場合には，例外として，特例の適用を認めている。その例外の一つとして，「共同相続人の一人又は数人が行方不明又は生死不明であり，かつ，その者に係る財産管理人が選任されていない場合」が規定されている。

　そして，申告期限後3年を経過する日の翌日から2か月以内に「遺産が未分割であることについてやむを得ない事由がある旨の承認申請書」を提出し，税務署長の承認を受けた場合は，分割ができた日の翌日から4か月以内に更正の請求ができる。

対　応

　上記のように，相続人が行方不明でも，提出期限までに，書類の届出を怠らなければ，遺産分割の確定時に特例の適用が受けられるということである。しかし，その反面，分割が確定しなければ，含み損を抱えた相続財産である土地を早く処分したくても処分できないとか，凍結された預金先に経営不安があり安全な金融機関に預け替えたくてもできない等の問題も生じる。

　このような問題を回避するためにも，相続開始までは，遺言書の作成を，相続開始後は，失踪宣告又は不在者財産管理人の選任を行い，速やかに遺産分割ができる状態を整えることが重要となる。

　なお，不在者財産管理人の選任を行った場合，その選任された財産管理人は，行方不明者の代理人として遺産分割協議に参加し，遺産分割協議書に署名押印をする。このように行方不明者以外の相続人のみによる有利な遺産分割はできないことに留意しなければならない。

（在原　一憲）

参考条文・判決等

相法19の2②③，32①一，相令4の2①②，相規1の6③二，相基通19の2－15，措法69の4④⑦，措令40の2㉓，措規23の2⑧，民法25〜31

82 相続税を期限後申告した場合

CASE

昨年父親が亡くなり，その遺産を兄弟3人で相続（母は3年前に他界）することとなりました。相続財産は居宅と自家用に栽培していた田畑が少々，金融資産が300万円程度だったので相続税はかからないだろうと思い相続税の申告をしておりませんでした。一周忌が過ぎたので遺産分割について兄弟で協議をしたところ，相続税の申告と納税が必要なことが分かり，とりあえず未分割で期限後申告書を提出し法定相続分の3分の1ずつの相続税と無申告加算税，延滞税を納付しました。後日分割協議が整い，長男が相続財産の2分の1を相続し，他の兄弟はそれぞれ4分の1ずつを相続することとなりました。未分割で先に申告した相続税とその時の加算税・延滞税を清算したいのですが，どのように取り扱われますか。

検討

1 相続税の清算手続

相続税法では，相続財産が未分割であるために法定相続分によって申告が行われていた場合において，その後に分割が確定し，相続分に移動があった場合には，各相続人ごとに修正申告（分割が確定したことにより納付すべき税額が増える場合）や更正の請求（分割が確定したことにより納付すべき税額が減る場合）をすることができるとしている。

この場合の「できる」という表現は，修正申告や更正の請求を行わずに，相続人間で税金の増差額の清算を行うのみでよいとしているためであるが，本CASEのように加算税や延滞税のある場合には，次で述べるような点があるので修正申告と更正の請求が必要となる。

2 加算税・延滞税の清算

修正申告書を提出する長男については，増額した相続税を納める義務が生じるが，増額部分に係る無申告加算税・過少申告加算税・延滞税は課税されない。

また，他の相続人については未分割で申告した法定相続分よりも確定した相続分の方が少なくなったので，更正の請求を提出することによって，

Ⅲ　相続税・贈与税

相続税の差額部分の還付と，当初の期限後申告で納付した無申告加算税と延滞税の相続税差額相当分の還付を受けることができる。

期限後申告

（未分割）	長男	次男	三男
法定相続分	1／3	1／3	1／3
（分割後）			
分割協議分	1／2	1／4	1／4

長男：本税のみで附帯税はかからない
次男：還付
三男：還付

3　ポイント

　前述したように，未分割財産が分割されたことによって税額が増加する場合には，その本税についてのみ納税義務が生じるが，逆に減少する場合には，本税だけでなく当初申告時に課税された加算税や延滞税等の附帯税についても還付を受けることができる。この減額部分の附帯税は，遺産取得者課税方式を採用している現行の相続税法の下では，他の相続人等にいわゆる賦課換えを行うことができないとされている。

対応

　分割協議が整っていなくても，相続税の申告期限内に未分割として申告書を提出するのが本来であるが，何らかの事情で申告期限を過ぎてしまった場合であっても，速やかに未分割として期限後申告書を提出し，その後に修正申告あるいは更正の請求を行った方が附帯税の額の負担を少額にできるのである。

　なお，期限後申告でも期限内申告書を提出する意思があったと認められるもの（期限後申告書提出前5年前までに無申告加算税又は重加算税の課税を受けたことがなく，かつ，この規定の適用を受けていない場合で法定納期限までに納付していること）につき無申告加算税を課さない制度の対象となる期限後申告書の提出期限が法定申告期限から1月以内とされている。

（山本　裕子）

参考条文・判決等
相法31①，32，51②，平成12.7.3事務運営指針，昭44徴管2－33，直資2－9，直審（資）2

83 相続税についての更正の請求に係る除斥期間の見直し

CASE

相続税の除斥期間は，法定申告期限から5年を経過する日までとされています。例えば，除斥期間が満了する日以前6か月以内に，共同相続人等の中の一部の相続人から更正の請求があった場合，更正の請求をした相続人の除斥期間は請求があった日から6か月を経過する日まで延長されます。しかし，他の相続人の除斥期間は延長されないこととなっていました。そこで，他の相続人の課税価格及び税額の是正が必要となっても，更正若しくは決定又は加算税の賦課決定（以下「更正決定等」といいます。）等が間に合わないケースが生じ，税務上問題となっていました。

令和5年度税制改正では，このような事例に対応するため，「相続税についての更正決定等の期間制限の特則」の規定が創設されましたが，創設された制度の概要とその実務上の留意点について教えてください。

検討

1 令和5年度税制改正

更正をすることができないこととなる日前6月以内に相続税について更正の請求がされた場合において，その請求に係る更正に伴いその請求をした者の被相続人から相続又は遺贈により財産を取得した他の者に係る課税価格等に異動を生ずるとき（その他の者に係る通常の更正決定等の除斥期間が満了する日以前にその請求がされた場合に限る。）は，その他の者の相続税に係る更正若しくは決定又はその更正若しくは決定等に伴う加算税の賦課決定は，その請求があった日から6月を経過する日まで行うことができることとされた。

また，この見直しと合わせて，同日までは修正申告書の提出が可能とされる。

2 適用関係

上記1の改正は，令和5年4月1日以後に申告書の提出期限が到来する相続税について適用される。

対　応

　令和5年度税制改正では、除斥期間が満了する日以前6か月以内に一部の相続人等から更正の請求が行われた場合には、他の相続人に係る除斥期間も、更正の請求があった日から6か月を経過する日まで延長することとされた。

　相続税の申告書の提出期限は、共同相続人等ごとに、被相続人の相続の開始があったことを知った日の翌日から10か月以内とされており、一般的には共同相続人等で一致している。しかし、共同相続人等の間で相続の開始があったことを知った日が異なる場合には、更正の請求が他の相続人の本来の除斥期間満了後にあったときには、除斥期間の延長はされないので留意が必要である。

図表　更正の請求に係る除斥期間の見直し

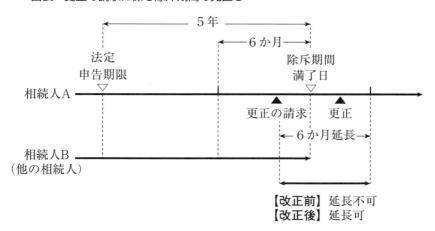

（宮森　俊樹）

参考条文・判決等

通則法70①③、相法27①、36、令和5年改正法附則19⑦

84 包括遺贈と換価分割

CASE

「遺言執行者は，遺言者の不動産を換価処分し，処分代金の中から処分に要した費用及び公租公課を差し引き，債務があれば弁済し……その残額を次の割合で相続権のある者については相続させ，相続権のない者については遺贈する。」旨の遺言が執行されました。遺言執行者は相続人の代理人としてその不動産の買受人との間で売買契約を締結し，その売買代金を相続人・受遺者に直接給付しています。なお，受遺者は全て個人です。この場合，譲渡所得税の申告はどのようになりますか。

検 討

　遺言者の不動産を換価してその換価代金を相続人以外の受遺者に分配すべき旨の遺言の執行に伴う譲渡所得については，その換価代金の分配を相続人以外の受遺者が受けるにもかかわらず，何ら換価代金の分配を受けない相続人にまでも納税義務が生ずると取り扱われる点に問題がある。

　本CASEの遺言のポイントは，相続人以外の受遺者が存在することにある。このような清算型の包括遺贈が行われた場合の登記実務では，換価対象の不動産についていったん相続人へ法定相続分による相続登記を行い，そのうえで相続人から買主への所有権移転登記を行うという構成が採られている。

　また，これら一連の登記は遺言執行者権限で行われるため，相続人の同意は不要とされている。この遺言執行者は相続人の代理人とみなされ，遺言者の意思内容を実現するために，遺言の執行に必要な一切の行為をする権限が与えられている。しかも，この遺言執行者がいる場合には，相続人は相続財産の処分など遺言の執行を妨げる行為をすることができないとされている。

　こうした登記実務を受け，税務実務においてもその換価対象の不動産の所有権についていったん相続人に帰属したのち買受人に移転するとの法的構成に準じた取扱いが行われている。このため，たとえ相続人が何ら換価代金の分配を受けていない場合であっても，不動産の換価に伴う譲渡所得

は相続人に帰属するものとして、相続人が譲渡所得税の課税を受けてしまうことになる。

そのうえ、譲渡所得が生ずる際には連動して国民健康保険の負担増や扶養控除の所得要件超過など相続人にとって不利益な影響が及ぶことから、円満な遺産分割や申告納税を困難に陥らせる要因となり得るので注意が必要である。

もし仮に本CASEの遺言の内容を変更して相続人だけを受遺者とするならば、あらかじめ換価代金の各相続人への分配額は確定することになり、その分配額に応じて譲渡所得税が課税されることになるので、各相続人の受益と負担の点からみても合理的な取扱いといえよう。

これに対し、本CASEの遺言で包括遺贈を受ける相続人以外の受遺者は、たしかに換価対象の不動産の所有権そのものを遺贈の効果として取得しないのだが、その不動産の譲渡に係る収益の実質的な帰属者に他ならないのであるから、むしろその受遺者に譲渡所得税を負担させることが合理的であると考えられる。この点の取扱いに関しては明確な整備を望みたい。

対 応

遺言への関心が高まる一方で、譲渡所得税を顧慮することなく作成された遺言の執行が、かえって円満な遺産分割や申告納税を困難にしてしまう事態も見受けられる。

納税者の円満な遺産分割や申告納税を実現するためには、生前における遺言作成時から税理士が専門家として関与し記載内容や文言を明確にしていくことが求められている。

（杉山　一紀）

参考条文・判決等
民法1012, 1013, 1015

85 孫養子と相続税額の加算

CASE

甲（当時80歳）は，配偶者に先立たれ子もいないことから，親族関係のないＡ（当時50歳）と平成26年に養子縁組をしています。さらに今年になって，養子であるＡが還暦を迎え高齢になってきたことから，Ａ死亡後の後継者を指名する意味で，甲はＡの実子であるＢとも養子縁組をする予定です。

この場合に，Ｂに対する孫養子に係る相続税額の加算の適用はどのようになるのでしょうか。

検 討

1 相続税額の加算制度の概要

(1) 原　則

相続又は遺贈により財産を取得した者が，その相続又は遺贈に係る被相続人の一親等の血族（(2)を除く。）及び配偶者以外の者である場合には，その者に係る相続税の額は本来の相続税の額に2割を加算した額になる。

(2) 例　外

相続又は遺贈により財産を取得した者が，被相続人の直系卑属であり，かつ，その被相続人の養子となっている場合には，相続税額の加算の適用を受けることになる。

2 養子と相続税額加算の関係

養子は養子縁組の日から，養親の嫡出子たる身分を取得することになる。

したがって，養子は養子縁組の日から実子と同様に養親との間に一親等の血族関係を有することになるため，相続税額の加算の適用外となる。

しかし，直系卑属である孫が被相続人の養子として相続又は遺贈により財産を取得する場合には，その孫養子は，被相続人の子を飛び越えて財産を取得することになり，課税機会が一回減少することから，平成15年4月以降の相続について相続税額の加算の対象とされたのである。

3 養子縁組による親族関係の発生

養子と養親及びその血族との間においては，養子縁組の日から，血族間におけると同一の親族関係を生ずる。

したがって，養子と養親，養親の実子，養親の兄弟姉妹，養親の両親などとの親族関係は，養子を実子とした場合と同様な関係となる。

しかし養親と養子の配偶者，養子の子ども，養子の両親などとは，養子との養子縁組のみでは，何ら親族関係を生じないため，養親と養子以外の者とは他人ということになる。

対　応

1　Bが甲とAの養子縁組前に出生している場合

甲とAとの養子縁組により，Aは，甲及び甲の血族との間においても，Aを甲の実子とした場合と同様な親族関係を有することになる。

しかし，甲とBとの関係は，何ら親族関係を有しないことから，甲にとってBは直系卑属とはならない。

したがって，その後甲とBが養子縁組をしても，甲とBは，甲とAとの関係同様に子としての親族関係を有するだけで孫としての親族関係を有しないため，相続税額加算の問題は生じないことになる。

2　Bが甲とAの養子縁組後に出生した場合

Bは，甲とAが親族関係を有することになった後に出生しているため，Aが実子であった場合と同様に孫として甲の直系卑属となる。

そのため，その後，甲とBが養子縁組をした場合には，Bは甲にとって孫養子ということになるため，相続税額の加算の適用がある。

3　BがAの代襲相続人になれるかどうか

また，上記1，2の関係は，Aが甲の死亡以前に死亡した場合に，Bが甲の相続についてAの代襲相続人となれるかどうかと同様な関係にある。

つまり，Bが甲とAとの養子縁組前に出生している場合には，Bは代襲相続人となれず，養子縁組後に出生している場合には，BはAの代襲相続人となる。

（寺島　敬臣）

参考条文・判決等
相法18①②，民法809，727

86 延納条件の変更と特定物納

CASE

令和2年に父の相続があり，相続税を金銭で一時に納付することができなかったため，延納により納付を行っています。

しかし自営業で収入が不安定なため，次回の分納期限に予定の分納税額を納められるか心配です。納付が困難となった場合には，どのような方法がとれるか教えてください。

検　討

1　延納条件の変更

相続税の延納の要件を満たし，延納の許可を受けた者が，その後資力の状況の変化等により，許可に基づく延納条件ではその納付が困難となる場合には，分納期限未到来の延納税額について，延納条件の変更を求めることができる。

(1)　延納条件変更の範囲

(i)　分納期限の延長，再延長

分納期限については，次回の分納期限（当初の延納の許可による分納期限）の前日まで，その期限を延長することができる。

また分納期限を延長した後においても，延納条件の変更事由が継続するなどやむを得ない事情がある場合には，延長後の分納期限について，次回の分納期限（最初の延長による分納期限）の前日まで延長（再延長）することができる。

(ii)　延納期間の延長

延納期間（年数）については，法律上の延納可能期間（年数）まで延長することができる。

(2)　延納条件変更の手続

納税者が延納条件の変更を求める場合には，変更を求めようとする分納期限の1か月位前までに，延納条件変更申請書を相続税の納税地の所轄税務署長へ提出しなければならない。

なお提供されている担保物が，条件変更後の延納税額を担保するに十分でない場合には，増担保の提供等が求められる。

2　特定物納

　平成18年4月1日以後に開始した相続により取得した財産について延納の許可を受けた者が，その後資力の状況の変化等により，延納条件の変更を行ったとしてもなお延納を継続することが困難となった場合には，その納付を困難とする金額を限度として，分納期限未到来の延納税額について，延納から物納に変更をすることができる（「特定物納」という。）。

　なおこの場合の収納価額は，特定物納申請時の価額とされ，利子税及び延滞税は，特定物納の対象とはならない。

(1)　分納期限の延長

　特定物納申請により延納から物納への変更をする場合でも，申請中は延納が継続しているため，特定物納申請中に到来する延納の分納期限については，その期限が順次延長されているものとして取り扱われる。

(2)　特定物納の申請手続

　特定物納の許可を受けようとする場合には，相続税の申告期限から10年以内に，特定物納申請書に物納手続関係書類を添付して，相続税の納税地の所轄税務署長に提出しなければならない。

(3)　特定物納の却下等

　特定物納の却下等があった場合には，延納中の状態に戻ることになり，分納期限が到来していた分納税額については，却下日等の翌日から1か月以内に，利子税を含め納付しなければならない。

対　応

　本CASEの場合，平成18年4月1日以後に開始した相続により取得した財産について延納の許可を受けているので，「延納条件の変更」と「特定物納」が選択できることになる。

（奥田　よし子）

参考条文・判決等

相法39㉚〜㉝，48の2，相基通39−14，15

87 個人立幼稚園の教育用財産についての相続税の非課税制度

CASE

私の父は，父所有の土地に園舎を建て個人立の幼稚園を経営しています。仮に父の相続が発生した場合には，この土地や園舎などの建物に相続税は課税されるのでしょうか。なお，私は幼稚園の経営を承継する予定です。

検 討

1 個人立幼稚園の教育用財産についての相続税の非課税制度の概要

幼稚園事業を，学校法人ではなく個人で経営している場合がある。この場合，その土地・建物など幼稚園で使用している財産（以下「教育用財産」という。）はその経営者の所有に属することになり，その経営者に相続が発生したときは，原則，その教育用財産も課税の対象となる。ただし，その幼稚園の承継者となった相続人が相続又は遺贈により取得した教育用財産に対しては，一定の要件のもとに相続税が非課税とされている。

2 非課税制度の適用を受けるための一定の要件

幼稚園の事業の用に供されている財産であっても，次の(1)及び(2)の要件を満たさなければ，非課税の規定の適用はない。

(1) 幼稚園事業を引き続き行うこと

幼稚園は公益事業であり，その幼稚園の経営者の相続後も引き続き幼稚園事業が行われることが望まれる。そのため，その幼稚園の承継者である相続人が，相続開始の年の5年前の年の1月1日前から行われてきた幼稚園事業を承継し，かつ，教育用財産を取得して幼稚園事業を継続することが要件となっている。なお，この教育用財産については，相続開始前から税務署長への届出が必要になる（下記3参照）。

(2) 幼稚園事業が適正に行われていること

事業が適正に行われていない幼稚園の経営者に係る相続税について，非課税の規定を適用すべきではない。そこで，幼稚園事業が適正に行われていることとして，相続開始の年の5年前の年以後の各年において，幼稚園の経営者であった被相続人及びその幼稚園の承継者である相続人（以下，「事業経営者」という。）につき，次の要件を満たしている必要がある。

① 事業経営者の家事充当金が税務署長の認定額[注]を超えていない。
② 事業経営者の親族等である従業員の給与が労務の対価として相当である。
③ 無申告加算税、不納付加算税又は重加算税を課されたことがない。
④ 連続して青色申告書を提出している。
⑤ 幼稚園事業とその他事業との区分経理をし、かつ、幼稚園事業に関する一切の取引等に関して帳簿書類に記録保存している。
⑥ 幼稚園会計から幼稚園事業のための支出以外の支出をしていない。
⑦ 幼稚園の施設を幼稚園事業以外の用に供していない。
（注）一定の事項を記載した認定申請書の提出が必要。

3 教育用財産の届出

　教育用財産を取得した幼稚園の経営者は、その財産を幼稚園の教育の用に供した日から4月以内に税務署長に対して一定の事項を記載した届出書を提出しなければならない。また、その財産を幼稚園の教育の用に供しなくなった場合も同様である。

　なお、これらの届出書の提出に代えて、各年分の所得税の期限内申告書にその年の12月31日現在の教育用財産の明細等を記載した書類を添付して提出することができる。

対　応

　本制度の適用を受けるには、上記の要件を満たす準備が必要である。仮に、幼稚園の経営者に係る相続においてこの非課税制度の適用が受けられない場合には、幼稚園の校舎などの建物や校舎の敷地・園庭といった広い土地に相続税が課税されることになり、高額な相続税の支払いが発生する可能性がある点には留意しなければならない。

（矢野　重明）

参考条文・判決等
相令附則④、相規附則③〜⑬

88 教育資金管理契約と目的外使用

CASE

私は，5歳になる孫の教育資金を贈与するため，教育資金管理契約を締結し，「教育資金の一括贈与を受けた場合の贈与税の非課税特例（以下「教育資金一括贈与非課税特例制度」といいます。）を適用したいと考えています。この教育資金一括贈与非課税特例制度について，教育資金以外の目的で引き出した場合の取扱いなど注意しなければならない点があれば，教えてください。

検 討

1 教育資金一括贈与非課税特例制度の概要

平成25年4月1日から令和8年3月31日までの間に，30歳未満の受贈者が，その直系尊属から贈与により取得した金銭等を，教育資金管理契約に基づいて銀行等に預金等として預け入れる場合には，原則として，1,500万円までの教育資金支出額（学校等以外の場合には500万円までの教育資金支出額）について，贈与税を非課税とする制度である。ただし，教育資金を銀行等へ預け入れた日の属する前年分の受贈者の合計所得金額が1,000万円を超える場合には，本制度の適用はない。

2 教育資金管理契約

教育資金一括贈与非課税特例の適用を受けるためには，信託会社，銀行等又は金融商品取引業者（以下「金融機関」という。）との間で「教育資金管理契約」を締結し，教育資金専用口座を設定しなければならない。

この「教育資金管理契約」は，30歳未満の受贈者の教育に必要な教育資金を管理することを目的として，(ア)教育資金の支払いに充てるための資金の払い出しで，その払い出しにあたっては教育資金に係る領収書等を金融機関に提出すること，(イ)受贈者からの解約申し入れができないこと（信託の場合には，教育資金管理契約に基づく信託の取消し，受益者の変更ができないこと），(ウ)契約の終了日などが定められている。

そのため，教育資金専用口座から「教育資金管理契約」に反する資金の払い出しはできないことになっている。

3 教育資金一括贈与非課税制度の対象外支出

教育資金一括贈与非課税特例制度を適用している場合であっても，次に掲げるような教育資金専用口座からの払出しに係る金額については，受贈者の死亡による教育資金管理契約の終了を除き，一括して，教育資金管理契約が終了した日の属する年の受贈者の贈与税の課税価格に算入することになる。

① 　教育資金に係る払出しで，その教育資金に係る領収書等を，提出期限までに金融機関に提出しなかった場合のその提出しなかった領収書等の金額
② 　教育資金を教育機関等に振り込むために要した振込手数料等の金額
③ 　学校等以外の者に対する教育資金の払出し累計額が500万円を超えた場合のその超えた部分の金額
④ 　教育資金以外の目的で払い出した金額など

対　応

　教育資金一括贈与非課税特例制度は，使途を教育資金に限定することが可能であり，かつ，まとまった資金を一括して贈与できることにその特徴がある。

　しかし，教育資金専用口座から教育資金以外の払出しがなされた場合には，原則として，教育資金管理契約が終了した日の属する年の受贈者である孫に贈与税の申告義務が生じることになる。

　そのため，制度の適用にあたっては，孫の教育資金が必要となる時期や金額をある程度見積もり，その贈与する金額を決定していく必要がある。

　なお，必要な都度ごとに教育費の贈与を行う場合であっても，社会通念上適当と認められる範囲内であれば，非課税として取り扱われていることから，教育資金一括贈与非課税特例制度で不足する教育資金については，必要な都度ごとに贈与していくことも考えられる。

（中田　博）

参考条文・判決等
相法21の3，措法70の2の2，措令40の4の3，措規23の5の3，相基通21の3－4～6，措通70の2の2－10

89 相続税の連帯納付義務の解除

CASE

数年前に父が亡くなり，母と私を含めた3人の子供達で遺産分割を行い相続税の申告も済ませました。母と私は相続税の納税を済ませましたが，兄と弟が相続税の納税を行っていないことが判明しました。この兄弟の滞納税額を，納付を済ませた母や私が負わなければならないということを聞きました。そんな理不尽な制度があるのでしょうか。

検 討

1 相続税の連帯納付義務

相続税法においては，同一の被相続人から相続又は遺贈（相続時精算課税の適用を受ける財産に係る贈与を含む。）により財産を取得した全ての者は，その財産に係る相続税について，その相続又は遺贈により受けた利益相当額を限度としてお互いに連帯納付義務を負うこととされている。すなわち，自己以外の共同相続人が滞納している相続税についても，共同相続人全員でその納税責任を果たさなければならない。

2 相続税の連帯納付義務の解除

相続税の連帯納付義務については，共同相続人が自己破産等により納付困難な状態に陥った場合に他の共同相続人が滞納額の履行を迫られたり，長期間経過後に不意打ちのように納付通知書が送付されてくるなど納税者にとっては納得のいかない制度となっている。このような背景を受け，平成24年度の税制改正において連帯納付義務を緩和する次の改正が行われた。

① 相続税の申告期限から5年を経過する日までに税務署長がその相続税に係る連帯納付義務者に対し連帯納付義務の履行を求める通知をしていない場合

……その納付すべき相続税額について連帯納付義務を負わない。

② 相続税の納税義務者が延納の許可を受けた場合

……その延納の許可を受けた相続税については連帯納付義務を負わない。

③ 相続税の納税義務者が農地，非上場株式等，山林又は医療法人の持分（平成26年度改正で創設）についての相続税の納税猶予の適用を受けた

Ⅲ 相続税・贈与税

場合
……その納税が猶予された相続税については連帯納付義務を負わない。

3 適用時期

上記2の改正は平成24年4月1日以後に相続税の申告期限又は分納税額の納期限が到来する相続税について適用される。なお，平成24年3月31日以前に申告期限又は分納期限が到来した相続税で平成24年4月1日において滞納となっているものについても当該改正が同様に適用される。

4 延滞税の緩和措置

平成23年度の税制改正により，連帯納付義務者が納付基準日までに連帯納付義務の履行により本来の相続税を納付する場合には，一定の場合を除き，相続税の納期限の翌日から納付基準日又はその相続税を完納する日のいずれか早い日までの期間分の延滞税（令和6年は8.7％）に代えて利子税（令和6年の特例基準割合は1.4％）が適用されることとなった。

対 応

納税者にとって法的安定性に反する制度といわれていた相続税の連帯納付義務が一部解除されたことは歓迎できる。しかし，相続税の連帯納付義務制度自体が廃止されたわけではない。平成24年度の税制改正やそれ以後の税制改正においても，連帯納付義務者の相続人に係る連帯納付義務，相続財産を贈与等により取得した者に係る連帯納付義務，贈与税の連帯納付義務については，その連帯納付義務が解除される改正が行われていないことに留意されたい。

（塩島　好文）

参考条文・判決等
相法34②③④，51の2

90 同時死亡と再転相続の実務

CASE

```
父A ────┬──── 亡母
        │
      長男B ──── 妻C
```

父Aと長男Bとが災害で死亡しました。このとき義父Aの預金を長男の妻Cは相続できますか。また，Aが保険契約者兼被保険者，Bを指定受取人とする生命保険金をCは受け取ることができますか。

検 討

自然災害や事故等を原因とした相続において直面する，同時死亡と再転相続の実務について確認する。

1 同時死亡の実務

(1) 父Aの預金

災害等によりどちらか先に死亡したか不明なときは，民法においては，両者は同時に死亡したと推定される。相続では，被相続人死亡時に相続人は権利能力者として生存するものでなければならず（**相続における同時存在の原則**），被相続人と相続人が同時に死亡したときは，両者の間には，相続し相続される関係は発生しない。

本CASEでは，妻Cには義父の預金に係る相続権はなく，父Aに仮に兄弟姉妹があれば彼らに相続権が認められる。

(2) 長男Bに子がある場合

民法では，被相続人の子が，相続の開始以前に死亡したときは，その者の子がこれを代襲して相続人となるとする。法文上「相続開始以前」となっていることから，事例では，長男Bと妻Cとの間に子（父Aの孫）が存在すれば，父Aと長男Bについて同時死亡が推定されるケースでも，孫が代襲相続することができる。

(3) 遺言の効果

民法では，遺贈は，遺言者の死亡以前に受遺者が死亡したときは，その効力を生じないとされる。これも法文上「遺言者の死亡以前」となってい

ることから、遺贈者と受遺者とが同時死亡の関係にあるときには、遺贈はその効力を生じない。したがって、本CASEにおいて父Aが遺言で「全財産を長男Bに相続させる。」旨の遺言書があっても、長男B経由で妻Cは預金を相続することはできない。

(4) 父Aの生命保険金

指定受取人（長男B）と、その指定受取人が先に死亡したとすればその相続人となるべき者（父A）とが同時に死亡した場合において、その者又はその相続人は保険金を受取れないとする最高裁判例から類推すると、当該保険金は父Aの法定相続人ではなく、長男Bの法定相続人である妻Cが受け取れるものと解される。

2　再転相続

(1) 定　　義

再転相続とは、Aが死亡し相続が開始したが、その相続の承認・放棄をしないまま、あるいは承認したがその遺産分割が未了のまま、第一次相続の共同相続人であるBが死亡して第二次相続が開始した場合をいう。このとき、BがもつAの第一次相続に係る相続上の権利については、従来異なる2説が存在した。

(2) 遺産説と非遺産説

すなわち、Bには遺産分割の対象となる具体的な財産権は存しないとする非遺産説と、遺産分割の対象となる共有持分権を有するとする遺産説である。

これについては、Bが取得した遺産の共有持分権は、実体上の権利であって遺産分割の対象となるとした最高裁判決をもって一応の決着がついている。

対　応

したがって、再転相続のケースではAの遺産をBの共同相続人に分属させるのは、原則として第一次相続と第二次相続で別個の遺産分割手続が必要となる。

（山本　晋也）

参考条文・判決等
民法32の2，887②，994，最三小判平成21年6月2日，最三小判平成17年10月11日

91 特別縁故者への財産分与に係る民法の手続きと相続税の取扱い

CASE

私の従兄弟である甲が亡くなり，甲には相続人がいなかったので，生前に甲の療養看護に努めていた私が特別縁故者として財産の一部を取得することになりました。この場合の相続税の取扱いを教えてください。

検 討

被相続人に相続人がいない場合の特別縁故者への財産分与にかかる相続税の取扱いは，民法における相続人の不存在の規定及び具体的な手続きと密接に関係している。まず，特別縁故者への財産分与に至るまでの民法の手続きを確認し，それから，相続税の取扱いについて確認する。

1 相続人が不存在の場合の民法の手続き

① 相続人のあることが明らかでないときは，相続財産を一時独立の法人（財団法人）である相続財産法人とする。

② 家庭裁判所は，利害関係人又は検察官の請求によって，相続財産の清算人を選任し，公告しなければならない。相続財産の管理人は，弁護士又は司法書士等の専門家が選任されることが多いようである。

③ 相続財産清算人は，債権者及び受遺者に対して清算手続を行う。返済すべき債務を返済しながら，相続財産の換価手続などを行う。

④ 相続財産清算人は，上記②から2か月以内に相続人のあることが明らかでないときは，最低2か月の期間を定めて，全ての相続債権者及び受遺者に対し，その請求の申出をすべき旨を公告する

⑤ 上記④の期間満了後，なお相続人のあることが明らかでないときは，家庭裁判所は，最低6か月の期間を定めて，相続人捜索の公告をする。

⑥ 上記⑤の期間内に権利を主張するものがない場合は，相続財産法人における残余財産が確定する。

⑦ 上記⑤の期間満了後3か月以内に，相続人の特別縁故者からの請求があった場合に，家庭裁判所は，これらの者に残余財産の全部又は一部を与えることができる。

⑧ 残った財産は，国庫に収納される。

このように，相続人が不存在の場合の相続財産法人から特別縁故者への財産分与の時期は，相続開始後相当の期間（2か月＋2か月＋6か月＋3か月＝最低13か月）を経て，家庭裁判所の裁量により行われる。

対 応

1 相続税の申告における注意点

財産分与を受けた特別縁故者は，被相続人から遺贈により財産を取得したものとみなされる。

相続税の計算において注意すべきは次の4点である。

① 課税財産の価額

財産の評価額は，相続開始の時点ではなく，財産分与を受けた時点の評価額になる。

② 特別縁故者の申告期限

特別縁故者への財産分与は13か月以上の期間を経て行われるので，相続財産法人となった被相続人の財産を遺贈により取得した財産として，相続開始後10か月以内に相続税法27条の期限内申告を行うことは不可能である。

特別縁故者への財産分与が生じたため新たに相続税の申告書を提出すべきこととなった者の相続税の申告期限は，相続開始を知った日の翌日から10か月以内ではなく，財産分与があったことを知った日の翌日から10か月以内である。この「新たに相続税の申告書を提出すべき要件に該当することとなった者」とは，財産分与を受けた特別縁故者に限定しておらず，特別縁故者以外の者で生命保険金を受け取り，みなし相続財産を遺贈により取得したとみなされる者もしくは遺言により財産を取得した受遺者も含まれると解される。

③ 基礎控除額

基礎控除額は，法定相続人を0人として計算し，相続開始日の法令による基礎控除額にて計算するので，平成27年以降の相続であれば3,000万円，平成26年以前の相続であれば5,000万円となる。

④ 2割加算

特別縁故者は，相続税の2割加算の対象になる。 　　　　　（出岡　伸和）

参考条文・判決等

民法951～959，相法4，相法18，相法29，相基通4－1，15－1

92 純資産価額の計算における課税時期前3年以内取得の注意点

CASE

取引相場のない株式の純資産価額の計算において，課税時期前3年以内に取得した土地や建物の評価額については通常の取引価額に相当する金額での評価が必要だとされていますが，具体的にどのような点に注意すればよいでしょうか。

検 討

取引相場のない株式の純資産価額（相続税評価額によって計算した金額）は，課税時期における各資産を財産評価基本通達に定めるところにより評価した価額により計算を行うが，評価会社が課税時期前3年以内に取得した土地及び土地の上に存する権利（以下「土地等」という。）並びに家屋及びその付属設備又は構築物（以下「建物等」という。）については，課税時期における通常の取引価額に相当する金額により評価すること（土地等又は家屋等の帳簿価額が課税時期における通常の取引価額に相当すると認められる場合には，帳簿価額に相当する金額により評価することができる。）とされている。

これは，不動産の時価と相続税評価額との間に開きがある場合に，その差額を利用して純資産価額を引き下げる手法を規制したものである。

この課税時期前3年以内の土地等及び建物等の取得に関する間違いやすい点や注意すべき点は以下のとおりである。

1 期間の判定

まず，課税時期前3年以内という期間の判定についてだが，これは，例えば，課税時期を××9年2月10日とした場合に課税時期から遡って3年前の応答日である××6年2月10日（当日を含む。）から課税時期までの期間となる。

ここで注意しなければならないのは，課税時期に仮決算を行わず，簡便的に直前期末の資産の額及び負債の額（直前期末から課税時期までの間に資産及び負債の額に著しい増減がない場合に限る。）により純資産価額を計算する場合である。この場合であっても，土地等及び建物等を3年以内に取得したかどうかの判定は，直前期末から遡った3年間ではなく，課税

時期から遡った3年間で判定することになる。

2　土地等及び建物等の範囲

次に，この規定を適用する土地等及び建物等の範囲と評価に関する注意点だが，これはその土地等及び建物等が評価会社の棚卸資産に該当する場合の注意点である。評価会社の棚卸資産に該当する土地等及び建物等については，たとえ課税時期前3年以内に取得したものであっても，通常の取引価額に相当する金額で評価せずに，財産評価基本通達4-2，132及び133に定める方法により，棚卸資産として評価しなければならないので注意が必要である。

3　土地等及び建物等の取得

最後に，土地等及び建物等の取得に関する注意点についてだが，ここでいう取得とは，その土地等及び建物等を新築又は購入する場合だけでなく，例えば，交換，買換え，現物出資，合併等により取得する場合もこの規定の適用を受ける取得に含まれることに注意しなければならない。

特に組織再編により，評価会社が土地等及び建物等を承継する場合において，非適格組織再編による承継ならばこれらの資産を時価により引き継ぐことになるが，適格組織再編ではこれらの資産を帳簿価額で引き継ぐこととなる。このため適格組織再編によりこれらの資産を取得した場合には，評価会社の株式の純資産価額（相続税評価額によって計算した金額）を算定する際には，あらためて通常の取引価額に相当する金額を算定しなければならないので注意が必要である。

対　応

取引相場のない株式の純資産価額の計算においては，土地等及び建物等の価額は金額が大きいほど多く株価に与える影響も大きいことから，これらの資産の評価には十分注意しなければならない。課税時期の情報だけでなく，過去の情報と比較してこれらの資産の価額に動きがあれば資産の取得時期や取得方法等を確認しなければならない。

（熊谷　洋平）

参考条文・判決等

財基通4-2，132，133，185

93 限定承認を選択した場合の課税関係

CASE

亡父の相続につき財産を調査したところ，相続財産である自宅のほかに借金があることがわかりました。しかし，借金の額が不明であり，相続財産額を超える可能性もあることから，限定承認の申立を検討しようと思います。限定承認を選択した場合には，単純承認の場合と異なる課税が行われると聞きましたが，具体的にどのようなことに留意したらいいのでしょうか。

検討

限定承認は，相続財産の範囲内で相続債務を弁済する一種の有限責任相続であるため，税務においてもみなし譲渡所得課税により相続人の固有財産からの負担を極力回避する措置がとられている。

1 準確定申告による課税

(1) 申告・納付期限

相続の開始があったことを知った日の翌日から4月以内。

(2) みなし譲渡所得課税

限定承認の場合には，被相続人の有する資産につき，相続開始時に時価による譲渡があったものとみなし，被相続人の所得として譲渡所得課税が行われる。この準確定申告による所得税は，相続税の計算上債務控除の対象となる。

(3) 居住用の特別控除の適用

(2)のみなし譲渡は，相続開始日に，被相続人から相続人に対して時価で譲渡したものとみなして課税するものであるため，「売手と買手の関係が，親子や夫婦など特別な間柄でないこと」の要件を満たさないこととなり，居住用財産の3,000万円特別控除は適用できない。

(4) 譲渡所得にかかる住民税

被相続人は相続開始日の翌年1月1日には既に住所がないため課されない。

2 相続税の課税

(1) 申告・納付期限

相続の開始があったことを知った日の翌日から10月以内。
(2) 申告義務
「相続財産－債務・葬式費用」の金額が相続税の基礎控除を超える場合に申告が必要である。なお、債務には準確定申告の際のみなし譲渡所得税が含まれる。
(3) みなし相続財産からの債務控除
限定承認の場合には、みなし相続財産（相続人の固有財産）から被相続人の債務を弁済する義務はない。よって、みなし相続財産からは債務控除できない。
(4) 小規模宅地等の特例の適用
小規模宅地等の特例は、相続財産が分割されていることが適用要件である。限定承認の場合には、被相続人の債務弁済終了までは相続人全員の法定相続分割合による相続共同登記が行われる。これは未分割の状態と考えられるため、特例は適用できない。しかし債務弁済後、残余財産について相続人間で分割が行われるなど、要件を満たせば特例が適用できると思われる。

3　相続人の取得費・取得時期
限定承認により資産を取得した相続人が、その後その資産を譲渡した場合の取得費・取得時期は、相続開始時にその時の時価により取得したものとして譲渡所得の計算をすることとなる。

対　応

限定承認は、民法上相続人を守る有効な制度ではある。しかし税務上はみなし譲渡所得課税により、含み益の大きな資産がある場合には単純承認に比して多額の納税が発生する可能性があるため、その選択には慎重な判断が求められる。また、限定承認の選択期限は熟慮期間である3か月以内とされているが、民法上は申立により熟慮期間を伸長することができる。一方で、税務上の申告期限に特例は設けられていない。ゆえに、熟慮期間中に申告期限が到来することもあり得るが、期限後申告となった場合には無申告加算税や延滞税が課されるので、留意が必要である。　　（田中　由美）

参考条文・判決等
民法915, 922〜937, 所法59①, 所法60, 措法35, 相法13, 措法69の4, 地法39

94 特別縁故者に対する財産分与の課税上の留意点

CASE

同居していた叔父が亡くなり、叔父には相続人がなく、遺言も残していなかったことから、私が特別縁故者として認められました。この場合、分与を受けた財産にかかる相続税はどのようになるのでしょうか。

検 討

1 申告書の提出

相続人が不存在の場合において家庭裁判所が相当と認めるときは、被相続人と生計を同じくしていた者など、被相続人と特別の縁故があった者の請求によって、これらの者に、相続財産の全部又は一部を与えることができる。この分与は、相続税法では被相続人から遺贈により取得したものとみなされる。しかしこの分与は、①相続財産の清算人の選任及び公告、②相続債権者及び受遺者に対しその請求の申出をすべき旨の公告、③相続人があるならばその権利を主張すべき旨の公告、④特別縁故者の財産分与の請求、といった段階を経る必要があるため、相続開始後相当の期間（最短13か月）を経て行われることとなるので、通常の申告期限内に申告書を提出することはできない。そのため、分与があったことを知った日（審判確定日）の翌日から10か月以内に相続税の申告書を提出しなければならないとされている。

2 相続税額計算上の留意点

特別縁故者に対する相続財産の分与があった場合の相続税額の計算においては、分与時の時価によることとされているが、ほかに特筆すべき事項として次のようなものがある。

① 遺産にかかる基礎控除

基礎控除の額は、相続人がいないため、3,000万円のみとなる。

② 相続税額の加算

特別縁故者に該当する者は、被相続人の一親等の血族に当たることがないため、常に2割加算の対象となる。

③ 債務控除

遺贈により財産を取得した場合に債務控除の規定の適用が受けられる者は，包括遺贈及び被相続人からの相続人に対する遺贈により財産を取得した者に限るため，特別縁故者が債務控除の規定の適用を受けることはできない。ただし，葬式費用又は療養看護のための入院費用等の金額を支払った場合においては，分与を受けた金額は，これらの費用を控除した価額として取り扱うことが通達により示されている。

④　分与財産に加算する贈与財産

相続の開始前7年以内（改正前：3年以内）に，被相続人からの贈与財産がある場合には，当該贈与財産の価額を相続税の課税価格に加算することとされている。相続の開始日が基準であり，審判確定日が基準ではない点に留意すべきである。

⑤　その他の控除

未成年者控除及び障害者控除については，法定相続人に当たらないことから適用は受けられない。また，相次相続控除についても，相続又は相続人に対する遺贈により財産を取得した場合に限られていることから，適用は受けられない。

⑥　小規模宅地等の特例

相続人に限られていないことから，本CASEのように被相続人と同居していた叔父が特別縁故者である場合など，親族要件等の適用要件を満たせば適用が受けられる。

対　応

特別縁故者が相続財産の分与を受けた場合には，分与があったことを知った日（審判確定日）の翌日から10か月以内に相続税の申告書を提出しなければならない。相続税額の計算においては，規定や特例の適用の可否に留意し，納税者に過度の負担が生じることのないように臨むことが肝要である。

（板橋　敏夫）

参考条文・判決等

民法958の2①，相法4，13，15，18，19，19の3，19の4，20，29，措法69の4，相基通4−1，4−3

95 特定一般社団法人等に対する相続税の課税の創設

CASE

近年相続税の改正が行われ，被相続人が保有する財産を一般社団法人や一般財団法人に移転した場合には，その法人について相続税の計算上，気を付けなければならない点があると伺いました。その改正内容を教えてください。

検 討

平成18年に公益法人制度改革が行われ，一般社団法人と一般財団法人（以下「一般社団法人等」という。）は準則主義により設立できるようになった。しかし，一般社団法人等には出資持分がないため，被相続人の財産を当該法人に移転した場合，相続税の課税が行えないケースがあった。

そこで，一族で実質的な支配を維持している一般社団法人等については，当該法人を個人とみなして相続税の課税を行う税制改正が平成30年度に行われ，課税免れの防止が図られている。

対 応

1 特定一般社団法人等に対する相続税の課税

(1) 内　　容

一般社団法人等の理事（理事でなくなった日から5年を経過していない者を含む。）が死亡した場合において，その法人が下記①イ又はロのいずれかの要件を満たすとき（以下「特定一般社団法人等」という。）は，下記②で計算した金額を被相続人から遺贈により取得したものとみなされ，その特定一般社団法人等に対して相続税が課される。

① 要　件
　イ．被相続人の相続開始直前において，理事総数のうち，その被相続人の同族理事数の占める割合が2分の1を超えること。
　ロ．被相続人の相続開始前5年以内において，理事総数のうち，その被相続人の同族理事数の占める割合が2分の1を超える期間の合計が3年以上であること。

② 算　式

みなし遺贈の価額　＝　A　÷　B
　　A：理事等死亡時の特定一般社団法人等に係る一定の純資産価額
　　B：特定一般社団法人等の同族理事の数＋1
　　　※　同族理事とは理事のうち，被相続人，その配偶者，三親等内の親族その他当該被相続人の特殊関係者をいう。

(2)　除 外 規 定

公益社団法人，公益財団法人及び法人税法に定める非営利型法人，その他一定の一般社団法人等については，租税回避目的の法人とは考えられないため，(1)の適用が除外される。

(3)　そ の 他

(1)の規定が適用される場合において，死亡した理事の相続開始前3年以内に，当該法人が当該理事から贈与を受けた財産があるときは，被相続人に係る贈与財産の加算の規定は適用しない。

2　他規定との調整措置

(1)　特定一般社団法人等に対し，財産の贈与又は遺贈があった場合に，その法人を個人とみなして相続税又は贈与税が課される規定がある。過去に同規定により相続税又は贈与税が課された場合には，その税額は上記1(1)の相続税額から控除される。

(2)　特定一般社団法人等が被相続人から不動産などの具体的な財産を遺贈により取得したことにより相法66④の規定が適用される場合には，1(1)との重複適用を排除するため，1(1)②Aにおいて一定の調整計算を行う。

(3)　法人が贈与又は遺贈により財産を取得した場合に課された法人税等には，相法66④の規定との調整のため，贈与税額又は相続税額から一定の法人税等相当額を控除する。

(4)　1(1)の相続税に対して(1)及び(3)の双方が控除されるケースでは，まず(3)の法人税等相当額を控除した後に(1)後段に掲げる税額を控除する。

3　適 用 関 係

1の規定は平成30年4月1日以後の一般社団法人等の理事の死亡に係る相続税について適用する。ただし，特定一般社団法人等が平成30年3月31日以前に設立されたものである場合は，3年間の経過措置が設けられる等の措置が講じられている。

（山邉　洋）

参考条文・判決等

相法66の2，66④，相令34，平成30年改正法附則43，相基通66の2－7

96 相続財産に純金積立がある場合の留意点

CASE

父の相続財産の中に金融機関を通して購入していた純金積立があることが判明しました。そこで次の2点について教えてもらえますか。
① 相続税申告をする際の相続税評価額の計算方法
② 相続後に売却をする際の税務上の留意点

検　討

1　純金積立とは

純金積立とは，価格変動リスクを避けるため，毎月一定金額だけ金を買い付けていく投資手法である。金地金投資に比べて少額から投資可能であり，長期間続けることで金の購入価格を平均化できるというメリットがある。

2　純金積立により取得した金地金の財産評価

金地金は，書画骨とう品に該当するものを除き，一般動産に該当するものとして評価を行う。売買実例価額の斟酌として，取引価額がある程度確立している著名業者の取引価額を使用する。なお，取引業者の買取価格と小売価格が別にある場合には，買取価格によることとなる。

3　純金積立により取得した金地金を譲渡した場合

(1) 所得区分

資産の譲渡による所得は，譲渡所得とされており，たな卸資産の譲渡等営利を目的として継続的に行われるものは除かれている。したがって，毎月の購入金額や売却状況等を勘案して雑所得又は事業所得に該当することも考えられるが，通常の投資の場合には譲渡所得（総合課税）に該当することになる。

(2) 譲渡所得の金額の計算

譲渡所得の金額の計算は，売却金額から取得費，譲渡費用及び特別控除額（50万円）を控除して計算することになる。長期譲渡所得（保有期間5年超）に該当する場合には，総所得金額等の計算において，譲渡所得の金額に1/2を乗じることになる。なお，譲渡損失が生じた場合には，生活

通常必要でない資産として他の各種所得との損益通算はできないこととされている。

(3) 所有期間の判定

純金積立では，単価が変動する同一品質の金地金を一定額で毎日購入することになる。純金積立を開始してから売却するまでの期間が長期になることも多く，その場合には保有期間が5年超のものとそれ以外のものとが混在することもある。そこで同一銘柄の有価証券を譲渡した場合の取得日の取扱いに準じ，先入先出法により順次譲渡したものとして判定を行うことになる。

(4) 取得費について

金地金を譲渡した場合には，原則として譲渡した金地金の個別の取得価額に基づいて計算する。しかし，純金積立により購入された金地金は，純金積立の取扱業者において，複数の顧客分をまとめて保管し，譲渡の際には単位重量を売却するものである。そのため譲渡した金地金は購入した金地金に個別対応するものではない。そこで，2回以上にわたって取得した同一銘柄の有価証券を譲渡した場合の取扱いに準じて，総平均法に準ずる方法により計算することになる。

対　応

相続により取得した純金積立の売却を考える場合には，まず保有期間への注意が必要である。純金積立の全部を売却する場合には短期譲渡が混在する可能性がある。短期譲渡に該当するものは保有し続けることも選択肢となる。なお，申告期限から3年以内の譲渡であれば取得費加算の規定の適用も考えられるため，有利選択が必要な場合も生じるであろう。また，譲渡所得を計算する際の取得費の把握では，取扱業者の会員用HP等にログインし購入状況や平均単価等を把握したり，取扱業者から直接資料を集めることが必要な場合もあるため，あらかじめの準備が不可欠である。

（矢野　重明）

参考条文・判決等

財基通129，所法33①②，48③，69②，所令118，178①，所基通33-6の4，東京国税局文書回答事例H18.10.23

97 未成年者が相続人に含まれている場合の留意点

CASE

40代の夫が死亡したため，配偶者（妻）と，未成年の子（10歳）の二人で遺産を相続することとなりました。

被相続人は，自宅マンションを所有（評価額3,000万円，住宅ローンは団信で相殺）しており，他に生命保険，死亡退職金（配偶者が受取人のみなし相続財産約5,000万円）と預金2,000万円で合計約1億円の相続財産です。未成年者が相続人に含まれており，何をすればいいのかわからないので遺産分割の指導，相続税の申告をお任せしたいです。

検 討

1 特別代理人の選定

親権者である父又は母が，その子との間でお互いに利益が相反する行為（これを「利益相反行為」という。）をするには，子のために特別代理人（一般的には父母の兄弟姉妹，祖父母など）を選任することを家庭裁判所に請求しなければならない。

利益相反行為とは，例えば，父が死亡した場合に，共同相続人である母と未成年の子が行う遺産分割協議など，未成年者とその法定代理人の間で利害関係が衝突する行為のことである。

特別代理人の選任を申し立てるには，子一人につき印紙代800円を支払い，連絡用の郵便切手，記入した申立書と必要書類を家庭裁判所に提出する。一般的な必要書類は，①未成年者の戸籍謄本，②親権者の戸籍謄本，③特別代理人候補者の住民票又は戸籍附票，④利益相反に関する資料（遺産分割協議書案等）である。

2 相続税申告，遺産分割協議の留意点

相談者の相続税の申告においては，「特定居住用宅地の小規模宅地等の特例」と，「配偶者の税額の軽減制度」の適用を検討していくこととなる。この二つの特例を適用するためには，相続税の申告期限までに相続人の間で遺産の分割が終了していることが要件となる。

遺言書が存在しない場合は申告期限までに遺産分割協議書を作成する必要があるが，相続人が配偶者と未成年者の子の場合には，上記1のとおり

遺産分割協議において親子間に利益相反が発生してしまうため，遺産分割協議書に署名押印する者は，子本人ではなく特別代理人となる。

問題なく特別代理人を選任し，全相続財産を配偶者が取得する遺産分割協議書を作成することができれば，配偶者の税額の軽減制度（相続財産1.6億円以下）を適用して，相続税額はゼロで済むところであるが，家庭裁判所に特別代理人の申立書を提出する際には，遺産分割協議書案を添付しなければならない。

この遺産分割協議書案において，全ての相続財産を配偶者が取得するという内容では，子の取得する遺産が法定相続分（1/2）に満たないとして，家庭裁判所から特別代理人の申立てが認められない可能性が高くなる。家庭裁判所からの修正要請に従って，不動産と預金を法定相続分の1/2づつ共有すれば，「配偶者の税額の軽減制度」の対象から外れた遺産を子が相続することになるため，子に相続税額が発生することとなる。

対　応

本CASEでは，マンションを配偶者が取得し，預金は子が全額取得することとして遺産分割協議書を作成することとした（未成年者の税額控除額の適用により子の納税額はゼロであった。）。

この分割案でも，子の遺産額は法定相続分に満たないが，「母子家庭となるため，生活費が必要となった際には不動産を売却する予定であり，速やかに対処できるよう名義は配偶者の単独としておきたいこと」，などを上申書に記載して提出した。

後日，家庭裁判所から配偶者及び特別代理人候補に対して「未成年者の利益が保護されていると考えられる理由」について約1週間以内の回答を要請する旨の書類が届いたが，上記理由を再度丁寧に記載して回答したところ申立ては受理された。

今回は，司法書士にも相談したうえで上申書を添付し事前に対応を協議していたため，家庭裁判所に申立書を提出して1か月程度で選任が認められたが，家庭裁判所の判断によっては，特別代理人の変更，遺産分割協議書の差し替え等が必要になる可能性もあり，法定代理人の選任に想定外の時間がかかることを留意すべきである。

（宮家　一浩）

参考条文・判決等
民法5，826

98 法定相続情報証明制度の活用

CASE

平成29年5月29日から全国の登記所（法務局）において，法定相続情報証明制度（以下単に「本制度」といいます。）がスタートしました。本制度を活用することによって，被相続人名義の預貯金・有価証券の名義書換え及び不動産の相続登記等の際，除籍・戸籍謄本等の相続関係書類一式を金融機関，証券会社及び登記所等に何度も提出する必要がなくなり，各種相続手続きの円滑化が図られます。

そこで，本制度の概要とその実務上の留意点を教えてください。

検　討

1　制度の概要

(1)　申　出

被相続人の法定相続人又は代理人は，①必要書類の収集，②法定相続情報一覧図の作成，③法定相続情報一覧図の保管及び交付の申出書の記載を行い，これらの必要書類を登記所に申出する。また，上記②及び③の記入様式は法務局ホームページに掲載されている。なお，申出は，郵送（返信用封筒及び郵便切手を同封）によることも可能とされている。

(2)　確認及び交付

登記所における登記官は，上記(1)①から③の必要書類等を確認し，②法定相続情報一覧図を保管（5年間）する。

そして，申出をした相続人又は代理人に対して認証文付きの法定相続情報一覧図の写し（以下単に「一覧図の写し」という。）が無料で交付（相続手続に必要な範囲で複数通発行可）される。

(3)　利　用

交付された一覧図の写しを利用することにより，相続人及び手続の担当部署双方の各種相続手続の負担が軽減されることとなる。

なお，本制度の導入後であっても，除籍・戸籍謄本等の相続関係書類一式をそれぞれの手続の担当部署に提出する従来の方法での相続手続も行うことができる。

2　代理人

代理人となることができるのは，法定代理人のほか，①民法上の親族，②資格者代理人（弁護士，司法書士，土地家屋調査士，税理士，社会保険労務士，弁理士，海事代理士及び行政書士に限ります。）とされる。

3　必要書類（上記1(1)①参照）
① 被相続人の出生から死亡までの連続した戸籍謄本・除籍謄本
② 被相続人の住民票の除票又は被相続人の戸籍の附票
③ 相続人全員の戸籍謄本又は抄本
④ 申出人（相続人代表）の氏名・住所を確認することができる公的書類
　（例：運転免許証のコピー，マイナンバーカードの表面のコピー等）
⑤ 相続人全員の住民票記載事項証明書（住民票の写し）
⑥ 代理人が申出をする場合
　(イ)　委任状
　(ロ)　民法上の親族が代理をする場合には，申出人と代理人が親族関係であることが分かる戸籍謄本
　(ハ)　資格者代理人が代理をする場合には，資格者代理人団体の身分証明書の写し等

4　申出可能な登記所
申出をすることができる登記所は，①被相続人の本籍地，②被相続人の最後の住所地，③申出人の住所地，④被相続人の名義の不動産の所在地を管轄するいずれかの登記所とされる。

対　応

「法定相続情報一覧図」は，登記所において5年間保管される。また，各種相続手続きにおいて，「一覧図の写し」が追加で必要となった場合には，5年間であればいつでも無料で再交付を受けることが可能とされている。ただし，再交付の申出をすることができるのは，上記1(1)③の「法定相続情報一覧図の保管及び交付の申出書」を記載し，登記所に申出をした当初の申出人に限られるので，他の相続人等が再交付を希望する時には，当初の申出人の委任状が必要になるので留意が必要である。

（宮森　俊樹）

参考条文・判決等
不動産登記規則27の6，28の2，37の3，247，248

99 代償分割が行われた場合の留意点

CASE

父の遺産相続について相続人甲と乙の間で分割協議がまとまらず，調停により相続開始から5年後に合意にいたりました。代償分割をすることとなりましたが，代償分割の対象となる財産の時価が相続開始から5年間で大幅に上昇したため，分割時の時価に基づき代償金の額を決定しました。この場合の相続税の課税価格の計算について教えてください。

検 討

1 代償分割の課税価格の計算

通常，代償分割の方法により相続財産の分割が行われた場合の課税価格の計算は次のとおりである。

① 代償財産を交付した者…相続又は遺贈により取得した現物の財産の価額から交付した代償財産の価額を控除した金額

② 代償財産の交付を受けた者…相続又は遺贈により取得した現物の財産の価額と交付を受けた代償財産の価額の合計額

代償財産は金銭となることが多く，例えば代償金を2,000万円交付した場合，交付した者は2,000万円を控除し，交付を受けた者は2,000万円を加算する。なお，この場合の代償財産の価額は，代償分割の対象となった財産を現物で取得した者が他の共同相続人などに対して負担した債務の額の相続開始の時における金額になる。

2 代償債務の額を代償分割対象財産の時価を基に決定した場合

次の場合には代償財産の額はそれぞれ次のとおりとなる。

① 代償分割の対象となった財産が特定され，かつ，代償債務の額がその財産の代償分割の時における通常の取引価額を基として決定されている場合には，その代償債務の額に，代償分割の対象となった財産の相続開始の時における相続税評価額が代償分割の対象となった財産の代償分割の時の時価に占める割合を乗じて求めた価額となる。

A × C ／B

A…代償債務の額

B…代償債務の額の決定の基となった代償分割の対象となった財産の代償分割の時における価額
　　C…代償分割の対象となった財産の相続開始の時に相続税評価額
② 共同相続人及び包括受遺者の全員の協議に基づいて、①で説明した方法に準じた方法又は他の合理的と認められる方法により代償財産の額を計算して申告する場合には、その申告した額によることが認められる。
　例えば、相続人甲が土地（時価3,000万円、相続税評価額2,000万円）を相続により取得し、相続人乙に代償金1,500万円（相続財産である土地の代償分割時の時価3,000万円を基に1／2相当額で決定した額）を支払った場合に、代償金1,500万円で課税価格の計算をしてしまうと次のようになる。
甲：課税価格500万円＝2,000万円（相続税評価額）－1,500万円（代償金）
乙：課税価格1,500万円＝1,500万円（代償金）
　甲と乙は代償分割の際に1／2相当額を前提に分割しているが、相続税の課税価格の計算上は500万円と1,500万円となり大きく乖離する。
　そこで、課税価格の計算上の代償財産の価額は次のとおり計算する。
1,500万円（代償金）×2,000万円（相続税評価額）／3,000万円（時価）
＝1,000万円
　この場合の課税価格は次のとおり甲及び乙ともに1／2相当額となる。
甲：課税価格1,000万円＝2,000万円（相続税評価額）－1,000万円（代償財産の額）
乙：課税価格1,000万円＝1,000万円（代償財産の額）

対　応

　民法改正では、遺留分の金銭債権化や遺留分を算定するための財産の価額は被相続人が相続開始時に有した財産の価額であるという実質を明確化した。代償金の決定方法について民法の改正がされた訳ではないが、被相続人の財産の価額に基づき他の相続人に対し交付する金銭の額を算定する点では遺留分の算定と同様であるため今後、代償金の算定実務においても相続開始時の財産の価額を基に算定することを基本とする可能性があると考える。
　　　　　　　　　　　　　　　　　　　　　　　　　　（冨永　典寿）

参考条文・判決等
民法1043, 1046, 相基通11の2－9, 11の2－10

100 預貯金債権の仮払い制度等の創設

CASE

平成28年判例（最高裁大法廷平成28年12月19日判決・民集70巻8号2121頁）では，相続された普通預金債権，通常貯金債権及び定期貯金債権（以下「預貯金債権」といいます。）は遺産分割の対象に含まれることとされ，共同相続人による単独での払戻しができないこととされていました。これにより，生活費や葬式費用の支払い及び相続債務の弁済などの資金需要がある場合でも，遺産分割が終了するまでの間は，被相続人の預貯金債権の払戻しができませんでした。

そこで，この問題点を解決するために創設されたいわゆる預貯金債権の仮払い制度の概要とその実務上の留意点について教えてください。

検 討

1 制度の概要

各共同相続人は，遺産に属する預貯金債権のうち相続開始の時の債権額の3分の1に「法定相続分（民法900）及び代襲相続分（民法901）」の規定により算定したその共同相続人の相続分を乗じた額（標準的な当面の必要生計費，平均的な葬式の費用の額その他の事情を勘案して預貯金債権の債務者（同一の金融機関）ごとに150万円が限度とされる。）については，単独でその権利を行使することができる。

この場合において，その権利の行使をした預貯金債権については，その共同相続人が遺産の一部の分割によりこれを取得したものとみなされる。

〔算式〕

$$\boxed{\text{相続開始時の預貯金債権の額}} \times \boxed{\frac{1}{3}} \times \boxed{\text{共同相続人の相続分の割合}} = \boxed{\text{単独で払戻しができる預貯金債権の額}^{(注)}}$$

（注）「預貯金債権の額」は，口座ごと（定期預金の場合は明細ごと）とされる。
　　　ただし，同一の金融機関（同一の金融機関の複数の支店に預貯金債権の額がある場合はその全支店）からの払戻しは150万円が上限とされる。

2 預貯金債権の仮払いが可能な金額の計算例

次の前提において，預貯金債権の仮払い制度を適用した場合における配偶者が各金融機関から単独で払戻しができる預貯金債権の額は，いくらに

Ⅲ 相続税・贈与税

なるのか教えてください。
1　相続人２人（妻・長男）で法定相続分に応じて遺産分割協議（予定）
2　預貯金債権の額
　①　A銀行（普通預金720万円）
　②　B銀行（普通預金600万円，定期預金1,200万円）

《計算》
1　A銀行
　　　　　　　　　　　相続分の割合　　　　　上限額
　　普通預金　720万円×１/３×１/２＝120万円＜150万円∴120万円
2　B銀行
　　　　　　　　　　　　相続分の割合
　①　普通預金　600万円×１/３×１/２＝100万円
　　　　　　　　　　　　　相続分の割合
　②　定期預金　1,200万円×１/３×１/２＝200万円
　　　　　　　　　　　　上限額
　③　①＋②＝300万円 ≧ 150万円∴150万円

《実務上の留意点》
　同一の金融機関（同一の金融機関の複数の支店に預貯金債権の額がある場合はその全支店）からの払戻しは150万円が上限とされる。そこで，B銀行からの払戻しは，普通預金口座からは最大100万円の払戻しを，定期預金口座からからは最大150万円の払戻しをすることが可能とされる。

　なお，どの口座からいくら払戻しを受けるかは，その請求をする相続人の判断に委ねられるので，普通預金から100万円，定期預金から50万円の払戻しを求めることは可能であるが，普通預金のみから150万円の払戻しを求めることはできないので留意が必要となる。

　また，定期預金は満期が到来していることが払戻しの前提とされている。

対　応

　預貯金債権の仮払い制度を活用する際には，原則として，本人確認書類（例：法定相続情報証明制度を利用すれば登記所から交付される「法定相続情報一覧図の写し」），預貯金の払戻しを希望する者の実印及び印鑑証明書が必要となる。

　　　　　　　　　　　　　　　　　　　　　　　　（宮森　俊樹）

参考条文・判決等
民法909の２，平成30年11月21日改正民規29，平成30年７月13日改正民法附則５①，平成30年11月改正民令附則316

101 相続時精算課税制度の見直し

CASE

相続時精算課税制度は，平成15年度税制改正において高齢者の保有する資産の次世代への早期の資産移転と有効活用を通じた経済社会の活性化を図る観点から導入されました。しかし，贈与財産の贈与時の時価の下落リスク及びその後における同一の贈与者からの贈与の申告等の事務負担の問題から利用件数が伸び悩む傾向にありました。

令和5年度税制改正では，申告等に係る事務負担を軽減する等の観点から，基礎控除の創設及び受贈土地等の災害の価格の特例が創設されたそうですが，その内容とその実務上の留意点について教えてください。

検 討

1 基礎控除の創設

相続時精算課税適用者がその年中において特定贈与者から贈与により取得した財産に係るその年分の贈与税については，現行の特別控除2,500万円とは別途，課税価格から基礎控除110万円が控除できることとされた。この場合において，特定贈与者の死亡に係る相続税の課税価格に加算等をされる特定贈与者から贈与により取得した財産の価額は，相続時精算課税に係る贈与税の基礎控除110万円の控除をした後の残額とされる。

2 贈与税の特別控除額

相続時精算課税適用者がその年中において特定贈与者から贈与により取得した財産に係るその年分の贈与税については，特定贈与者ごとの相続時精算課税に係る贈与税の基礎控除の控除後の贈与税の課税価格から，それぞれ次に掲げる金額のうちいずれか低い金額が控除される。

① 2,500万円（既にこの特別控除額の規定の適用を受けて控除した金額がある場合には，その金額の合計額を控除した残額）

② 特定贈与者ごとの相続時精算課税に係る贈与税の基礎控除の控除後の贈与税の課税価格

3 特定贈与者が2人以上ある場合

相続時精算課税に係る贈与税について，相続時精算課税適用者がその年

中において2人以上の特定贈与者からの贈与により財産を取得した場合には，各特定贈与者から贈与により取得した財産に係る課税価格から控除する金額は，特定贈与者の異なるごとに，110万円に特定贈与者ごとの贈与税の課税価格がその課税価格の合計額のうちに占める割合を乗じて計算することとされる。

4　相続時精算課税選択届出書の提出方法の見直し

相続時精算課税に係る贈与税の基礎控除が設けられた結果、特定贈与者から贈与を受けた財産の価額が基礎控除以下である場合には、贈与税の申告が不要（相法28①②）とされたことから、このような場合には相続時精算課税選択届出書のみを提出することができることとされるとともに、その旨を相続時精算課税選択届出書に記載することとされた。

なお、特定贈与者から相続時精算課税に係る基礎控除を超える金額の贈与を受けた場合及び特定贈与者から贈与により取得した財産の価額が相続時精算課税に係る基礎控除以下であってもその財産以外の財産を贈与により取得したため贈与税の申告が必要となる場合には、相続時精算課税選択届出書を贈与税の申告書に添付して提出することとされる。

5　適　用　関　係

上記1から3の改正は，令和6年1月1日以後に贈与により取得する財産に係る相続税又は贈与税について適用される。

対　応

相続時精算課税で贈与した場合，毎年，暦年課税制度と同水準の基礎控除が創設された。そこで，生前にまとまった財産を贈与しにくかった者においても，この制度を活用すれば次世代に財産を移転しやすくなる。

また，改正前の相続時精算課税制度の適用者においても，令和6年1月1日以後の贈与において，相続時精算課税に係る贈与税の基礎控除が活用できるので，留意が必要である。

（宮森　俊樹）

参考条文・判決等

相法21の11の2①②，21の12①，21の15①②，21の16②③，相令5，5の2，5の6，措令40の5の2，40の5の3，相規10①四・②五，12一，13①六・七，17①一，令和5年改正法附則19④，51④，令和5年改正相令附則1，令和5年改正相規附則2②

102 暦年課税制度における相続開始前贈与の加算の見直し

CASE

暦年課税制度における相続開始前贈与の加算期間は，昭和33年度税制改正で設定されました。近年における税務行政等のデジタル化，過去最高の平均寿命の更新による生前贈与可能期間が長くなっていること及び認知症が増加していること等の状況変化を考慮した見直しの必要性が提言されていました。

令和5年度税制改正では，資産移転の時期に対する中立性を高めていく観点から，その加算期間が延長されたそうですが，その改正前制度の概要及び改正の内容について教えてください。

検 討

1 改正前制度の概要

暦年課税制度では，各年の1月1日から12月31日までの1年間（暦年）ごとに基礎控除額（110万円）を超える贈与部分に累進税率による贈与税が課税される。この贈与を受けた受贈者は，その贈与を受けた年の翌年2月1日から3月15日までに受贈者の住所地の所轄税務署長に贈与税の申告書を提出し，納税を行わなければならない。なお，相続開始前3年以内の贈与部分があれば，その価額が相続財産に加算され，その加算された贈与財産に対応する贈与税額が相続税額から控除される。

2 令和5年度税制改正

相続又は遺贈により財産を取得した者が，その相続の開始前7年以内（改正前：3年以内）に相続に係る被相続人から贈与により財産を取得したことがある場合には，その贈与により取得した財産（以下「加算対象贈与財産」という。）の価額（加算対象贈与財産のうち相続の開始前3年以内に贈与により取得した財産以外の財産については，その財産の価額の合計額から100万円を控除した残額）を相続税の課税価格に加算することとされた。

なお，加算対象贈与財産の価額は，その財産の次に掲げる区分に応じ，それぞれ次に定める金額とされる。

① 加算対象贈与財産のうち相続の開始前3年以内に取得した財産…その財産に係る贈与の時における価額

② 加算対象贈与財産のうち相続の開始前3年以内に取得した財産以外

の財産…その財産に係る贈与の時における価額の合計額から100万円を控除した残額(注1・2)

（注1） その財産を取得した者ごとに100万円を控除することとされる。
（注2） その価額の合計額が100万円以下である場合には、その残額は零とされる。

3 適用関係

上記2の改正は、令和6年1月1日以後に贈与により取得する財産に係る相続税について適用され、令和5年12月31日以前に贈与により取得した財産に係る相続税については、なお従前の例による。

4 経過措置（図表参照）

相続前贈与の加算期間は、令和9年1月1日以降順次延長することとされ、加算期間が7年となるのは令和13年1月1日以降とされる。

対 応

高齢化等に伴い、高齢世代に資産が偏在するとともに、いわゆる「老老相続」が増加するなど、若年世代への資産移転が進みにくい状況となっている。18歳以上の子には相続時精算課税制度、加算対象とならない孫には暦年課税制度を有効活用し、高齢世代が保有する資産を早いタイミングで若年世代に移転させ、生前贈与を通じた経済の活性化が期待されている。

図表：暦年課税における相続開始前贈与の加算の見直し

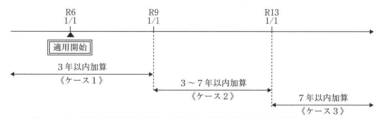

《ケース1》令和8年7月1日死亡の場合は、令和5年7月1日以降に受けた贈与（3年間）が加算対象とされます。
《ケース2》令和10年1月1日死亡の場合は、令和6年1月1日以降に受けた贈与(注)（4年間）が加算対象とされます。
　（注）　令和6年1月1日から死亡日までの贈与
《ケース3》令和13年7月1日死亡の場合は、令和6年7月1日以降に受けた贈与（7年間）が加算対象とされます。

（宮森　俊樹）

参考条文・判決等
旧相法19、相法19①、令和5年改正法附則19①～③、相基通19-1

103 生前贈与と持戻しの留意点

CASE

私は長男に対して，生前贈与を考えております。
税制改正により，贈与税が大きく変化したと聞きましたが，どのようにその生前贈与が贈与税・相続税に影響しますか。

検 討

現在，贈与税の課税には，毎年1月1日から12月31日までの1年間に贈与財産の価額の合計から基礎控除額（110万円）を差し引いた課税価格に累進税率を乗じて贈与税額を算出する暦年課税（以下,「暦年贈与」という。）と贈与年1月1日に贈与者（60歳以上の直系尊属）から受贈者（その贈与年1月1日に18歳以上の贈与者の直系卑属である推定相続人又は孫）が贈与を受けたときに選択適用される相続時精算課税（以下,「精算贈与」という。）の2種類がある。以下では，暦年贈与と精算贈与の現行制度と令和5年度税制改正の概要と実務上の留意点について述べることとする。

1 現行暦年贈与による持戻し

暦年贈与の場合には，相続，遺贈（以下,「相続等」という。）又は相続時精算課税の適用を受けた贈与による財産取得者が，被相続人からその相続開始前3年以内に暦年贈与を受けた財産があるときは，その者の相続税の課税価格にその贈与財産の贈与時の価額を加算する。この場合に，基礎控除額110万円以下でも相続税の課税価格に加算される。また，その相続開始年分の贈与については，受贈者が相続等により財産を取得した場合には贈与税は課税されず，その贈与財産の価額を相続税の課税価格に加算して相続税額を計算する。一方，受贈者が相続等により財産を取得しない場合には贈与税の課税対象となる。

2 現行精算贈与による持戻し

精算贈与の場合には，特定贈与者の相続開始時に，その贈与を受けた精算贈与の適用を受ける贈与財産の価額（贈与時の価額）と相続等により取得した財産の価額とを合計した金額を基に計算した相続税額から既に納付した精算贈与に係る贈与税額を控除して算出される。特定贈与者からの贈

与財産につき，贈与税申告時は特別控除額により贈与税が課税されない場合が多く，相続開始時にその適用を受けた全ての贈与財産の価額を加算することになるため，暦年課税のメリットである基礎控除が使用できない点や持戻しの対象期間が長期化し多額の贈与財産の価額を相続財産の価額に加算される点などデメリットがある。

3　令和5年度税制改正

令和5年度税制改正では，精算贈与のデメリットを是正し，生前贈与・相続における資産移転が円滑に実施され，贈与・相続における税負担の均衡を図るために，以下の改正がされた。

暦年贈与では，持戻しの期間を相続開始前3年以内から7年以内に延長し，その経過措置として，その延長した4～7年の4年分の持戻しがされる贈与財産の価額から総額100万円までを持戻しの対象外とされた。また，この持戻し期間の延長は，令和6年1月1日以降の贈与から適用されるが，段階的に持戻し期間が延長され，現行の3年以上の期間になる場合は令和9年1月以降に相続が開始したときとされる。

一方，精算贈与では，令和6年1月1日以降の贈与について，暦年課税の基礎控除（110万円）と別途措置として，毎年110万円の基礎控除が設けられ，その基礎控除以下の贈与財産につき贈与税の申告対象外とされ，その相続開始時においても持戻し対象外となる。

対　応

今後，デメリットが少なくなる精算贈与の適用も検討しなければならない。また，精算贈与の普及により名義預金か贈与かが重要なポイントとなる。過去の贈与を補足する必要性があり，預金調査の重要性がより高まる。今後，納税者に合った生前贈与・相続による財産移転を図らなければならない。

（佐近　裕太）

参考文献・判決等

相法19，21の11の2，21の15，21の16，28，措法70の2の4，70の3の2

104 不動産登記制度の見直しと相続土地国庫帰属法の創設

CASE

私は地方にある実家の土地及び建物と周辺の山林を母から相続しましたが、いずれも利用する目途はなく、管理するのも難しい物件です。相続した不動産に係る不動産登記制度が見直され、さらに、相続した土地を国に移転できるようになる法律が施行されたと聞きました。内容を教えてください。

検 討

所有者が不明な土地は、利用や管理が困難であるため、公共事業や災害復興の妨げになっている。こうした所有者不明土地問題を解決するために不動産登記法が改正された。さらに、相続等により取得した土地所有権の国庫への帰属に関する法律が令和3年4月に成立し、令和5年4月に施行された。

1 不動産登記制度の見直し

所有者不明土地の発生の予防の観点から、不動産登記法を改正し、これまで任意とされてきた相続登記や住所変更登記の申請を義務化する。具体的には、以下(1)～(4)のとおりである。

(1) 相続登記の申請を義務化

不動産を取得した相続人に対し、その取得を知った日から3年以内に相続登記の申請を義務付ける。また、遺産分割が成立した場合にはその内容を踏まえた登記申請をすることも義務付ける。正当な理由のない申請漏れには10万円以下の過料の罰則がある（令和6年4月1日施行）。

(2) 相続人申告登記を新設

登記の手続的な負担を軽減し、相続登記の申請義務を簡易に履行することを可能にするため、相続人が登記名義人の法定相続人である旨を申し出る相続人申告登記を新設し、申請義務の履行手段の一つとする（令和6年4月1日施行）。

(3) 登記名義人の死亡等の事実の公示

登記で登記名義人の死亡の有無の確認を可能にするため、登記官が他の公的機関（住基ネットなど）から死亡等の情報を取得し、職権で登記に符号で表示する（令和6年4月1日施行）。

(4) 住所変更登記の義務化

住所変更登記に関しては，所有権の登記名義人に対し，住所等の変更日から2年以内に変更登記の申請をすることを義務付ける。正当な理由のない申請漏れには5万円以下の過料の罰則がある（令和8年4月までに施行）。

2 相続土地国庫帰属法の創設

(1) 制度の概要

所有者不明土地の発生の予防の観点から，相続等により所有権を取得した者が，法務大臣の承認を受けてその土地の所有権を国庫に帰属させる制度が創設され，令和5年4月27日施行された。

(2) 申請対象者

申請ができるのは，相続又は遺贈（相続人に対する遺贈に限る。）により土地を取得した者に限られている。共有地の場合は，共有者全員で申請する必要がある。

対 応

相続土地国庫帰属法の適用については，次のとおり適用要件があるので留意が必要である。

① 通常の管理又は処分するにあたり過分の費用又は労力を要する，ア 建物や通常の管理又は処分を阻害する工作物等がある土地，イ 土壌汚染や埋設物がある土地，ウ 崖がある土地，エ 権利関係に争いがある土地，オ 担保権等が設定されている土地，カ 通路など他人によって使用される土地に該当しないこと

② この制度の利用者は，法務大臣の審査手数料（土地一筆当たり14,000円）のほか，土地の性質に応じた標準的な管理費用を考慮して算出した10年分の土地管理費相当額の負担金を国へ納付する必要がある。

③ 負担金の算出方法

申請があった土地は，「宅地」「農地」「森林」「その他」の4種類に区分され，その区分に応じて納付が必要となる負担金が決定する。いずれの土地も原則は20万円であるが，一定の土地については面積区分に応じた算定となる。

（出岡 伸和）

参考条文・判決等

不動産登記法76の2，76の3，76の4，76の5，164，164②，相続土地国庫帰属法

105 贈与時期の検討

CASE

父から口頭による金銭100万円の贈与を，令和3年4月1日に受け，マンション購入の一部（頭金）にしました。マンションを私名義に変更したのが同年4月30日でした。そして父は令和6年4月15日に死亡しました。もちろん金銭贈与については基礎控除内のため贈与税の申告はしていません。しかし，相続開始前7年以内の贈与については，相続財産に取り込まれると聞きました。この場合はどうなるでしょうか。教えてください。

検 討

相続開始前3年（令和6年1月1日以後は7年）以内の被相続人からの贈与については，その贈与財産が相続財産に取り込まれ，贈与税額控除は行うが，相続税としてその課税を行うこととしているため，同じ贈与であってもその贈与の時期によって個人の財産移転に関する課税方法が異なることとなる。

そこで，本CASEでは贈与の時期について検討することとする。

1 贈与の意義の検討

民法上，贈与とは当事者の一方（贈与者）が，自己の財産を無償にて相手方（受贈者）に与える意思を表示し，相手方が受諾することによって成立する契約をいう。

贈与は，無償で財産を与えるという贈与者及び受贈者の意思の合致で成立する。この意思の合致の方法には，口頭による贈与契約，つまり書面によらない贈与と贈与時に贈与者と受贈者との相互の意思の合致を明確に贈与契約書等にしておくという書面による贈与との二つの形式がある。

このうち書面によらない贈与は，すでに履行した部分を除き，贈与者及び受贈者はいつでもその契約を取り消すことができるため，履行前の受贈者の地位は非常に不安定であるといえる。

これに対して書面による贈与は，民法上書面の形式は問わないため，贈与の事実が確認できる書面を作成し，書面内容の真実性が検証されれば安定的な贈与となる。

2 贈与による財産取得の時期の検討

　書面による贈与については，贈与契約の成立した時をもって贈与があったもの（民法176）とし，書面によらない贈与については，履行があるまでは取消しができるので履行の日をもって贈与があったものとされている。

　このうち相続開始前7年（令和6年1月1日から令和8年12月31日までは税通措置により3年）以内の贈与財産加算及び贈与税額控除の規定の対象となる贈与は，近親者間における贈与契約であり，その多くが口頭による書面によらない贈与である。つまり，贈与契約の時に贈与契約書等の書面がなく，かつ，贈与の事実を立証する証拠も十分にないのが現状であり，実際の財産の取得の時期が明確でないものがほとんどである。そこで，相続税においては贈与による財産取得の時期を明確にするため，財産取得の時期を次のように規定している。

① 原　　　則……書面によるものについてはその効力が発生した時，書面によらないものについてはその履行の時とする。
② 特　　　例……所有権の移転の登記又は登録の目的となる財産で，その贈与の時期が明確でないものについては，納税者において特に反証のない限り，その登記又は登録があった時とする。

対　応

　前述のように口頭による贈与は，書面による贈与に比して不安定なために確実に履行があったということを立証する必要がある。

　したがって，父親からの口頭による100万円の金銭の贈与がそのままマンション購入の頭金に使われたということが立証できれば贈与の日（令和3年4月1日）が相続開始（令和6年4月15日）前3年以内の贈与に該当しないので相続財産に取り込まれないこととなる。

　しかし，その立証ができなければ通達どおり令和3年4月30日に贈与が行われたとして，相続財産に取り込まれることになる。こうしたことを考えた場合，親族間でも贈与契約書を作成することは必要だと考える。

（右山　昌一郎）

参考条文・判決等
相法19①，民法549，550　相基通1の3・1の4共－8，1の3・1の4共－10・11，令和5年改正法附則19②

106 債務の引受けによるみなし贈与課税

CASE

　Aさんは息子が事業資金としてサラリーマン金融から借り入れた1億円の返済に窮しているのを聞き，昨年売却したマンションの売却代金の一部をこの返済に充てることにしました。その後，Aさんのマンション売却による譲渡所得に対する税務調査が行われ，息子さんの借入金の返済に充てた1億円についてはAさんから息子への贈与であるとの指摘を受けました。Aさんとしては贈与したという意思は全くなく，現に息子との間で金銭消費貸借契約を締結しているとのことです。こうした場合，贈与税の認定を避ける方法はないでしょうか。

検 討

　譲渡所得のように納税額が一般に多額に及ぶものについては，譲渡によって得た資金の使い途についても，しばしば税務調査の対象となることがある。つまり譲渡資金の使途によっては，贈与課税の問題が起こるケースが考えられるためである。

　ところで，贈与とは当事者の一方が自己の財産を無償で相手方に与える意思表示をし，相手方がこれを受諾することによって成立する契約であるとされている。ただし，税法ではこれら両者の意思にかかわりなく贈与があったものとみなす「みなし贈与」と呼ばれる規定がある。これは，私法上の贈与契約により取得した財産ではなくとも，その経済的効果が実質的に贈与を受けたと同様な場合に税負担の公平を図るため，贈与税の課税が行われる。この規定によれば，例えば，次のようなケース（以下「債務免除等」という。）において贈与があったものとみなされることになる。

　対価を支払わないで又は著しく低い価額の対価で，
① 債務の免除
② 債務の引受け
③ 第三者のためにする債務弁済による利益を受けた場合

　以上の場合には，これらの行為があったときに，①～③それぞれの金額に相当する金額をその債務の免除等をした者から贈与により取得したもの

とみなされる。

　本CASEにおいても，Aさんと息子さんとの間で金銭消費貸借契約書を作成はしていたものの，その金銭消費貸借契約書に記載された返済の事実がなかったため，息子さんの債務の引受けと認定し，贈与税の認定課税の指摘を受けたものと思われる。

　ただし，このみなし贈与の規定は例外として以下の場合には働かないこととされている。すなわち，債務者が資力を喪失して債務を弁済することが困難である場合において，
① 　債務の免除を受けた場合
② 　債務者の扶養義務者に債務の引受け又は弁済をしてもらった場合
　以上の場合において，その債務を弁済することが困難である部分の金額については，みなし贈与の対象とはされない。

対　応

　本CASEでは，息子さんの1億円相当にわたるサラリーマン金融業者からの借入金の返済に充てるための貸付けであることから，当初よりその債務を返済することが困難であったと推察される。そこで，返済金額や返済方法を記載した金銭消費貸借契約書等の作成よりも，むしろ，その借入れの事情を記載した借用書を息子さんに作成させることによって，前述した扶養義務者による債務の引受け又は弁済の事実に該当し，贈与税の認定は避けられるものと考えられる。

　なお，扶養義務者とは「配偶者及び民法第877条（扶養義務者）に規定する親族」をいう。

　ただし，この場合には息子の財産を調査したうえで，息子が債務を弁済するだけの資力がないことを明らかにしておく必要がある。

（田中　宏志）

参考条文・判決等
相法8，相基通7−4，7−5，相法1の2

107 相続時精算課税に係る贈与の合意解除

CASE

父が相続時精算課税制度を利用してアパート1棟を長男に贈与し、贈与登記も完了しました。その後専門家の試算により、将来の値下りによる相続税負担を勘案すると、この贈与が不利であることが判明しました。相続時精算課税選択届出書の提出前なので、この贈与契約を解除したいが可能ですか。

検 討

相続時精算課税制度を利用した贈与の場合、将来の相続税負担が見込まれるケースではかえってその贈与が不利にはたらくことがあり、贈与の取消しを検討しなければならないことがある。贈与の取消しに係る実務では、当初の贈与が成立しており、さらに新たな贈与が行われたと認定されることは回避しなければならない。

1 贈与財産の取得の時期と合意解除

一般に、不動産の名義変更があった場合において、対価の授受が行われていないときは、原則として、名義人となった者が当該財産を贈与により取得したものと推定する取扱いとなっている。

その際の贈与財産の取得の時期は、書面によるものについてはその契約の効力の発生した時、書面によらないものについてはその履行の時とされる。さらに、所有権等の移転の登記又は登録の目的となる財産については、その贈与の時期が明確でないときは、特に反証のない限りその登記又は登録があった時に贈与があったものとして取り扱われる。

また、贈与契約が後日、合意により取り消され、又は解除された場合においても、2に該当しない限り、原則として、当該贈与契約に係る財産の価額は、贈与税の課税価格に算入され、逆贈与として認定されるおそれがある。

2 合意解除等による贈与の取消しがあった場合の特例

贈与契約の当事者の合意による取消し又は解除が次に掲げる事由のいずれにも該当しているときは、税務署長において当該贈与契約による財産の価額を贈与税の課税価格に算入することが著しく負担の公平を害する結果

となると認める場合に限り，当該贈与はなかったものとして取り扱われる。
① 贈与契約の取消し又は解除が当該贈与のあった日の属する年分の贈与税の申告書の提出期限までに行われたものであり，かつ，その取消し又は解除されたことが当該贈与に係る財産の名義を変更したこと等により確認できること
② 贈与契約に係る財産が，受贈者によって処分され，若しくは担保物権その他の財産権の目的とされ，又は受贈者の租税その他の債務に関して差押えその他の処分の目的とされていないこと
③ 当該贈与契約に係る財産について贈与者又は受贈者が譲渡所得又は非課税貯蓄等に関する所得税その他の租税の申告又は届出をしていないこと
④ 当該贈与契約に係る財産の受贈者が当該財産の果実を収受していないこと，又は収受している場合には，その果実を贈与者に引き渡していること

対 応

本CASEでは，当該アパートに係る贈与税の申告期限までに贈与の合意解除に関する契約書等を作成し，所有権に係る登記名義人を贈与者である父親に戻す必要がある。

また，合意解除前に長男が収受していた賃貸料があれば，これについても同様に父親に戻す必要がある。この際，その計算書等を作成したうえで，銀行口座振替等を利用して返済の証拠を残しておきたい。

(山本　晋也)

参考条文・判決等
相基通9－9，1の3・1の4共－8，1の3・1の4共－11，昭39直審（資）22直資68，昭39直審（資）34，直資103

108 居住用不動産の贈与と生前対策

CASE

配偶者が相続により財産を取得した場合には、配偶者に対する優遇措置が設けられているようですね。相続税対策の一方法として配偶者が贈与により財産を取得した場合の優遇措置があるのであれば、その適用を受けたいと思っていますので、教えていただけますか。

検討

　配偶者が相続により財産を取得した場合の優遇措置は、幾度かの改正を経て平成6年からは、遺産総額の法定相続分相当と1億6,000万円とのいずれか大きい金額に相当するまでの財産を相続により取得しても、相続税を納付しなくてもよいことになっている。
　相続税の申告義務は、相続税の基礎控除額を超える相続財産がある場合に生じ、相続税の基礎控除額は次のとおりであるが、生前に配偶者に贈与を行い「贈与税の配偶者控除」の適用を受け、相続財産となるべき財産を減らすことにより、結果として相続税の負担が軽くなる。
（算　式）
　3,000万円＋600万円×相続人の数＝相続税の基礎控除額
　相続税の配偶者に対する軽減措置に対し、贈与税の配偶者に対する軽減措置として、次のような「贈与税の配偶者控除」の規定が設けられている。
① 婚姻期間が20年以上の夫婦で、20年過ぎた後の贈与
② 居住用不動産又は居住用不動産を取得するための金銭
③ 翌年3月15日までに居住の用に供し、かつ、その後引き続き居住の用に供する見込みであること
④ 2,000万円を限度とする（基礎控除額110万円を除く。）。
⑤ その年以前に「贈与税の配偶者控除」の適用を受けていないこと
　もし、配偶者控除の適用を受けないで、2,000万円の贈与を受けた場合には、その贈与税額は695万円となる。
（算　式）
（2,000万円－110万円）×0.5－250万円＝695万円
　すなわち、贈与税の配偶者控除の適用を受けるか受けないかによって税

額に695万円の違いが生じるわけである（平成27年以降の一般税率を使用）。

対　応

　贈与税の配偶者控除の適用を受けることは，大変効果のある相続税の生前対策である。配偶者控除の対象となる居住用不動産は，土地又は家屋のいずれか，あるいは土地と家屋の両方が考えられるが，土地と家屋の両方の贈与を受けるのが得策である。

　土地，家屋の両方の持分の一部の贈与を受けていれば，将来，なんらかの理由で，売却しなければならなくなった場合には，所得税の計算上，居住用不動産の売却として，夫婦二人で特例の適用を受けることができるからである。また，両方の贈与を受ける場合，土地と家屋の価額の合計額が2,000万円までが特例の適用対象であるが，土地の価額が2,000万円に占める割合をできるだけ大きくなるように贈与することである。というのは，家屋は時の経過とともに減価するので，相続財産としての価値が年々低下し，相続開始時にはほとんど価値がなくなっているかもしれないが，土地は原則として減価せず，むしろ価値が高くなるので，相続開始時には高額になっていることが多いからである。

　また，生前贈与財産で相続開始前3年（令和6年1月1日以後の贈与については7年に延長）以内のものは，相続税の課税価格に加算して相続税額を算出することになっているが，贈与税の配偶者控除の適用を受けたものについては，相続税の課税価格に算入しなくてもよいことになっている。また，この贈与税の配偶者控除は相続開始の年に贈与された居住用不動産等についても適用がある。なお，この適用を受けるためには，贈与税の申告書にその財産を贈与税の課税価格に算入する旨の記載のほか，居住用不動産等の詳細，所在場所，取得年月日，贈与税の課税価格に算入する部分の財産の価額などを記載し，所定の書類を添付することが必要である。

（田久保　知子）

参考条文・判決等
相法15①，19①，19の2①，21の6①，相令4②，相規1の5

109 包括遺贈・特定遺贈の課税関係

CASE

私には子供がいないので，相続人以外のお世話になった方に財産の一部を遺贈しようと考えています。遺贈には包括遺贈と特定遺贈の2種類の方法があると聞きましたが，相続人以外の者に遺贈した場合に，遺贈方法の違いが受遺者の課税関係にどのように影響するのかを具体的に教えてください。

検 討

1 包括遺贈の場合

(1) 財産・債務の引継ぎ

包括遺贈とは，財産の全部又は一部を一定の割合により与える遺贈方法である。包括受遺者は，相続人と同一の権利義務を有することから，相続人とほぼ同等の立場を有し，遺贈を受けた割合に応じてプラスの財産だけでなくマイナスの財産についても承継する。よって遺産分割協議に参加し，他の受遺者や相続人との間で具体的財産の配分を決めることとなる。

(2) 相続の承認・放棄

包括受遺者は，相続の承認・放棄の規定が適用されることから，放棄をする場合には，包括遺贈があったことを知ったときから3月以内に家庭裁判所に申述しなければならない。

(3) 債務・葬式費用の控除

包括受遺者は相続税の計算上，負担した債務及び葬式費用を控除することができる。

(4) 不動産取得税の課税

包括遺贈による不動産の取得については，不動産取得税は課されない。

2 特定遺贈の場合

(1) 財産・債務の引継ぎ

特定遺贈は，具体的財産を特定して遺贈する方法である。受遺者には特定の財産を取得する権利のみ与えられるため，負担付遺贈を除き，債務を承継する義務はない。そこで，遺産分割協議にも参加できない。

(2) 相続の承認・放棄

特定受遺者は，遺言者の死亡後いつでも遺贈の放棄をすることができる。遺贈義務者等から催告があった場合を除いて期限の定めはなく，家庭裁判所への申述の必要もない。

(3) 債務・葬式費用の控除

債務控除ができる者は相続人又は包括受遺者に限られており，相続人でない特定受遺者は債務控除の適用対象者に含まれない。そこで，特定受遺者は，負担付遺贈の場合を除き，債務・葬式費用を負担したとしても相続税の計算上控除することはできない。なお，相基通13-1で相続放棄した者や相続権を失った者について，「その者が現実に被相続人の葬式費用を負担した場合には，その負担額をその者の遺贈によって取得した財産の価額から債務控除しても差し支えない」とされているが，これは相続放棄者等が葬式費用を負担した場合の例外的取扱いなので相続人でない特定受遺者には適用されない。

(4) 負担付特定遺贈の場合の債務の取扱い

負担付遺贈により取得した財産の価額は，受贈財産の価額から遺贈のあった時において確実と認められる債務の金額を控除して計算する。そこで，負担した債務は相続税の課税価格の計算上控除されることとなる。

(5) 不動産取得税の課税

相続人以外への特定遺贈の場合は，不動産取得税が課税される。

対　応

実務上遺言書を作成する際に，具体的財産を特定して遺贈する方法をとることは多いと思われるが，相続人以外の者に特定遺贈する場合には，一般的な相続と課税上の取扱いが異なる項目があるため，意図せずして受遺者の税負担が重くなることがある。特に不動産取得税の課税については留意したい。相続が発生してからのトラブルを回避するためにも，課税影響を考慮のうえ，税務の立場から事前にサポートすることが必要である。

（田中　由美）

参考条文・判決等

民法915～940，986，990，1002，相法13，相基通11の2-7，13-1，地法73の7①

110 負担付贈与の税務上の留意点

CASE

私は居住用の賃貸アパートを所有しており，そこから不動産収入を得ているため，毎年確定申告（不動産所得については青色申告）を行っています。私も高齢になったため，相続について考えるようになりましたが，もともと先祖代々の土地に建てたアパートであるため，長男に引き継いでもらいたいと思っており，相続税対策も含めて生前贈与を行いたいと考えていました。

この賃貸アパートについては，建築時の銀行借入が残っており，その借入金の負担も併せて長男に贈与を行いたいと考えていたところ，それは「負担付贈与」というものになり，節税対策としては有効ではないという指摘を受けました。

そこで，この生前贈与を行った場合の私や長男の課税関係やその他に注意すべきことがあれば教えていただきたいと存じます。

検討

1 負担付贈与の意義

負担付贈与とは，受贈者に一定の債務を負担させることを条件にした財産の贈与をいう。「贈与」といっても，実質的には譲渡と異なるところはない。贈与者は財産を引き渡し，同時に債務の負担を免れる。債務の負担を免れるということは譲渡対価を得ることと変わらない。

2 負担付贈与の課税関係

(1) 受贈者の課税

個人から負担付贈与を受けた場合，受贈者は贈与財産の価額から負担額を控除した価額に贈与税が課されることになる。

この場合の課税価格は，贈与された財産が土地・家屋等である場合には，その贈与の時における通常の取引価額に相当する金額から負担額を控除した価額による。

土地・家屋等の評価に相続税評価額を用いることができないため，一般的に負担付贈与は節税には繋がらないとされる所以である。

ただし，例えば父親が長男に対して賃貸用アパートを贈与する際に，賃借人から預かった敷金に相当する現金や借入金の残債に相当する現金も同

時に贈与するような場合には，実質的に負担付贈与には当たらないため，負担付贈与通達の適用はなく，賃貸用アパートの評価にあたっては相続税評価額を用いることができる。

なお，負担付贈与通達では，贈与者が取得又は新築した土地・家屋等に係る取得価額が課税時期における通常の取引価額に相当すると認められる場合には，当該取得価額に相当する金額によって評価することができるとしている。この「取得価額」とは，取得に要した金額等の合計金額から課税時期までの期間の償却費の額または減価の額を控除した金額をいうが，償却方法は定率法によるとされている。

(2) 贈与者の課税

通常，財産を贈与した者に対して課税関係は生じないが，負担付贈与をした場合には，負担額で当該贈与財産を譲渡したものとみなして所得税が課されることになる。しかし，負担額より贈与財産の価額の方が大きいことが普通であろうから，譲渡損が計上され課税されることはないであろう。

ただし，個人間の取引において「著しく低い価額」で譲渡した時には，その譲渡損はなかったものとみなされることになる。つまり，他に譲渡所得があったとしても，それを通算することはできないということである。

なお，贈与者が消費税等の課税事業者である場合には，負担付贈与では当該贈与が課税対象になることもあるので注意する必要がある。

対 応

賃貸用アパートを負担付贈与により取得した場合，その後受贈者には不動産所得が生じることになると思われる。

その不動産所得について，受贈者が青色申告によりたいときには，最初に青色申告をしようとする年の3月15日まで（1月16日以後新たに不動産の貸付けをした場合，その貸付け開始の日から2か月以内）に「所得税の青色申告承認申請書」を所轄税務署に提出しなければならない。

（玉ノ井　孝一）

参考条文・判決等

相基通21の2－4，財基通130，負担付贈与通達

111 直系尊属から教育資金の一括贈与を受けた場合の贈与税の非課税措置の見直し

CASE

直系尊属から教育資金の贈与を受けた場合の贈与税の非課税措置では、祖父母（贈与者）が、金融機関等に子又は孫（受贈者）名義の口座等を開設し、教育資金を一括して贈与した場合には、その教育資金拠出について子又は孫ごとに1,500万円（学校以外の者に対して支払われるものは500万円）を限度として贈与税が非課税とされ、子又は孫が30歳に達する日に口座等は終了し、口座等に使い残しがあれば贈与税が課税されます。

しかし、23歳未満の孫等が受贈者である場合には、①贈与者死亡時の残高が相続財産に加算しないこと、②相続税額の2割加算が適用されないこと等が節税的な利用につながっていること等の会計検査院からの指摘がされていました。

そこで、令和3年度税制改正では、格差の固定化の防止等の観点から、世代飛ばしを利用した相続対策が規制されたそうですが、その改正の内容とその実務上の留意点について教えてください。

検 討

1 贈与者死亡時の残高に対する取扱い

贈与等があった日から教育資金管理契約の終了の日までの間に贈与者が死亡した場合（その死亡の日において、「贈与者に係る相続税の課税価格の合計額が5億円以下で」(注1) ①受贈者が23歳未満である場合、②受贈者が学校等に在学中の場合、③受贈者が教育訓練給付金の支給対象となる教育訓練を受講している場合、のいずれかに該当する場合を除く。）には、その死亡の日までの年数にかかわらず、同日における管理残額を、受贈者がその贈与者から相続等により取得したものとみなされた。

なお、「管理残額」とは、非課税拠出額から教育資金支出額を控除した残額とされた。

2 受贈者である孫等に対する相続税額の2割加算の適用

贈与者から相続等により取得したものとみなされる管理残額について、贈与者の子以外の直系卑属に相続税が課される場合には、その管理残額に対応する相続税額が「相続税額の2割加算（相法18①）」の対象とされた。

3　適用関係

前述した1及び2の改正は，令和3年4月1日以後（（注1）については令和5年4月1日以降）の贈与等により取得する金銭等について適用される。ただし，同日前に贈与等により取得した金銭等については，なお従前の例による。

対　応

令和5年度税制改正の「資産移転の時期の選択に中立的な税制の構築」では，相続時精算課税制度について，①暦年課税と相続時精算課税の選択制は，引き続き維持されること，②相続時精算課税で受けた贈与については，暦年課税の基礎控除とは別途，毎年110万円まで課税されないこと（複数の特定贈与者から贈与を受けた場合は，それぞれの贈与額に応じて按分），③相続時精算課税で受贈した土地・建物が，災害により一定以上の被害を受けた場合は，相続時に再計算する取扱いをすることとされている。

また，暦年課税制度について，④相続開始時の加算期間が7年（改正前：3年）に延長されること，⑤延長4年間に受けた贈与については総額100万円まで相続財産に加算されないこととされている。

なお，これらの改正は，令和6年1月1日以後の贈与から適用される。

そこで，相続税納税対策のアドバイスを行なう場合には，令和5年度税制改正の相続時精算課税制度及び暦年課税制度の改正点には注視すべきであろう。

（宮森　俊樹）

参考条文・判決等
措法70の2の2①・⑫二・⑦⑧，令和3年改正法附則1，75②

112 教育資金一括贈与の贈与者死亡時の注意点

CASE

私は父から，私の子供3人に，教育資金一括贈与を受けております。ここ数年の改正で，教育資金管理契約の終了の日までの間に，贈与者である父が亡くなった場合の取扱いが変わってきたと聞きました。

どのように変わったのか，その具体的な内容を教えてください。また実務上の注意点はありますか。

検 討

1 令和5年4月1日以後の贈与

教育資金一括贈与について，贈与者が教育資金管理契約の終了の日までの間に死亡した場合には，贈与者の死亡日の「管理残額」を，受贈者が贈与者から相続又は遺贈により取得したものとみなして，受贈者に相続税が課税される。

ただし，贈与者の死亡の日に受贈者が次に掲げる場合には，相続税課税は適用されない特例はあるが，その贈与者の相続税の課税価格の合計額が5億円を超えるときは，相続税課税が課税されない特例の適用はない。

(1) 23歳未満である場合
(2) 学校等に在学している場合
(3) 教育訓練を受けている場合

なお「管理残額」とは，一般的には贈与者の死亡日における，非課税拠出額から教育資金支出額を控除した残額をいう。

2 令和5年3月31日以前の贈与

令和5年3月31日以前に贈与した教育資金について，贈与者が教育資金管理契約の終了の日までの間に死亡した場合には，贈与者の死亡日の「管理残額」を，受贈者が贈与者から相続又は遺贈により取得したものとみなして，受贈者に相続税が課税される。

ただし，贈与者の死亡の日に受贈者が次に掲げる場合には，相続税課税の対象者から除かれる。

(1)　23歳未満である場合
(2)　学校等に在学している場合
(3)　教育訓練を受けている場合
3　令和3年3月31日以前の贈与

　令和3年3月31日以前に贈与した教育資金について，贈与者が教育資金管理契約の終了の日までの間に死亡した場合には，贈与者の死亡前3年以内に贈与された教育資金で，教育資金の一括贈与の非課税の適用を受けた「管理残額」を，贈与者から相続又は遺贈により取得したものとみなして，受贈者に相続税が課税される。

　ただし，贈与者の死亡の日に受贈者が次に掲げる場合には，相続税課税の対象者から除かれる。

(1)　23歳未満である場合
(2)　学校等に在学している場合
(3)　教育訓練を受けている場合

4　平成31年3月31日以前の贈与

　贈与者が教育資金管理契約の終了の日までの間に死亡した場合において，死亡した日の「管理残額」については，上記1から3のような相続税課税の対象とはならない規定であった。

対　応

　相続税の計算時における生前贈与の確認は，被相続人の子である相続人に対して行われることが多いと思われる。しかし，教育資金の一括贈与，結婚・子育て資金の一括贈与を考慮すると，孫も相続税の対象になり得るため，孫への贈与の確認も必要である。

（鹿志村　裕）

参考条文・判決等

措法70の2の2⑫⑬，旧措法70の2の2⑩⑪，令和3年改正法附則75③，令和3年改正措令附則29⑤

113 土地の使用貸借

CASE

　私は，土地・建物を所有する父から建物の贈与を受けました。それ以後，父には地代等の支払いはしていません。贈与を受けたのは昭和48年より前です。
　この年，使用貸借に関して改正があったと聞いていますが，父や私に相続が発生した場合の土地の評価等について教えてください。

検　討

1　使用貸借による使用借権の評価の経緯

　昭和42年までは，使用貸借による土地の借受けは，権利金を支払う取引慣行がある地域においては，一部の場合を除き贈与税を課税する取扱いが行われた。しかし，昭和43年11月25日大阪地方裁判所の判決で，土地の使用貸借に基づく経済的利益は，当該土地の借地権相当額によることは適当でなく借主の利益は賃貸借における賃料相当額とされた。そしてこの判決により昭和48年11月１日に「使用貸借に係る土地についての相続税及び贈与税の取り扱いについて」の通達が定められ，土地の無償使用に関する相続税及び贈与税の取扱いについて所要の整備が図られた。

2　通達１について

１「使用貸借による土地の借受けがあった場合」

　建物等の所有を目的として使用貸借による土地の借受けがあった場合，借地権の設定に際しその設定の対価として権利金等を支払う取引上の慣行がある地域においても，相続税や贈与税の計算上は，その土地の使用貸借に係る使用権の相続税評価額はゼロとして取扱われる。これにより使用貸借にかかる土地の評価は自用地評価とされた。

3　通達６について

６「経過的取扱い－土地の無償借受け時に借地権相当額の課税が行われている場合」

　従前の取扱い（使用貸借通達の施行日前）により，建物等の所有を目的として無償で土地を借受けていた者，当該土地の上に存する建物等を相続，贈与により取得した者が，当該土地の借地権に相当する利益の供与がなさ

れたものとしてその者に相続税又は贈与税が課されているものについては，この使用貸借通達1の適用との調整を図る必要が生ずるため，この経過措置が設けられた。

　今後次に掲げる場合に該当することとなったときにおける当該建物又は当該土地の相続税又は贈与税の課税価格に算入すべき価額は，次に掲げる場合に応じそれぞれ次に掲げるところによる。

(1) **当該建物を相続又は贈与により取得した場合**

　当該建物の評価額は自用又は貸付の区分に応じた評価額とし，当該建物の存する土地の評価額は，当該土地に係る借地権の価額に相当する金額を含まない。

(2) **当該土地を相続又は贈与により所得した場合**

① 　相続等により取得する前に当該土地上の当該建物等の所有者に異動があり，その異動時に借地権課税が行われていない時は，当該土地は自用地として評価する。

　　上記(1)の底地権者に相続があった場合はこれに該当し，自用地評価となる。

② 　相続等により取得する前に当該土地上の当該建物等の所有者に異動があり，その異動時に借地権課税が行われた時は，当該土地は借地権の目的とされている土地（貸宅地）として評価する。

③ 　相続等により取得する前に当該土地上の当該建物等の所有者に異動がない時は，当該土地は借地権の目的とされている土地（貸宅地）として評価する。

対　応

　使用貸借に係る土地評価に関しては，いつ使用貸借が開始したか，建物の贈与時に借地権相当の課税が行われていたかどうかが重要となる。お父様の相続時，土地が自用地評価になるのか，貸宅地評価になるのかでは相続税額も大きく変わる。それにはその当時の資料が必要不可欠となる。特に昭和48年より前の賃貸借に関する書類や税務関係書類の整理・保存は大事である。

（田久保　知子）

参考条文・判決等
使用貸借通達1，6

114 不動産の付合に係る税務上の留意点

CASE

私は地方の高校卒業後，東京の大学に進学し，そのまま東京で就職し現在に至っております。田舎の私の両親も年をとり，いずれは介護が必要になってきそうなので，両親の住む家（登記上の所有者は父）をバリアフリーに改築し，その費用を私が負担することにしました。税務上なにか注意することはあるでしょうか。

検　討

　父が所有する既存の家屋をバリアフリーにするための改築費用や二世帯住宅にするための増築資金を子が負担することは普通にあることである。
　この場合，増改築した部分を子名義で所有権登記を行うことができれば良いが，通常はそのようなことはできない場合が多い。つまり，増改築部分も家屋の元々の所有者である父の所有ということになってしまうのである。このことを「不動産の付合（ふごう）」という。
　増改築部分の所有者は父で増改築資金の負担が子となるため，その負担額を子が父に償金請求権を行使しなければ，父は子から増改築部分相当額の贈与を受けたことになる。
　この場合，贈与・受贈の意思の有無は問われない。
　以下では，この不動産の付合による贈与税の発生を未然に防ぐ方法を述べることにする。

1　不動産の付合の意義

　不動産の所有者は，その不動産に従として付合した物の所有権を取得する。
　ここで「付合」とは，分離すると経済上不適当な程度に結合して一個の物と認められることで，不動産に動産が付合した場合には，この規定によって，原則として不動産の所有者がその動産の所有者となるのである。
　不動産の付合によって損失を受けた者は，その償金を請求することができるが，この償金請求権が行使されないということであれば，（少なくとも税法上では）不動産の所有者は，その経済的利益相当額を贈与により取得したものとみなされてしまうのである。

2　贈与税のリスクを回避する方法とその留意点

(1) 事前に名義を変更する方法

　これは増改築を行う前に、父の家屋を子に贈与（又は売却）する方法である。こうすれば子名義の家屋に子が自己資金で増改築したことになり、付合による贈与税のリスクはない。

　ただし、贈与の場合には子に贈与税が、売却の場合には父に譲渡取得税が課されることになる。なお、この売却の方法による場合、親子間の譲渡になるため、居住用財産の譲渡所得の特別控除の特例等の適用は受けられない。

(2) 共有名義にする方法

　これは「父の家屋の時価」と「子が負担する金額」の比率を考えて、その比率に応じて共有名義で登記する方法である。

　例えば、父の家屋の時価が1,000万円で増改築費用も1,000万円である場合、父の家屋の持分2分の1を父から子に時価（500万円）で譲渡し、その譲渡代金は子が負担する増改築費用の2分の1（500万円）と相殺すれば、贈与税の課税関係は生じない。ただし、この場合父に譲渡所得が生じるが(1)と同様、居住用財産に係る特例等の適用は受けられない。

　なお(1)、(2)ともに自己の居住の用に供する家屋に住宅耐震改修をした場合には、所得税額控除を受けることはできる。

対　応

　「親の家屋のリフォーム費用を子が負担したら、親が贈与税を取られるなんて信じられない。」というのが一般的な感情ではないだろうか。

　しかし、収入のない妻名義の家屋の改築を夫が費用負担したら、妻に贈与税が課されたという裁判例もある。

　このようなリスクを回避するために上述の方法を選択したとしても、贈与税・所得税等を課税される可能性があるし、登録免許税も含めた登記費用や不動産取得税もかかってしまう。本CASEのような場合、将来の相続も考え、小規模宅地等の適用まで留意した慎重な検討が必要になるであろう。

（玉ノ井　孝一）

参考文献・判決等
相法9、措法41の19の2、3、民法242、248、東京地判昭和51年2月17日

115 タワーマンション課税の行方

CASE

私は現在67歳ですが,良い物件があり,親からの相続財産と退職金の一部を合わせ,都心のタワーマンションの1室を購入しようかと考えています。タワーマンションは投資用として購入し,賃貸物件として利用する予定です。タワーマンションの税金について改正があったと聞いていますが,関連する税金について教えてください。

検 討

ここ数年,マンション,特にタワーマンションを利用した「行き過ぎた相続税対策」が問題となっていた。

そこで相続税・贈与税の面では,令和6年1月1日以後に相続,遺贈,又は贈与により取得した「居住用の区分所有財産」(いわゆる分譲マンション)の価額については,新たに定められた算出ルールにより評価することになった。また固定資産税については,一足早く改正が行われており,平成30年度分以後の固定資産税から見直しによる課税が行われている。

1 タワーマンション人気の背景

タワーマンションは,1997年に規制緩和の一環として,都市計画法において,容積率の最高限度を600%とする「高層住居誘導地区」が認められ,それ以降,その建築が本格化している。

タワーマンションについては明確な定義はないが,建築基準法では,高さ60m(階数にするとおおよそ20階)を超える建築物には厳しい規制が設けられている。

そのため,一般的に20階以上のマンションを「タワーマンション」と呼んでいる。

タワーマンションは,高層階ほど眺望が良く,日当たりも良いのが常である。また共有スペースが充実しており,立地条件が良く利便性が高い等のメリットもある。そのため居住目的や投資物件として人気が高く,人気物件は高層階になるほど相続税評価額と市場価格との乖離が大きくなっている。

2 固定資産税での対応

タワーマンションでは,低層階の市場価格に比べ高層階の市場価格が高

くなることが多いのに反し，固定資産税においては，区分所有者の有する専有床面積が同じであれば，低層階であっても高層階であっても，固定資産税の評価額及び税額は同額となっていた。そのため実際の市場価格と固定資産税とのバランスがとれていないのは不公平であるとの指摘も多く，平成29年度税制改正において見直しが行われ，平成30年度分以後の固定資産税から見直しによる課税が行われている。

固定資産税の改正により，タワーマンションの1階を100とした場合，階が1階上がるごと，これに10/39を加算した数値が補正され，階が高ければ高いほど，固定資産税が高くなるように改定された。ただし，マンション1棟全体の固定資産税の合計は変わらない仕組みとなっている。

3　相続税・贈与税での対応

「居住用の区分所有財産」の価額については，相続税評価額と市場価格との乖離率が小さくなるようなルールの検討が行われてきたが，令和6年1月1日以後に相続，遺贈，又は贈与により取得したものについては，新たに定められた個別通達＊により評価をすることになった。

乖離率の予測にあたっては，築年数，総階数，所在階，敷地持分狭小度の4つの指数を用い，一戸建ての評価乖離率の平均が60％ということも考慮し，相続税評価額が市場価格の6割程度になるまで補正をすることになった。

新しいルールでは，評価水準（1÷評価乖離率）に応じ，以下の3つのパターンで計算することになる。

(1)　評価水準＞1の場合・・・・・・相続税評価額×評価乖離率
(2)　0.6≦評価水準≦1の場合　・・・相続税評価額
(3)　評価水準＜0.6の場合　・・・・相続税評価額×評価乖離率×0.6

対　応

今後の改正により，節税目的でのタワーマンションの購入希望者が減った場合，売却を考えている人にとっては，高値での売却がしづらい側面も出てくると思われる。そのため，タワーマンションの購入を検討している人にとって，新しいルールはプラスとも考えられるが，需要と供給のバランスを見定め慎重に検討するべきである。

（奥田　よし子）

参考文献・判決等
令和5年9月28日付課評2－74ほか1課共同「居住用の区分所有財産の評価について」（法令解釈通達），地法352②，地則7の3の2，15の3の2

116 地積規模の大きな宅地の評価

CASE

広大地評価の見直しに伴い,「広大地の評価」が廃止され,平成30年1月1日から新たに「地積規模の大きな宅地の評価」制度が創設されました。この制度についての概要をご教示ください。

検 討

これまでの「広大地の評価」が面積に比例的に減額する評価方法であったのに対し,新制度は各土地の個性に応じて形状・面積に基づき評価する方法に見直された。

新たな制度は,適用要件が明確で,これまで対象外とされた「マンション適地」や「公共公益的施設の負担のない土地」などについても,新たな要件を満たせば適用できる。また,市街化農地等及び雑種地についても,適用対象となる。新たに創設された制度の概要は,次のとおりである。

1 適用要件

(1) 地 積
  ① 三大都市圏 → 500㎡以上の宅地
  ② ア以外の地域 → 1,000㎡以上の宅地

(2) 地 区
  ① 普通商業・併用住宅地区及び普通住宅地区
  ② 倍率地域に所在する地積規模の大きな宅地

なお,異なる地区にまたがる宅地については,面積が大きい地区で判定する。

(3) 容積率(指定容積率)
  ① 東京都特別区 → 300%未満
  ② ア以外の地域 → 400%未満

なお,異なる容積率にまたがる宅地については,加重平均で判定する。

(4) 適用除外
  ① 市街化調整区域(開発行為が可能な区域を除く)に所在する宅地
     なお,開発行為が可能か否かは,各都道府県の条例等で確認する。
  ② 都市計画法に規定する工業専用地域に所在する宅地

Ⅲ　相続税・贈与税

　なお，異なる地域にまたがる宅地については，面積が大きい地域で判定する。
2　評価方法
(1)　算式（路線価・一方路線の場合）

$$正面路線価 \times \frac{奥行価格}{補正率} \times 地積 \times \frac{不整形地補正率等}{の各種画地補正率} \times \frac{規模格差}{補正率}$$

(2)　規模格差補正率

　規模格差補正率は「地積規模の大きな宅地」を戸建住宅用地として分割分譲する場合に発生する減価のうち，主に地積に依拠する次のアからウの減価を反映させたものである。
①　戸建住宅用地として分割分譲に伴う潰れ地の負担による減価
②　戸建住宅用地としての分割分譲に伴う工事・整備費用等の負担による減価
③　開発分譲業者の事業収益・事業リスク等の負担による減価

　したがって，戸建住宅用地としての分割分譲が法的に可能で，かつ，戸建住宅用地として利用されるのが標準的である地域に所在する宅地が対象となる。

対　応

　広大地評価と比較して，適用範囲については，広大地評価は，①戸建分譲適地かマンション適地か②公共公益的施設用地の負担の有無など適用判断が難解であり，適用を躊躇して，申告を見合わせたり，税務調査等で争いになるケースが少なくなかった。新制度では「適用要件の明確化」が図られたことで，使いやすい身近な制度になった。

　なお，規模格差補正率は，主に地積に依拠するものを反映し，それ以外の土地の個別的要因に係る補正は考慮していない。したがって，地積規模の大きな宅地の評価をする場合には，土地の評価単位，奥行価格補正・不整形地補正など土地評価計算の基本的事項も疎かにできない。

　ちなみに，複数の者で共有している土地の場合，適用要件の地積については，共有地全体の地積によって判定する。　　　　　（在原　一憲）

参考条文・判決等
財基通20－2，21－2

117 貸宅地における相続税と固定資産税の評価単位の相違

CASE

土地評価の均衡化・適正化のため基本的に相続税評価額は公示価格の8割，固定資産税評価額は公示価格の7割で評価されるよう図られているにもかかわらず，貸宅地において固定資産税評価額が相続税評価額を上回るようなことがあります。なぜそのようなことが起きるのでしょうか。

検　討

　相続税及び固定資産税における宅地の評価は，いずれも時価に基づくものとされているが，その評価単位（画地の認定）が大きく異なる場合がある。このことによりその評価額が不合理な結果となることがある。

1　宅地の評価単位

　宅地の評価単位は，それぞれ財産評価基本通達（相続税），固定資産評価基準（固定資産税）において次のとおりの取扱いとなる。

① 相続税では，宅地は一画地の宅地（利用の単位となっている1区画の宅地をいう。）を評価単位とする。これは必ずしも1筆の宅地からなるとは限らず，2筆以上の宅地からなる場合もあり，1筆の宅地が2画地以上の宅地として利用される場合もある。

② 固定資産税では，各筆の宅地の評点数は，一画地の宅地ごとに画地計算法を適用して求めるものとする。この場合において，一画地は，原則として，土地課税台帳又は土地補充課税台帳に登録された一筆の宅地によるものとする。ただし，一筆の宅地又は隣接する二筆以上の宅地について，その形状，利用状況等からみて，これを一体をなしていると認められる部分に区分し，又はこれらを合わせる必要がある場合においては，その一体をなしている部分の宅地ごとに一画地とする。

2　貸宅地の評価単位

　2以上の者から隣接している土地を借りてこれを一体として利用している場合，借地権の価額は，借地権の目的となっている複数の土地を合わせて一画地の宅地として評価する。一方，この場合の宅地所有者の貸宅地の評価単位は，①相続税においてはそれぞれの所有する土地ごとに一画地の

宅地として、②固定資産税においては、隣接する複数の土地について一体として利用されている宅地をもって一画地として評価する点で異なる。

3 利用単位の判定

一画地としての利用単位の具体的な判定については、明文規定はないが、それぞれ次の考え方に基づいている。

① 相続税においては「所有者の自由な使用収益」の観点から利用単位の判定を行う。したがって、貸宅地について隣接していても基本的に所有者が異なれば区分して評価する。

② 固定資産税においては「その形状、利用状況等からみて、これを一体をなしているとみる」という観点から利用単位の判定を行う。したがって、隣接する二筆以上の宅地にまたがり、一個又は数個の建物が存在する場合にはその所有者が異なる場合でも一体として評価する。

4 問題点

相続税と固定資産税とで評価単位（一画地）が異なるため同じ路線価方式を採用していても両者での正面路線が異なるケースが生じてしまう。路線価の算定については相続税は公示価格の8割、固定資産税は公示価格の7割で設定されているが正面路線が異なることで実際の評価結果はこの割合とは大きく異なるケースがあるという問題点がある。

貸宅地における時価（客観的な交換価値）をその土地の利用（賃貸）による価値と考えた場合、当然、所有する自分の宅地の使用収益は得られるが隣接する他者の土地の使用収益を得られるわけではない。固定資産税において外形上一見明白に一体をなしていれば他者の土地も含め1画地として評価するのは行政実務だけを考慮したもので、時価に基づく評価という点では明らかに不合理なものといえる。

対 応

固定資産税の評価には問題があると考えるが、納税者の対応としては、固定資産税に応じた地代を得られるよう、借地権者との契約を検討する必要がある。

（冨永 典寿）

参考条文・判決等

相法22、財基通1(2)、7-2、地法341①五、349、固評基準別表3の2、東京高判平成19年9月27日、最判令和2年3月19日ほか

118 私道をめぐる相続実務

CASE

父からこのほど私道に沿接した宅地を相続しました。父はその私道について沿接宅地の所有者との共有持分を保有しております。なお，行止まり道路のためかその私道には路線価は付されておりません。その宅地は私道とともに将来売却を検討しております。その私道と宅地の評価について，加えて売却にあたっての留意点について教えてください。

検 討

1 私道の定義と接道義務

「私道」について税法上，通達上等に定義規定は見あたらない。そこで平成25年広島高裁判決文を借用すれば，「「私道」とは，第三者に道路として利用させている宅地」をいう。また，ここでいう「道路」とは一般的に建築基準法上の「道路」をさすと解する。

建物を建築する場合には，原則として建築基準法に定める道路に2ｍ以上接しなければならないいわゆる接道義務がある。

2 私道の評価

私道に沿接する宅地をその私道持分つきで売買する際に，私道部分の価値をわざわざ抜き出して計算する取引事例はほとんどみられない。有効宅地価額の中に包含されるのが一般的である。一方，前面の私道持分をもたないため，私道所有者から持分を譲渡してもらうケース等では，逆に私道の財産価値が急浮上することになる。

「時価とは，課税時期において，それぞれの財産の現況に応じ，不特定多数の当事者間で自由な取引が行われる場合に通常成立すると認められる価額」からすると，私道はきわめて特徴的な財産といいうる。よって，「通り抜け私道と行止まり私道とに峻別し前者を０評価，後者を３割評価とする通達」について争う判例も多くみられる。

先の広島高裁では「私道が，不特定多数の者の通行の用に供されていない場合は，私道に沿接する土地を取得することなどにより，第三者に道路として利用される状況が変更される可能性がある」として「将来の宅地包

含への可能性」から通達の合理性を認めている。加えて，その変更や廃止が厳しく制限される位置指定道路についても，評価通達24で評価することに合理性を認めた最高裁判例は重視しなければならない。

3 私道に沿接する宅地の評価

路線価の設定されていない私道にのみ沿接している宅地を評価する場合に，①特定路線価を申請して評価する方法と②その私道が接続する路線に付された路線価をもとに画地調整を行って評価する方法との選択は悩ましい。

②の方法は，評価する宅地と路線との位置関係が遠くなるほど評価の合理性が逓減していくのは周知のとおりだ。通達によれば特定路線価は，納税義務者の申出等により設定される。一方，税務署長による特定路線価の設定もありうることを示唆しつつ，請求人の主張を退けた裁決等を鑑みると，実務家は②の方法によって評価するにせよ，計算された評価額の合理性には常に留意する必要があると考える。

4 私道に沿接する宅地の売却

相続税の納税資金調達等のために私道に沿接する宅地の売却計画を立案することがある。その際には，その私道の権利関係はもとより，セットバックの要否，比較的大きい宅地の場合には開発許可申請の可否等，私道にまつわる周辺法規等の確認が立案の前提となる。

対 応

私道に係る相続実務では，今回検証したそれぞれの場面で，現況確認に加え，建築基準法や各行政区の条例等の情報入手のほか，土地家屋調査士等の専門家の示唆も重要であろう。

（山本　晋也）

参考条文・判決等

建基法42①五，43，財基通1，14-3，24，広島高判平成25年11月28日（行コ）第18号，最判平成27年12月17日（行ツ）第403号，（行ヒ）第438号，東裁（諸）平24-225

119 配偶者居住権の民法上の取扱い

CASE

日本国民の平均寿命は男性81.09歳，女性87.26歳（平成29年簡易生命表：厚生労働省）とされており，昭和55年の法定相続分の見直し時の男性73.35歳，女性78.76歳（昭和55年簡易生命表：厚生労働省）と比較しても，男性で7.74歳，女性で8.5歳平均寿命が伸長し，男女差が拡大しています。この傾向によって，高齢の生存配偶者が被相続人の死亡後も長期間生活を継続する機会が増加し，相続により居住建物を取得してもその後の生活費が心配であるとの問題が生じていました。

この問題を解決するために，いわゆる配偶者居住権が創設されたそうですが，その民法上の取扱いとその実務上の留意点について教えてください。

検 討

1 配偶者居住権の取得

(1) 遺産分割協議又は遺言による場合

被相続人の配偶者（以下単に「配偶者」という。）は，被相続人の財産に属した建物に相続開始の時に居住していた場合において，次のいずれかに該当するときは，その居住していた建物（以下「居住建物」という。）の全部について無償で使用及び収益をする権利（以下「配偶者居住権」という。）を取得することとされる。

① 遺産の分割によって配偶者居住権を取得するものとされたとき
② 配偶者居住権が遺贈の目的とされたとき

(2) 遺産の分割の審判による場合

遺産の分割の請求を受けた家庭裁判所は，次に掲げる場合に限り，配偶者が配偶者居住権を取得する旨を定めることができることとされる。

③ 共同相続人間に配偶者が配偶者居住権を取得することについて合意が成立しているとき
④ 配偶者が家庭裁判所に対して配偶者居住権の取得を希望する旨を申し出た場合において，居住建物の所有者の受ける不利益の程度を考慮してもなお配偶者の生活を維持するために特に必要があると認めるとき（③

に掲げる場合を除く。)

(3) 適用除外

被相続人が相続開始の時に居住建物を配偶者以外の者と共有していた場合にあっては，配偶者居住権を取得することができない。

そこで，居住建物が被相続人の単独所有であるか，被相続人と配偶者との共有の場合にのみ配偶者居住権が取得できると解釈されている。

また，配偶者居住権は，譲渡することができないので留意が必要である。

2 配偶者居住権の存続期間

原則として配偶者の死亡するときまでの間とされる。ただし，配偶者居住権を設定する遺産の分割の協議若しくは遺言に別段の定めがあるとき又は家庭裁判所が遺産の分割の審判において別段の定めをしたときは，その定めるところによる。

3 配偶者居住権の使用又は消滅

配偶者は，用途遵守義務及び善管注意義務を負い，従前の用法に従い，善良な管理者の注意をもって，無償で居住建物の使用収益をすることができる。なお，配偶者は，居住建物の所有者の承諾を得なければ，居住建物の増改築をしたり，第3者に居住建物を使用収益させることができない。

そこで，これらの事由に違反したときは，是正の催告をし，相当の期間内に是正がされないときは，その配偶者に対する意思表示によって配偶者居住権を消滅させることができる。

対 応

前述した1から3の改正は，令和2年4月1日以後に開始した相続について適用され，令和2年3月31日以前に開始した相続については，なお従前の例によることとされる。

なお，配偶者居住権の規定は，令和2年3月31日以前にされた遺贈については，適用されない。そこで，配偶者居住権を遺贈によって設定する場合には，令和2年4月1日以後に遺言書を作成する必要があるので留意が必要である。

(宮森　俊樹)

参考条文・判決等

民法1028①，1029，1030，1031①，1032②③，1034①④，平成30年7月13日改正民法附則10①②，平成30年11月改正民令附則316

120 配偶者居住権の税務上の取扱い

CASE

平成31年度税制改正では，民法改正で新たに創設された配偶者居住権の評価方法が法定化されました。また，配偶者居住権が設定された建物の敷地（以下「居住建物」といいます。）について，「小規模宅地等についての相続税の課税価格の計算の特例（以下「小規模宅地の特例」といいます。）」が適用できる旨が明確化されたそうですが，その評価方法の概要と税務上の取扱いの実務上の留意点について教えてください。

検 討

1 配偶者居住権の評価方法

相続税における配偶者居住権等の評価額は，次のとおりとなる。

〔算式〕

① 配偶者居住権（建物）

建物の相続税評価額 − 建物の相続税評価額 × A × B

$$A：\frac{残存耐用年数 − 配偶者居住権の存続年数}{残存耐用年数}（注）$$

(注) 残存耐用年数又は残存耐用年数から配偶者居住権の存続年数を控除した年数が零以下となる場合には，零。

B：配偶者居住権の存続年数に応じた民法404条の法定利率（3％）による複利現価率

② 居住建物の所有権

建物の相続税評価額 − 上記①

③ 居住建物の敷地の利用に関する権利

土地等の相続税評価額 − 土地等の相続税評価額 × B

④ 居住建物の敷地の所有権等

土地等の相続税評価額 − 上記③

2 用語の定義

(1) 残存耐用年数

居住建物の所得税法に基づいて定められている耐用年数（住宅用）に1.5

を乗じて計算した年数(注)から居住建物の築後経過年数を控除した年数（6月以上の端数は1年とされ，6月に満たない端数は切捨て）とされる。

(2) 存続年数

次に掲げる場合の区分に応じそれぞれ次に定める年数（6月以上の端数は1年とされ，6月に満たない端数は切捨て）とされる。

① 配偶者居住権の存続期間が配偶者の終身の間である場合…配偶者の平均余命年数（「完全生命表に掲げる年齢及び性別に応じた平均余命（1年未満の端数があるときは，これを切り捨てた年数）」）

② ①以外の場合…遺産分割協議等により定められた配偶者居住権の存続期間の年数（配偶者の平均余命年数が上限）

3 小規模宅地の特例との関係

特例対象宅地等が，前述した1の〔算式〕③④の全部又は一部である場合には，その特例対象宅地等の面積は，その面積に，それぞれその敷地の用に供される宅地等の価額又はその権利の価額がこれらの価額の合計額のうちに占める割合を乗じて得た面積であるものとみなして，小規模宅地の特例の規定が適用される。

対 応

配偶者居住権は，配偶者の死亡により消滅した場合，存続期間の満了により消滅した場合及び居住建物の全部滅失等により消滅した場合には，課税関係は生じないこととされる。

ただし，合意により消滅した場合，配偶者による配偶者居住権の放棄により消滅した場合及び建物所有者による消滅の意思表示により消滅した場合には，その消滅直前に配偶者が有していた配偶者居住権の価額に相当する利益又は配偶者居住権に基づき使用する権利の価額に相当する利益に相当する金額（対価の支払があった場合には，その価額を控除した金額）を，建物等所有者が配偶者から贈与によって取得したものされるので，留意が必要となる。

（宮森　俊樹）

参考条文・判決等

相法23の2，相令5の7②③，相規12の2，12の4，措法69の4①，措令40の2⑥，平成31年度改正法附則1七ロハ，平成31年度改正相令附則1二，相基通9-13の2

121 配偶者居住権の相続税における実務

CASE

平成30年の民法等（相続法）改正により，配偶者居住権が創設されたと聞きました。これによる相続税の申告実務への影響と二次相続への影響について教えてください。

検　討

1　配偶者居住権とは

配偶者居住権とは，被相続人の配偶者が被相続人の所有する建物に相続開始時において居住していた場合に，その居住建物の全部について無償で使用及び収益をする権利をいう。この配偶者居住権は遺産分割又は遺贈により取得される。

2　相続税への影響

(1)　評　　価

配偶者居住権を設定した場合にはその建物とその建物の敷地の用に供される土地（土地の上に存する権利を含む。）に区分し，それぞれ配偶者の権利の価額と所有権者（他の相続人等）の財産価額を配偶者の平均余命年数などを考慮し評価する。

(2)　小規模宅地等の特例

配偶者居住権の目的となる建物の敷地の用に供される土地を使用する権利（以下，「敷地利用権」という。）は「特定居住用宅地等」として小規模宅地等の特例の適用を受けることができる。

(3)　配偶者死亡後の配偶者居住権

配偶者居住権は期間満了又は配偶者が死亡すると消滅する一身専属的な権利である。したがって，配偶者が死亡した場合には配偶者居住権及びその敷地利用権について相続税の課税関係が生じないこととなる。

3　二次相続の試算

配偶者居住権の創設の趣旨は，配偶者が無償で住み慣れた住居で生活を続けるとともに老後の生活資金として預貯金等の資産も確保するということであった。

Ⅲ　相続税・贈与税

　しかし，本来の趣旨とは異なり相続税に着目した場合には上記２③で示したように配偶者死亡時の相続税の計算において配偶者居住権及びその敷地利用権に課税関係が生じないこととなりその影響は大きい。また，小規模宅地等の特例についても，例えば，貸付事業用宅地等など自宅以外に小規模宅地等の対象の土地を相続する場合には一次相続では敷地利用権に係る面積相当を加味して限度面積まで小規模宅地等の特例の適用をすることになるが，二次相続では敷地利用権は消滅するためその面積相当は考慮せず限度面積まで小規模宅地等の特例の適用をすることができる。このように，配偶者居住権を設定した場合としなかった場合で二次相続における相続税に大きく影響を与える可能性がある。したがって，配偶者居住権の設定を検討する際には必ず配偶者が死亡した際の相続税の試算をすべきであろう。

4　配偶者と所有権者

　配偶者居住権に係る配偶者と所有権者との間には①居住建物の使用及び収益，②用法遵守義務・善管注意義務，③配偶者居住権の譲渡及び無断で第三者に居住建物を使用収益させることの禁止，④無断増改築禁止，⑤居住建物の修繕等，⑥費用の負担，⑦居住建物の所有者による消滅請求，⑧損害賠償請求権及び費用償還請求権の期間制限などの法律関係が生ずるが，両者の権利義務関係を明確にしておくためには合意書などを作成しておくべきである。

対　応

　配偶者居住権は居住を前提とした権利でありその権利を中途で放棄等をした場合には贈与税が課されることとなる。したがって，単に節税目的で設定するのではなく将来を見据えた配偶者の生活設計を考慮し検討する必要がある。

（冨永　典寿）

参考条文・判決等
民法1028，1032～1036，相法23の２，相令５の７，相規12の２～12の４，相通９-13の２，９-13の２（注），措法69の４③，措通69の４-１の２

122 特別寄与料に係る課税

CASE

今年の1月に母が亡くなりました。相続人は私と弟の2人です。母の生前は10年以上にわたり私の妻が介護を行っていました。

母の相続に関して私と弟との間で遺産分割協議が調ったのですが，この遺産分割に伴って私の妻（特別寄与者）に特別寄与料を支払うことも決まりました。この特別寄与料に係る課税関係はどのようになるのでしょうか。

検 討

1 特別寄与料の請求

被相続人に対して無償で療養看護その他の労務の提供をしたことにより被相続人の財産の維持又は増加について特別の寄与をした被相続人の親族（特別寄与者）は，相続の開始後，相続人に対し，特別寄与者の寄与に応じた額の金銭（特別寄与料）の支払を請求することができる。この特別寄与料の額は，被相続人が相続開始の時に有した財産の価額から遺贈の価額を控除した残額を超えることができないこととされている。

特別寄与料の支払いについては，特別寄与者と相続人との間で協議することとなるが，協議が調わない場合は家庭裁判所に対して協議に代わる処分を請求することができる。ただし，特別寄与者が相続の開始及び相続人を知った時から6か月を経過したとき，又は相続の開始から1年を経過したときは請求権を失うこととなる。

2 特別寄与料に係る課税

(1) 特別寄与者

特別寄与者が相続人から支払を受けた特別寄与料は，被相続人から遺贈により取得したものとして相続税が課税されることとなる。

また，特別寄与者は「被相続人の一親等の血族及び配偶者以外の者」であるため，相続税額が2割加算されることとなる。

(2) 特別寄与料を支払った相続人

相続人が支払うべき特別寄与料の額は，その相続人が相続又は遺贈により取得した財産の価額から控除することとなる。

なお，相続人が数人いる場合には，各相続人は特別寄与料の額に相続分を乗じた金額を負担することとなる。

3 申　　告

(1) 特別寄与者

特別寄与者は，支払を受けるべき特別寄与料の額が確定したことを知った日の翌日から10か月以内に相続税の申告書を提出しなければならない。

また，特別寄与料以外の財産を遺贈により取得し，既に申告期限までに相続税の申告書を提出している場合で特別寄与料の額が確定したときは，特別寄与料の額が確定したことを知った日の翌日から10か月以内に修正申告書を提出しなければならない。

(2) 特別寄与料を支払った相続人

申告期限までに既に相続税の申告書を提出している場合には，特別寄与料の額が確定したことを知った日の翌日から4か月以内に更正の請求をすることができる。

対　応

特別寄与料は相続人以外の親族が相続人から支払を受けるものであり，被相続人から相続又は遺贈により取得するものではない。したがって，本来は相続税の課税対象とならないものと考えられる。

しかし，特別寄与料はその支払が被相続人の死亡に起因し，その金額は遺産の額を限度とするなど被相続人の死亡と密接な関係を有している。このようなことから，特別寄与料を受け取った特別寄与者に対しては，みなし遺贈として相続税を課税し，特別寄与料を支払った相続人に対しては，特別寄与料の額を相続税の課税価格から控除するという取扱いとなる。

（星山　光雄）

参考条文・判決等
相法4②，13④，29①，31②，32①七

123 自筆証書遺言書保管制度

CASE

将来，私に万が一のことがあったときに備えて，遺言書の作成を考えています。インターネットで調べてみたところ自筆により作成した遺言書を預かってくれる制度があることを知りました。この制度の内容はどのようなものでしょうか。

検　討

1　自筆証書遺言書保管制度の概要

　令和2年7月1日より全国の法務局で自筆証書遺言書の保管制度が開始された。自筆証書遺言書保管制度開始前は，遺言者が自分で原本管理を行わなければならず，遺言者が死亡した場合には家庭裁判所での検認手続が必要とされていた。この自筆証書遺言書保管制度を利用することにより，遺言者は法務局に自筆証書遺言書の保管を申請することができる。また，法務局で保管された自筆証書遺言書は家庭裁判所の検認手続が不要となる。

　この自筆証書遺言書保管制度を利用しようとする遺言者は，自筆遺言書を作成したうえで，遺言者の住所地，本籍地又は所有する不動産の所在地のいずれかを管轄する法務局に申請の予約を行い，直接法務局に出向くことになる。申請を受けた法務局では，遺言者の本人確認や遺言書の署名，日付，押印等の外形的な確認を行い，原本の保管とともに画像データとしても保管がなされる。遺言者にとっては，紛失や亡失を防ぐことができ，また，第三者に遺言書を見られることがないため，改ざんや隠匿を防ぐことができる。相続人や受遺者等にとっても，遺言者が死亡した場合，家庭裁判所の検認手続が不要のため相続手続が速やかにでき，加えて，全国の法務局で以下の請求手続を行うことも可能となる。

①　遺言書保管事実証明書の交付請求を行うことにより，遺言書が保管されているかどうかを調べることができる。

②　遺言書情報証明書の交付請求を行うことにより，遺言書に記載されている内容の証明書の交付が請求できる。

③　遺言書の閲覧請求を行うことにより，法務局において遺言書の内容を見て確認することができる（遺言書の原本の閲覧は遺言書が保管されて

いる法務局に限る。）。

　相続人や受遺者等のうち一部の者が上記②又は③の請求を行った場合には，遺言書の隠匿を防ぐ観点から，その他の相続人等に対して法務局から遺言書が保管されている旨の関係遺言書保管通知が届くことになる。また，当該通知の他に遺言者の希望により，遺言者が指定した１名に対して遺言書が保管されている旨を知らせる死亡通知もある。

2　自筆証書遺言書保管制度と公正証書遺言制度との比較

　自筆証書遺言書保管制度と公正証書遺言制度を比較すると，両者には，次に掲げるようなメリット・デメリットが考えられる。

① 　自筆証書遺言書保管制度では遺言者自らが遺言書を作成し法務局に保管してもらうため，第三者にその内容が知られることはないが，公正証書遺言では，公証人及び２人の証人に遺言書の内容を知られることになる。

② 　自筆証書遺言書保管制度では，法務局に対して支払う手数料が１件につき3,900円という比較的安価で行える。公正証書遺言では，公証人役場に支払う手数料だけでも数万円単位となり，加えて証人に対する手数料が発生する場合も考えられる。

③ 　自筆証書遺言書保管制度では，法務局が確認する点は遺言書の署名，日付，押印等の外形的部分だけであり，遺言の具体的内容は一切確認されない。したがって，遺言の内容に法的な不備や瑕疵がある場合は，遺言が執行できないことも考えられる。また，当該制度では，その自筆証書遺言書が遺言者本人の自筆であるか否かまでは確認されないため，遺言者自身が自筆していない遺言書が保管されてしまう可能性も考えられる。これに対し公正証書遺言は，公証人や証人が遺言書の作成に関与するため，法的な不備や瑕疵は考えにくい。更には，遺言者が公証人や証人の前で遺言の意思表示を行うため遺言の執行の実現性が高いものとなる。

対　応

　自筆証書遺言書保管制度により遺言書がより身近なものになったことは歓迎するが，遺言書作成にあたっては専門家に相談することが賢明であると考える。

(塩島　好文)

参考条文・判決等
法務局における遺言書の保管等に関する法律

124 合意解除に基づく遺産分割やり直しに係る税務上の取扱い

CASE

一昨年父が亡くなり，相続人3人による遺産分割協議書も作成し，それに基づいて相続税の申告も済ませました。相続人は父の子供3人で，遺産分割の内容は，父が長年営んできた飲食店（事業用の資産・負債）を長男が引継ぎ，次男は父の住んでいた自宅の土地・建物を，また，長女は現金預金を相続により取得するというものでした。

ところが，その後長男が引き継いだ飲食店が立ち行かなくなってしまい，借金のみが残るという状況になってしまいました。そこで，兄弟で話し合った結果，遺産分割をやり直して，長男の今の借金を支払えるような内容の遺産分割協議書を新たに作成し，その通りになるように，次男と長女から当初の遺産分割との差額に相当する現金を長男に支払いました。できれば，相続税の申告を新たな遺産分割協議書に基づいたものにやり直したいと考えているのですが，税務上の取扱いはどのようになるのでしょうか。

検 討

1 遺産分割やり直しの法的効力

遺産分割は一度有効に成立すると，相続開始時に遡ってその効力を生じることになる。しかし，一度有効に成立した遺産分割協議に基づいて相続財産を分割した後でも，共同相続人全員の合意があれば，遺産分割のやり直しは認められる。その場合，当初の遺産分割協議は遡って効力を失い，新たな遺産分割協議により，財産が相続人に帰属することになる。

2 相続税に加えて贈与税又は所得税が課税されるケース

税務上，遺産分割やり直しは，原則として，当初の遺産分割による相続が完了した後に新たな取引を行ったものと捉えている。

これは，当初の遺産分割で相続人各人に具体的に帰属した財産を遺産分割やり直しとして再配分する場合，一般的には，共同相続人間の自由意思に基づく贈与又は交換等を意図して行われるものであるということをその理由としている。

したがって，次に掲げるような動機に基づいて行われる遺産分割やり直しは，相続税と贈与税又は所得税との「二重課税」になる可能性が高い。

・当初の遺産分割の対象となった相続財産の一部の価値が著しく上昇したり、あるいは、逆に下落したりした場合
・共同相続人の一部の者の生活等に著しい変動が生じた場合

　これらの動機は、いずれも当初の遺産分割が成立した後に発生した事由と捉えられる。

3　相続税のみのケース

　これに対して、相続人の自由な意思に基づく贈与又は交換等を意図していない場合には、税務上も相続税のみの課税となる。当初の遺産分割後に生じたやむを得ない事情により、その遺産分割が合意解除され、新たに遺産分割やり直しを行った場合がこれに該当するが、この具体例としては、次に掲げる東京地裁の判決が参考になる。これは、税負担の不知や誤認を原因とした遺産分割やり直しについて、以下に掲げる要件が全て満たされるなら相続税の更正の請求ができるとされたものである。

① 更正請求期間内に、かつ、課税庁の調査時の指摘、修正申告の勧奨、更正処分等を受ける前に、自ら誤信に気付いて、更正の請求をすること
② 更正請求期間内に、新たな遺産分割の合意による分割内容の変更をして、当初の遺産分割の経済的成果を完全に消失させていること
③ その分割内容の変更がやむを得ない事情（この場合は税負担の不知や誤認）により誤信の内容を是正する一回限りのものであること

対　応

　本CASEの遺産分割やり直しは、当初の遺産分割による相続が完了した後に、長男の事業が立ち行かなくなったことを原因として行われているようである。したがって、相続税申告のやり直し（修正申告・更正の請求）は認められず、新たに次男と長女から長男への現金支給に対して、長男に贈与税が課される可能性が高い。

　遺産分割やり直しは、このように税務上不利になることが多いので避けた方が良いが、2で掲げたようなやり直しの動機を共同相続人の立場から考えると仕方がないとも考えられる。

（玉ノ井　孝一）

参考条文・判決等
民法909、相基通19の2-8ただし書、最判平成2年9月27日、東京地判平成21年2月27日

125 未成年者の養子縁組と遺産分割協議

CASE

被相続人A、配偶者Bはすでに死亡し、相続人は、長男甲、次男乙及びAが養子縁組した孫C、Dとなっています。孫Cは成人していますが、孫Dは16歳で、遺産分割協議時点で未成年です（下図のとおり）。相続税の申告期限まであまり時間が残っていません。

Aの遺産分割協議にあたって、未成年者の孫Dについては、実母である長男甲の妻に親権者（法定代理人）として参加してもらう予定で実務を進捗させています。未成年者の養子縁組にかかる相続税実務について教えてください。

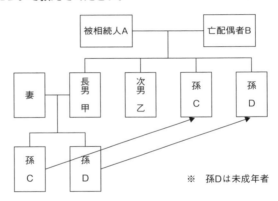

※ 孫Dは未成年者

検 討

未成年者の養子縁組にかかる相続税実務について考察する。

1 親権の復活

「親権」とは、子どもの利益のために、監護・教育を行ったり、子の財産を管理したりする権限であり義務である。

本CASEでは未成年者の孫Dは、ABが死亡したことによって親権者がいなくなった。この場合、直ちに養子縁組の効果は解消するわけではなく、実親の親権も自動的に復活するわけではないことに留意したい。

2 未成年後見開始の申立て

未成年後見は、本CASEのように未成年者に対して親権を行う者がいない

ときに家庭裁判所に未成年後見開始の申し立てをし，未成年後見人を選任してもらう手続きをいう。

未成年後見人は当該未成年者のために監護養育，財産管理，契約等の法律行為などを行う。未成年後見は，遺産分割協議だけでなく当該未成年者が成年に達するまで続く。

【留意点】
① 確実に実母が未成年後見人になるとは限らない。
② 遺産分割協議にあたっては，未成年後見人には孫Dにも法定相続分程度の財産相続が家庭裁判所から求められる。
③ 分割協議後も，家庭裁判所に適時な報告義務がある。
④ 家庭裁判所での「申立」→「面談」→「審理」→「審判」の流れのなかで，約3か月の日程が求められ，相続税の申告期限を徒過し，未分割として各種特例の適用が受けられないリスクがある。

3 死後離縁

未成年後見の別法として，養親ABとの養子離縁をすれば，孫Dについて実親の親権は復活する。これには家庭裁判所から「死亡した者との養子離縁」の許可を得る必要がある。許可が得られれば，家庭裁判所で交付される書類を添えて市区町村役場に届出ることにより死亡した者との養子離縁（死後離縁）が成立する。

【留意点】
この「死後離縁」の許可によれば当初の予定どおり甲の妻がDに代わって遺産分割協議に参加が見込まれるが，前述した2と同様に申立てから審判まで一定の日数を要するため，相続税の申告期限内に間に合わないことも考えられる。

対 応

未成年者の養子がいる場合には相続税の申告期限内での遺産分割協議にむけて，親権をめぐる思わぬハードルが生じるケースがある。実務家としては早めの実務着手や相続発生前であれば遺産分割協議を要しない遺言書作成の勧奨も一考すべきではなかろうか。

（山本　晋也）

参考文献・判決等
民法811⑥，840

126 死因贈与の法務・税務の取扱い

CASE

私の死亡後は，同居している長男に自宅を渡したいと考えています。遺言以外の方法として死因贈与という方法があるようですが，その作成方法や税負担などにどのような違いがあるのでしょうか。

検討

1 死因贈与の意義

死因贈与とは，贈与者の死亡によって効力が生ずる贈与をいう。死因贈与と遺贈は，共に無償で財産を供与する行為であり，かつ，死亡によって効力が発生するという点で共通しているため，「その性質に反しない限り，遺贈に関する規定を準用する」とされている。

一方で，契約である死因贈与と単独行為である遺贈ではその性質に違いがあることから，①遺言能力，②遺言の方式，③遺贈の放棄，④遺言書の検認の規定は死因贈与に準用されない。

死因贈与の方式に関しては，通常の贈与の規定が適用される。ゆえに，方式について遺言のような厳格な定めはなく，贈与者と受贈者の双方の合意により成立することから，書面による契約に限らず口頭での合意であっても死因贈与契約は成立することとなる。

2 死因贈与契約の解除

① 贈与者側

遺贈の撤回の規定が死因贈与に準用されるかについて，判例においては，その方式に関する部分を除いて準用されるとして，遺贈と同様，贈与者の最終意思を尊重し，基本的に贈与者による死因贈与の取消しを認めている。

② 受贈者側

死因贈与は契約であることから，契約当事者の一方により解除することはできない。（①による解除及び書面によらない贈与で履行の終わった部分を除く。）また，遺贈の放棄の規定は準用されないことから，贈与者の生前に合意解除する場合を除き，受贈者側が一方的に死因贈与契約の解除，放棄はすることができない。

3 相続税の取扱い

相続税法では,「相続又は遺贈(贈与をした者の死亡により効力を生ずる贈与を含む。以下同じ。)」とされており,死因贈与と遺贈は同様に取り扱われている。小規模宅地等の特例についても,要件を満たしていれば適用できる。

4 登録免許税・不動産取得税

死因贈与契約が遺贈と同様に扱われるのは,相続税法においてのみであり,登録免許税・不動産取得税の課税においては,贈与を原因とした取得とされ,次の割合の税率が課される。

① 登録免許税…………… 1000分の20(登法別表第一1(2)イハ)
② 不動産取得税………… 100分の4
　 土地・住宅の軽減…… 100分の3(地方税法73条の7,15)

対　応

本CASEに当てはめると,相続税の計算においては死因贈与と遺贈で変わることはない。しかし,相続人に対する登録免許税及び不動産取得税の課税については,死因贈与と遺贈では,次のように大きく異なる。

① 死因贈与の場合
　 登録免許税:1000分の20　　不動産取得税:100分の4
② 遺贈の場合
　 登録免許税:1000分の4　　不動産取得税:非課税

死因贈与は,契約書作成時に受贈者の合意が必要であるため,受贈者に対し特定の財産を渡すことを生前に約することができる点,また,作成も比較的容易である点でメリットがある。しかし,相続人に対して不動産を渡すような場合には,税負担の違いが大きくなることにも留意が必要である。

(田中　由美)

参考条文・判決等

民法554,961〜962,967〜984,1004,1022,相法1の3,最判昭和47年5月25日

127 相続・贈与と不動産取得税

CASE

現在，父所有の土地・建物に同居し，私の家族も住んでいます。先日，叔母から「主人から居住用の土地の一部を贈与してもらい，贈与税の申告をした。その時，税金はかからなかったのに，後で不動産取得税が課税された。」という話を聞きました。

父から相続で土地・建物を取得する時にも，不動産取得税が課税されるのでしょうか。

検 討

不動産を取得した場合，通常その数か月後に不動産取得税の納税通知書が手元に届く。最近は，金融機関だけでなくコンビニエンスストアやPayPay等のスマートフォン決済アプリでも納付ができるようになった。

不動産取得税は，不動産（土地及び家屋）の取得に際し，その取得者に課税される都道府県税である。

1 不動産の取得

不動産取得税は，不動産の移転の事実に着目して課税される流通税である。

不動産の取得とは，不動産の所有権の取得（共有不動産については共有持分の取得）をいい，有償・無償を問わず，売買，交換，法人に対する現物出資，贈与，寄附等，取得の原因は問わない。

また不動産の登記は，物件に対する第三者対抗要件に過ぎないため，その有無は不動産の取得とは直接関係しない。ただし，登記上の所有者が，実体上真実の所有者と推定されることから，課税実務上，登記は不動産の取得の補足手段として使われている。

2 相続による取得

不動産取得税は，不動産の取得という事実が存在した場合，そこに担税力を見いだして課税するのが原則である。ただし，様々な理由から課税の特例や非課税措置が設けられている。

相続（包括遺贈及び相続人に対する遺贈を含む。）のように，不動産の所有権移転が形式的なものである場合には，不動産取得税は非課税とされ

ているが，次の場合には不動産取得税が課税される。

① 特定遺贈

　原則的に，相続による不動産の取得は，被相続人の法律上の地位を当然に承継したものであり，取引行為が形式的なものに過ぎないため，税負担を求めることは適当でないとして，不動産取得税は非課税とされている。

　これに対し，特定遺贈により相続人以外の者が不動産を取得した場合には，形式的な所有権の移転とはならないため，不動産取得税が課税される。

② 代償分割

　遺産分割を代償分割の方法により行うため，相続人固有の不動産が他の相続人に交付される場合には，代償分割により負担した債務を履行するための不動産の移転とされ，相続による取得には該当しないことになる。そのため代償分割による不動産を取得した者には，不動産取得税が課税される。

3　贈与による取得

　不動産取得税は不動産の取得に対して課税されるため，贈与については，生前贈与，死因贈与（贈与者の死亡時に実行される贈与者と受贈者による贈与契約）を問わず不動産取得税が課税される。

　また配偶者から居住用不動産の贈与を受け，贈与税の配偶者控除により贈与税が発生しない場合でも，地方税にはこのような規定がないため，贈与を受けた配偶者には不動産取得税が課税される。

　同様に，相続時精算課税制度を選択し，受贈時に贈与税が発生しない場合にも，地方税にはこのような規定がないため，取得者には，受贈時に不動産取得税が課税される。

　なお取得した不動産が，居住用の中古住宅や住宅用の土地であり，一定の要件に該当する場合には，不動産取得税の軽減措置を受けることができる。

対　応

　相続対策等をする場合には様々な検討を行うが，不動産取得税を忘れがちである。しっかり頭に入れておかないと対策を誤り，思わぬ税金が発生してトラブルの原因にもなりかねないので，注意が必要である。

　　　　　　　　　　　　　　　　　　　　　　　　　　（奥田　よし子）

参考条文・判決等
地法73の2①，73の7①

128 相続に係る登録免許税の免除措置の見直し

CASE

平成30年度税制改正では，所有者不明土地問題を受けて，数次にわたる相続を経ても登記が放置されている土地の相続に係る所有権の移転登記を促進するために登録免許税に係る免除措置として，①相続により土地を取得した個人が登記をしないで死亡した場合の免税措置，②少額の土地を相続により取得した場合の免税措置が創設されました。

また，令和3年度税制改正では，上記②の適用対象となる登記に表題部所有者の相続人が受ける所有権の保存登記が追加されました。

そして，令和4年度税制改正では，上記①②の適用期限が令和7年3月31日（改正前：令和4年3月31日）まで3年延長されるとともに，上記②の適用対象が全国の土地に拡充・不動産の価額が引き上げられ100万円以下（改正前：10万円）の土地がであれば，免税措置の対象とされたそうですが，令和4年度税制改正後のこれら制度の概要と実務上の留意点について教えてください。

検 討

1 相続により土地を取得した個人が登記をしないで死亡した場合

個人が相続（相続人に対する遺贈を含む。以下同じ。）により土地の所有権を取得し，その相続による土地の所有権の移転登記を受ける前に死亡した場合においては，平成30年4月1日から令和7年3月31日までの間に，その死亡した個人をその土地の所有権の登記名義人とするために受けるその移転登記に対する登録免許税（本則税率：0.4％）については，登録免許税が課されない。

2 少額の土地を相続により取得した場合

(1) 所有権の移転登記

個人が，「所有者不明土地の利用の円滑化等に関する特別措置法」の施行の日（平成30年11月15日）から令和7年3月31日までの間に，相続による所有権の移転登記を受ける場合において，その登記に係る登録免許税の課税標準である土地の価額が100万円以下であるときは，その所有権の移転登記に対する登録免許税（本則税率：0.4％）については，登録免許税が課さ

れない。

(2) 所有権の保存登記

個人が，令和3年4月1日から令和7年3月31日までの間に，土地について所有権の保存登記（表題部所有者の相続人が受けるものに限る。）を受ける場合において，その登記に係る登録免許税の課税標準である土地の価額が100万円以下であるときは，その所有権の保存登記に対する登録免許税（本則税率：0.4％）については，登録免許税が課されない。

3 手続規定

上記1及び2に掲げる登録免許税の免税措置の適用を受けるためには，それぞれの登記申請書に免税の根拠となる法令の条項を記載する必要がある。なお，この記載がない場合には，免税措置の適用が受けられないので留意が必要である。

対 応

我が国では，少子高齢化の進展，都市部への人口の過度の集中を背景に土地の所有意識が希薄化し，所有者不明土地が全国的に増加している。この問題を解決するために，所有者不明土地の解消に向けた民法改正（令和5年4月1日施行）・不動産登記法改正（令和6年4月1日施行）の見直し等が行われた。

このうち，不動産登記法改正では，所有者不明土地等の発生を予防する方策として，①相続又は遺贈によって土地を取得した相続人は，その所有権を取得したことを知った日から3年以内に相続登記の申請が義務付けられ，②遺産分割が成立して土地を取得した相続人は，その遺産分割が成立した日から3年以内にその内容を踏まえた登記の申請が義務付けられた。また，上記①に掲げる相続登記の申請の義務化を履行するため，それぞれの相続人が単独で簡易に相続登記の申請義務を履行することができるようにするために，相続人申告登記の仕組みが創設された。なお，上記①②の義務化において，正当な理由がない申請漏れがあった場合には10万円以下の過料の対象とされるので留意が必要である。

（宮森　俊樹）

参考条文・判決等

措法84の2の3①②，令和3年4月28日法律第24号，不動産登記法76の2，76の3，164

129 事業承継税制の承継計画の提出期限延長

CASE

令和6年度税制改正により事業承継税制の承継計画の提出期限が延長されたと聞きましたが、この承継計画とは、どのようなものでしょうか。また、承継計画の提出期限が延長されたということは、事業承継税制の適用期限についても延長されたということでしょうか。

検 討

1 令和6年度税制改正

法人版の事業承継税制（特例措置）及び個人版の事業承継税制の適用を受けるために，最初に必ず行われなければならない手続が「承継計画」の提出である。その提出期限が令和8年3月31日（改正前：令和6年3月31日）に延長された。しかし，これらの事業承継税制が事業承継を集中的に進める観点の下，極めて異例の時限措置としていることから適用期限の延長は今後とも行われる予定はないといわれている。

2 制度の概要

① 法人版の事業承継税制とは，先代経営者等より円滑化法の認定を受けている非上場会社の株式等を贈与又は相続等により取得した後継者がその非上場会社株式等に係る贈与税又は相続税について一定の要件のもとその納税を猶予され，さらに先代経営者の死亡等又は後継者の死亡等により免除される制度である。また，平成30年度税制改正においてこれまでの「一般措置」に加え，10年間（令和9年12月31日まで）の措置として「特例措置」が創設された。この特例措置では，納税猶予の対象となる非上場株式等の制限の撤廃（一般措置では総株式数の3分の2まで）や，納税猶予割合が100％（一般措置では80％）に引上げ等がされた。

② 個人版の事業承継税制とは，青色申告（正規の簿記の原則によるものに限る。）に係る事業（不動産貸付事業等を除く。）を行っていた事業者の後継者として円滑化法の認定を受けた者が，令和10年12月31日までに個人の事業用資産を贈与又は相続等により取得した場合において，その事業用資産に係る贈与税又は相続税について，一定の要件のもと，その納税を猶予し，後継者の死亡等により，納税が猶予されている贈与税又

は相続税の納付が免除される制度である。

3　承継計画の提出

法人版の事業承継税制（特例措置に限る。）又は個人版の事業承継税制の適用を受けるために，中小企業者は，承継計画（以下，法人版は「特例承継計画」，個人版は「個人事業承継計画」という。）を策定し，一定の書類を添付して令和8年3月31日までに都道府県知事に提出し，その確認を受けなければならない。

4　承継計画の記載内容

特例承継計画には，①会社，②特例代表者，③特例後継者，④特例後継者が株式等を取得するまでの経営計画，⑤株式等承継後5年間の経営計画について記載し⑥認定経営革新等支援機関の所見を記載する。

また，個人事業承継計画には，①特定事業用資産に係る事業，②先代事業者，③個人事業承継者，④個人事業承継者が特定事業用資産を取得するまでの経営計画，⑤承継後の経営計画について記載し，⑥認定経営革新等支援機関の所見を記載する。

5　承継計画の変更

特例承継計画又は個人事業承継計画を提出し都道府県知事の確認を受けた後に，特例後継者の変更や追加，個人事業承継者の変更などその内容に変更がある場合には，令和8年3月31日後であっても都道府県知事に変更確認申請書を提出することができる。ただし，特例後継者がこの適用を受けた後には，当該特例後継者を変更することはできない。

対　応

法人版の事業承継税制（特例措置）の適用期限が令和9年12月31日であることを踏まえると，特例経営承継受贈者の要件を満たすには，後継者が贈与の日まで引き続き3年以上にわたり役員としての地位を有しなければならないこと（役員就任要件）から令和6年12月31日までに役員に就任する必要がある。なお，相続の場合には，このような役員就任要件はない。また，この役員就任要件は緩和することも検討されていることから今後の動向に注視する必要がある。　　　　　　　　　　　　　　　（冨永　典寿）

参考文献・判決等

円滑化規則16一，三，17②④，18，様式21，21の3，令和6年度税制改正大綱

130 事業承継税制の見直しに関する注意点

CASE

先代の経営者が60代になりそろそろ事業を承継しなければならないと考えています。なるべく手元に資金を残しておきたいため、事業承継税制の活用を考えているのですが、まだ全く準備が出来ていません。令和6年度の税制改正で事業承継税制が延長されると聞いたのですが今からでも事業承継税制の適用は間に合いますか。

検 討

令和6年度の税制改正において、法人版・個人版の事業承継税制について、次の見直しが行われた。

「法人版事業承継税制については、非上場株式等に係る相続税・贈与税の納税猶予の特例措置について、特例承継計画の提出期限を2年延長し、令和8年3月31日までとする。」

「個人版事業承継税制については、個人の事業用資産に係る相続税・贈与税の納税猶予制度について、個人事業承継計画の提出期限を2年延長し、令和8年3月31日までとする。」

この見直しが行われた背景には、事業承継税制が地域の経済や雇用を支え、成長を志向する中小企業に多く活用されている状況ではあるが、一方では60代、70代以上の経営者割合は依然として大きく、コロナ禍や物価高騰等の急激な経営環境の変化により、事業承継の具体的な検討が遅れている事業者も多いということがある。特に特例承継計画の活用件数は、コロナ禍前は増加していたもののコロナ禍中では急激な経営環境の変化があったこともあり落ち込んでしまった。このような状況を踏まえ、適用期間における事業承継の取組みを後押しするために承継計画の申請期限の延長が行われた。

1 事業承継税制の概要

事業承継税制は、後継者へ事業を承継するための具体的な計画を策定し、認定経営革新等支援機関の所見を記載した上でその計画を都道府県知事に提出し、この制度の適用を受けるための要件を満たしていることについて経営承継円滑化法に基づく認定を受けなければならない。後継者が会社の

株式等(法人の場合)・事業用資産(個人の場合)を先代経営者から贈与又は相続により取得した場合にその贈与税や相続税の納税を猶予するという制度である。

　この事業承継税制には,非上場会社の株式等を対象とする法人版事業承継税制と個人事業者の事業用資産を対象とする個人版事業承継税制があり,法人版事業承継税制には納税猶予の対象となる非上場株式等の制限が無く納税猶予割合の大きい「特例措置」と対象株数が総株式数の三分の二まで,相続税の納税猶予割合が80%となる「一般措置」の二つの制度がある。なお,事前に事業承継計画の承認が必要となるのは「特例措置」のみで,今回見直しが行われたのはこの特例措置に係る承継計画の提出期限についてである。

2　事業承継の特例期限

　事業承継税制の承継計画の延長については,上記のように延長されることとなったが,一方で,その特例の適用期限については延長はされず以下の期限が特例の適用期限となる。

法人版事業承継税制・・・令和9年12月31日まで
個人版事業承継税制・・・令和10年12月31日まで

　なお,税制改正大綱によると,「この特例措置は,日本経済の基盤である中小企業の円滑な世代交代を通じた生産性向上が待ったなしの課題であるために事業承継を集中的に進める観点の下,贈与・相続時の税負担が生じない制度とされていること並びに事業承継を検討している中小企業経営者及び個人事業主の方々が適用期限が到来することを見据え,早期に事業承継に取り組むことを期待されている」ことから,今後も適用期限は延長されないと見込まれる。

対　応

　今回の見直しにより承継計画の提出期限については延長されることとなったが,適用期限については従前のままである。そのため本税制の適用を受けようとするならば早急に事業承継計画を策定し,事業承継に取り組まなければ間に合わない可能性もあるため注意が必要である。

(熊谷　洋平)

参考文献・判決等
円滑化法12①,措法70の7,70の7の2,70の7の5,70の7の6

ケーススタディ
税理士実務質疑応答集　個人税務編［令和6年改訂版］

令和6年11月26日　第1刷発行

　　　　　　　　〈右山研究グループ〉
　　監　修　　右山昌一郎
　　編集委員　寺島　敬臣
　　　　　　　宮森　俊樹

　　発　行　　株式会社ぎょうせい
　　　　　　　〒136-8575　東京都江東区新木場1-18-11
　　　　　　　URL：https://gyosei.jp

　　　　　　　フリーコール　0120-953-431
　　　　　　　ぎょうせい　お問い合わせ　検索　https://gyosei.jp/inquiry

〈検印省略〉

印刷　ぎょうせいデジタル株式会社　　　　　　　　©2024　Printed in Japan
＊乱丁本・落丁本はお取替え致します。

ISBN978-4-324-11446-9
(5181465-00-000)
〔略号：ケース税理士応答個人（令6）〕

110万円の基礎控除が新創設
使いやすくなった制度を徹底解説！

[贈与税改正対応]

相続時精算課税制度の活用と実務ポイント

税理士 **宮森 俊樹**【著】

A5判・定価2,750円（10%税込）
〔電子版〕**価格2,750円**（10%税込） ※電子版は ぎょうせいオンラインショップ 検索 からご注文ください。

◆ 株や生命保険などのパターン別に解説
　事業承継問題を解決する糸口も見つかる

◆ 暦年課税制度との比較も一目瞭然
　どちらが有利なのか？！
　贈与財産の種類や金額、回数を比較検討
　最適な資産移転の方法がわかる！

◆ 他規定との関係もコンパクトに解説
　取得費加算制度、物納制度、小規模宅地特例などの**知らないでは済まされない関係**を詳解
　さらには密接に関わる民法との関係にも言及

詳しくはコチラから！

目 次

第1章 相続税・贈与税の令和5年度税制改正	第5章 相続時精算課税制度の活用パターン
第2章 相続時精算課税制度のしくみ	第6章 相続時精算課税制度と他規定との関係
第3章 相続時精算課税制度と暦年課税制度との税負担の比較	第7章 民法における相続法との関係
第4章 住宅取得等資金の贈与を受けた場合の相続時精算課税制度の特例	

株式会社 **ぎょうせい**
〒136-8575 東京都江東区新木場1-18-11

フリーコール **TEL：0120-953-431**［平日9～17時］ **FAX：0120-953-495**
https://shop.gyosei.jp　ぎょうせいオンラインショップ 検索